出土文獻與先秦儒道哲學

郭 梨 華 著

目　次

序　言

　　地下出土資料與傳世資料的互證與研究，早在 20 世紀 20 年代王國維提出的二重證據法已被重視。[1]這一方法運用於哲學研究，尤其是戰國哲學的探究與新論述，則是在 20 世紀 80 年代中後期才逐漸受到重視。對於戰國哲學研究，這一方法之所以被重視，主要是因為出土文獻資料中，有一些與哲學探究極為相關的資料所致。

　　那些與哲學探究極為相關的資料，直至目前為止，主要有四批資料與先秦儒道哲學極為有關。首先是 1973 年馬王堆漢墓帛書（墓葬年代大約是公元前 168 年）的出土，內容包括帛書《老子》甲乙本、帛書《老子》甲本卷後古佚書《五行》，《老子》乙本卷前古佚書《黃帝四經》。[2]其次是 1973 年河北定縣（今定州）八角廊村 40 號漢墓（墓葬年代是公元前 55 年），出土的

---

[1]王國維提出此一方法的重要，是在 1925 年在北京清華的國學院演講時提出。裘錫圭在最近一次訪談中，認為這一方法的重視確實由王國維所提出，但這一方法的運用，從古代到近代，有不少學者都這樣做，並非王國維發明的新方法。裘錫圭、曹峰，〈古史辨派、二重證據法及其相關問題——裘錫圭訪談錄〉，《文史哲》，2007 年第 4 期，第 5-16 頁。
[2] 此書實為帛書乙本卷前的四篇古佚書，唐蘭合稱之為《黃帝四經》，李學勤稱之為《黃帝書》，裘錫圭在當年雖然沒有針對名稱提出新說，但是並不將這四篇資料歸為黃老，而是以道法家歸類之。

文獻包括：竹簡《文子》、《論語》、《儒家者言》、《六韜》…等。
再次是 1993 年郭店戰國楚墓竹簡（墓葬年代據考古說明，大約
在公元前 300 年左右），出土的資料包括：竹簡《老子》、《太一
生水》、《性自命出》、《五行》、《緇衣》、《魯穆公問子思》、《成
之聞之》、《忠信之道》、……等十幾種文獻。最後是 1994 年由
上海博物館於香港收購所得之戰國楚墓竹簡（墓葬年代不詳，
估計與郭店簡相近），出土文獻包括：《孔子詩論》、《緇衣》、《性
情論》、《亙先》、《民之父母》、………等等。[3]

　　這些出土資料，正如李學勤所言，主要是集中在戰國時期
的「孔－孟」、「老－莊」之間。哲學之涉入此一時期之出土文
獻研究，基本上並非只駐足於哲學本位所強調之思維方法或概
念的運用，而是向文史學科學習看待文獻資料的角度與方法。
就文獻資料而言，確實擴大了哲學思考之領域，增加了哲學思
考的內容性；就哲學而言，雖然未必改變過去的哲學史觀，但
確實可以發現哲學的新論題，或者更精確的說，是一些被隱藏
在論述中的論題，而今日可以藉著哲學與出土文獻的結合探
索，重新予以建構其如何可能。

　　這一藉助出土文獻資料所結合運用的哲學探究，對於戰國
哲學探究，無疑是一重大且值得重視之研究契機。其研究契機
主要體現在兩個方向，一是關於戰國時期道家哲學論題的開展
與發展；二是關於戰國時期儒家哲學論題的開展與發展。

一、關於戰國時期道家哲學論題的開展與發展

---

[3] 截至目前為止，已出版六冊。後續仍在整理出版中。

　　主要是以帛書《老子》、竹簡《老子》、《太一生水》、《互先》、竹簡《文子》、《黃帝四經》⋯等資料與傳世文獻爲探究範圍。這些資料開啓了四個哲學研究論題。

（一）關於黃老哲學的探究

　　過去「黃老」總是與政治論述相關連，強調它在政治上休養生息的作用，並未與哲學探究相連繫，自《黃帝四經》出土後，促使哲學界重新研讀並思考司馬談、班固對於學術分類的說明，並進而研究《黃帝四經》文本，思考戰國道家哲學自《老子》以來的轉變，及其與《老》、《莊》哲學極爲不同的君人南面之術。

（二）關於《老子》後學的探究

　　引起學界對於《老子》後學的重視，主要是出土資料中有一批顯然與《老子》詮釋與發展極爲相關的資料，尤其是 1995年底公佈的竹簡《文子》開啓其端。竹簡《文子》、傳世本《文子》，及與其極爲相關之《淮南子》，確實在學界引起研究之熱潮。關於「文子」研究，主要關注點除了文子其人其書之討論外，也多所關涉兩本《文子》與《老子》之關係，甚至也關乎其易學思想、養生思想、形名思想，《老子》後學的分歧⋯⋯等等。

（三）關於道家與古天文學之連繫的探究

　　此一探究，源自《黃帝四經》、《太一生水》等文獻與天道、陰陽、曆數極爲相關所致，並藉此將黃老哲學引至一新的發展，即將天道陰陽曆數之天道哲學觀，轉入人間世的運用，甚至是

兵道的說明，此即戰國後期道家之《鶡冠子》哲學的主旨。

（四）關於宇宙生成之始源問題的探究

　　這一問題基本上是伴隨著「氣」的哲學探究，以及人文始源之探究而來。道家哲學自《老子》以來追問宇宙生成始源時，向來都伴隨著人與自然的關係，人文世界與自然之關係，人文世界的構成，而非如今日追問「宇宙」如何發生這一「自然世界」的問題而已。這一探究從《互先》之出土，更說明了這一宇宙生成之始源問題的探究，大致可以從兩個面向開展，即自然發生程序──物的序列，以及人文之始源序列，而終於匯歸於自然始源。

二、關於戰國時期儒家哲學論題的開展與發展

　　主要是以竹帛《五行》、《緇衣》、《性自命出》（《性情論》）、《內豐》、《孔子詩論》、《民之父母》、《魯穆公問子思》………等儒家簡帛資料並結合傳世典籍資料爲探究範圍。這些資料不僅開啓了哲學的探究，也開啓了關於經典形成之探究的論述。在哲學的探究上，主要開展的探究方向是集中在戰國時期儒家哲學的研究，在子學研究上，主要集中在子思與曾子，以及孔門弟子的研究，在哲學論題上主要有四大主題。

（一）關於心、性、情、命論題的探究

　　自孔子以迄孟、荀人性論題的開展如何可能，一直是跳躍的思考，即如何從孔子對於「性相近」之說，到孟子之言「性善」，雖然中間有《中庸》之「天命之謂善」，但由於《中庸》在當代學術中被視爲秦漢之作，以致這中間的鏈結有斷落之

嫌。自《五行》、《性自命出》…等文獻出土，大抵說明了這一
鏈結的存在，並可以此發現戰國早中期的學者對於心性情論題
的複雜與多向性思考。

（二）關於「天道──人道」的論述

　　自子產言「天道遠，人道邇」，加上孔子之重視人文化，
一直忽略了孔子及其後學對於此一論題的辨析與轉化，其中竹
帛《五行》之經的部份，可謂提供了此一思考線索，在該部份
很明確的提出了「天道──人道」之區分，事實上即是「德」
與「善」的區分，對於此一區分，龐樸認為即是「天地道德」
與「社會道德」的區分。

（三）結合西學影響所開啓的身體論述

　　從馬王堆《五行》出土後，由黃俊傑、楊儒賓等人從事中
國早期儒學中，有關身體的論述所帶動之思潮。這一思潮在兩
岸都有些論著，其思想背景，一方面是源自西方當代哲學關注
身體論題，另一方面則是研究儒學所必然面對之理論與實踐之
論析，或者說中國哲學之重視踐履特質的強調。這些出土資料
文獻，確實是一契機，引發我們將蘊藏於傳世資料與出土文獻
資料中，有關身體之論述、或者有關身心論題之論述，予以審
視、研究。

（四）關於孔子及其弟子的論述

　　由於出土資料有很多是屬於儒家的論述，除了李學勤曾經
提出在孔孟之間外，李零也提出「是七十子或與七十子有關的
作品」並主張無論郭店或上博簡都呈顯出一些早期儒家的複雜

面貌。[4]出土文獻資料從目前學界的研究，除了子思與曾子有較多的研究外，還包括子貢、子夏之研究。另外，藉著這批資料，也發現一些過去不被重視、不被強調的孔子面向，譬如孔子對於天道的主張等。

　　哲學，甚至任一學問都是在於傳統之繼承與未來之開展中。哲學在這一傳承與發展中的維新，向來也爲所有研究者所承擔。任何一種詮釋方式與論析，無論是以諸子的年代方式，並配合學術家別的分類方式說明；或是以某子之主題哲學的論辯與論述方式申述；或是以比較哲學方式，從事哲學精神、哲學概念之比較式論述；或是以西方哲學之架構論述中國哲學；或是借助西方哲學的思考訓練而以中國哲學的概念語言論述；或是以當代哲學議題去檢視古代哲學家；……這些基本上都可視爲中國哲學當代化的一種思維方式，均是多元中一條路徑。

　　關於中國哲學的當代化，容或每位學者有差異的解讀，在這裡我以爲，可以藉由出土文獻的契機，重新了解過去被忽略的文獻資料線索，並對先秦哲學在戰國時期的交融開展，有一新的認識與了解，此正如學者們針對出土文獻對於中國哲學或思想之改寫與否的認真思考。[5]在這一思維前提下，我嘗試藉由出土文獻所帶來的資料訊息，與傳世文獻結合，思考戰國時期

---

[4] 李零，《郭店楚簡校讀記》（增訂本），（北京：北京大學，2002 年），前言，第 4-9 頁。

[5] 這一改寫中國哲學史之呼聲，近來都有新的反省，這一反省結合著對於古史辨派的重新思考，以及對於「改寫」之理解不同，而有正反意見。但學者們並不否定出土文獻所帶來的研究上之新契機，如曹峰雖然僅認同局部改寫或說補寫了思想史，但仍肯定出土文獻研究的「激活」作用。曹峰，〈出土文獻可以改寫思想史嗎？〉，《文史哲》，2007 年第 5 期，第 42 頁。

哲學思想在論題與哲學概念之辨析中，究竟還有什麼曾經被視為一重要辨析，但被忽略，或者由於文獻不足徵，以致未能被提出者。我所主要關心的是集中在戰國時的道家與儒家。在這段期間究竟曾有過何種哲學思辨？我以為或許這也是一種進行中國哲學當代化及論辯的方法之一。尋找過去，更多的是為了「現在」！

在本書中，關於先秦儒道哲學的探究，我區分成四編。第一編總論，是有關出土文獻與先秦哲學研究的方法啟迪與基源問題，共分兩章。第一章〈出土文獻與哲學研究——一個方法學上的啟迪〉，主要是說明藉由文獻資料，所啟發的先秦哲學研究，這一研究方法，基本上在於說明資料線索對於先秦哲學概念與論題之找尋的重要，並以實際曾操作過的研究為例，說明此一哲學概念或論題之重要。

第二章〈中國哲學問題的起源與本原：文與情的思維〉，主要是藉由「文」與「情」這兩個概念，說明在儒道哲學之前關於「文」的思考，旨在說明「文」是先秦儒道哲學所共同關注的論題。關於「文」，老子、孔子各有不同的詮釋，老子轉向素樸之道為「文」，孔子則以禮樂及仁為「文」的精神與內容。孔、老之後，在戰國早中期則有轉向以「情」為其本原的思考及論述出現，旨在說明「情」曾經是當時的重要論題與詮釋之一。「情」在先秦道家之《莊子》內篇與《文子》是以「情實」為其內容，以「真」闡述人之情。儒家則是以關係為基底軸線，在關係應對中而有喜怒哀樂等之「情性」。

第二編是關於出土文獻與先秦道家哲學論題，主要是就與

先秦道家相關之出土文獻，並結合傳世文獻，重新思考隱而未顯的論題，以及因著出土文獻所開啓的黃老哲學論題，此編共分四章，分別是第三、四、五、六章。第三章〈《老子》中的「損－益」觀〉，是藉由帛書《要》篇中記載孔子認爲「損、益」在《易》學研究上的重要，重新探索「損－益」在《老子》哲學中的重要性，基本上這一探究也說明《老子》與古天文之天道觀之承繼與另闢徯徑。

第四章〈《老子》資料與黃老哲學探究〉，旨在提出《老子》作爲被編輯的資料，其中所蘊涵的豐富與多元性，並且嘗試由文獻的方向說明：何以一提到「道家」，必然以「老子」爲指標，這一歸屬之指標意義，主要表現在《老子》章句的引用，其次是「黃帝曰」與「老子曰」的混用。由於這種混用的情形，促使我們有必要探究「黃帝」與「老子」何以聯繫在一起？因此，本文另一重點是探究「黃－老」聯繫的學術理由，並進而指出「黃老」之學與《老》學的聯繫在於「形（刑）名」，同時也發現《黃帝四經》中「度」是作爲一哲學觀念被提出，同時也顯出與《老》學的差異，這差異顯示在《老子》提出「道」是就「物域」而論，《黃帝四經》則針對「道」之被提出，作一探究，同時對於人倫制度的規劃與安排也提出了「黃老」學的主張：「度－權衡－規矩」、或說「天當」、「道生法」作爲「治天下」的價值判準與依歸。

第五章〈先秦《老子》後學之學術流派與哲學問題探究——以出土簡帛道家資料爲核心的討論〉，旨在從郭店竹簡《老子》可對應於今本之 19 章的差異，所帶來的研究之啓發。這一研究主要是結合郭店本是否爲祖本、足本等問題而來。本研究大致

分三部分論述，一是從《老子》文本差異，及其後學如《莊子》與《文子》對待仁義之別，說明郭店本《老子》所顯示的是《老子》發展中的分歧文本之一。二是就《老子》後學之竹簡《文子》、《黃帝四經》、《莊子》內篇對於《老子》之道的繼承與轉化提出說明。三則是就轉化後戰國道家諸子之互動畫一圖表，以及在道、物、人幾個重大論題上，有不同的子題之論述圖表，這兩個圖表基本上顯示了戰國時期道家哲學在論述上的複雜與多元。

第六章〈《亙先》及戰國道家哲學論題探究〉。楚簡《亙先》為上海博物館藏楚竹書，據整理者李零的說明，屬道家資料。本文之作，即在此一前提下，論述《亙先》中所顯示的哲學問題主張，並由此得以一窺戰國時期道家對於某些哲學論題曾有過的討論。在論題的探究中，分兩大部分，第一大部分主旨在論述《亙先》之哲學理解；第二大部分是就《亙先》中與老子及其後學的發展論述，並藉此推定《亙先》一文的時代哲學論述。第一部分，主要是依據龐樸的簡序，對《亙先》一文的理解與詮釋。第二部分主要是就與《亙先》哲學觀念相關，同時又在《老子》及其後學中有過不同的主張與論述為主，大抵有「恆、先」、「無有」、「氣」、「或、欲」等幾個哲學論題。

第三編是關於出土文獻與儒家哲學論題。主要是藉由出土文獻中的兩篇儒家佚籍進行研究，即《五行》與《性自命出》（上博簡題名為《性情論》），共分四章，分別是第七、八、九、十章。第七章〈《五行》中的「五行」〉，文中主要論點有四：一是針對「德之五行」與水火木金土「五行」在哲學上的意義與發揮的作用作一聯繫，說明《五行》作者區分「德之行」與「行」

是因著「五行」之意義的轉換所進行的時代性探究。二是指出提出「德之行五」,在哲學發展上除了說明「君子」之於「道」所要建立的典範與所能發揮的作用外,也指出《五行》作者對於樂教的重視,特別強調樂教能達致天道。三是《五行》中提出「四行」——仁義禮智,雖然未如孟子所言乃人心之四善端的純粹,但確實論示了四行之為善心的可能,可以說《五行》開啟孟子在思想上提出「心善論」。四是論述「四行」與「五行」的區分可以類比地說明《孟子》論「心」與「性」的區分。

第八章〈德之行與行的哲學意義〉,主要是闡述「德之行」的哲學意義,以及《五行》中「五行」與「四行」可比擬對應於《孟子》之「性」與「心」的差別,但兩者並不等同。文中主要立論觀點有三:首先指出「行」基本上是顯示一「場域」的特質。其次說明《五行》中之「四行」是存在之人的事實展現,「五行」則是人在德行可配於「天」之狀態下的展現。其差別在「形於內」與否。最後論述《五行》與《孟子》的關係,主張《五行》早於《孟子》,《孟子》心性命之辨,以及「盡心知性以知天」之如何可能,實源自《五行》之界說,但較《五行》思路更為精純。可是若非《五行》,孟子由心到性是一種跳躍的思考。

第九章〈儒家簡帛佚籍中「德」與「色」的辨析〉,本文的問題意識主要源自簡帛《五行》中關於「玉色」與「形」的關係,以及賈誼關於「容色」問題的說明所引發。在文章說明中,主要處理三個環節,一是關於《論語》中「色」共有三種意義,其中有一種與「德」相關;第二個環節是論述孔門弟子曾子與子夏對於「色」有不同的著重點,曾子強調色與德的關

係，子夏強調色與禮的關係；第三個環節進而論述曾子、《五行》經文、孟子，將色與身心結合思考；馬王堆帛書《五行》之說文，「色」與「禮」相關，但是與荀子否定心性爲根源之善，進而強調「禮」有所不同。結論中並以此認爲從「色」的根源探究上，都是指向心、性，這也說明了在《五行》中非常強調的「形－色」思辨，除了《孟子》中仍然留存著這種思維外，幾乎「形－色」問題已轉換爲「心」的探究。這一方面是因爲「遠女色」、「食色性也」與「玉色」之間，存在著糾結的困擾，因此轉向其根源問題的解決；另一方面在於「色」之爲「德」的「容色」呈現，是身體實踐的哲學探究，這一種探究往往是經驗的分析與說明，很難以一種概念式的哲學探究，加以分析所致。

第十章〈由《性情論》探究孔子後學之「情」論〉，主要是從《性自命出》(《性情論》)中對於「情」的論述，以及與《中庸》、《樂記》之連繫。「情」，在今日的理解中，強調的是人的情緒、情感，而在傳世文獻中雖然曾將「情」作爲「情實」，作爲一種與人本質性相關的質素，或人之內心的真實——「誠」。[6]但並未因此開展「情」這一論題的重要與關鍵性，反倒被天命、心性、禮樂等論題所遮蔽。「情」在人與人之間所形構之社會關係所展現的是一種生命情狀之顯示，更多的是呈現一種作爲社會價值，甚至是社會關係、規範得以制定、構建的事態本源。這一種本源，不純然屬於人個體的質素，更重要的是在於「關

---

[6] 關於先秦傳世文獻中對於「情」的解釋，李天虹曾就傳世文獻中出現「情」的文獻加以摘引分類。李天虹，《郭店楚簡性自命出研究》，(武漢：湖北教育出版社，2003 年)，第 33-50 頁。

係」中所引動的質素，它是因著「關係」而得以制定規範與價值的本源。若缺乏了「情」這種生命性的內容顯示，規範與制定只是一種條文約束，德行並不顯示「人文」的意義，也失去了德行的生命力。此即《禮記‧樂記》所言：「情見而義立」。本文關於「情」的探究，旨在說出「情」在孔子後學曾具有的人文性本源之探究。

第四編是關於出土文獻與儒道哲學論題。主要是論及在一共同哲學論題下，不同的學者的不同主張，藉由哲學論題之交融，說明儒道作為一大時代共存的主要學術家別的不同認知與理解，共分兩章，分別是第十一、十二章。第十一章〈從「民之父母」論先秦儒家與《管子》的為政觀〉，本文是從源自《詩經》之「民之父母」所指出的對於為政者之期許，闡述孔子「民之父母」的內涵，《管子‧法法》則是提出了與孔門不同的論述，認為「法者民之父母也」。《管子》這一論述，除了指出了〈法法〉的哲學論點的時代與學術流派的特殊性之外，也提供了進一步思考「法」如何可能是「民之父母」的探究。本文即是據此一線索，分三方面論述，一是指出孔門關於「民之父母」的論述及其形上根源之探究；另一則是就《管子》之「民之父母」，論述其「法」的哲學觀，關於這一部分，主要是關於《管子》中「法」的範圍及其哲學意義的論述；最後則是就《管子》中法的形而上基礎加以分析、論述。

第十二章〈儒家佚籍、《孟子》及《管子》四篇心性學之系譜〉，本文主旨是就「心性」的探析在戰國時期是一重要的哲學論題，進而論述儒家佚籍與《孟子》、《管子》四篇之間，形成一互為影響但又歧出的論述。儒家佚籍中以《性自命出》及

《五行》最呈顯出有關「心」、「性」的問題之討論。「心性」作為一哲學論題的提出，最先是關於己身的作為，及至孔門弟子與再傳弟子，「心」「性」「情」作為一哲學概念，有時是混用的，《孟子》則將「心」與今日所謂之「情」混用，從而在「端」與大成之間，開展出與道德相關之情感心與能思之心。《管子》四篇主要著墨於「心」的論述，尤其是「心」與「物」的關係。《管子》四篇在「心」的說明上，提出與《孟子》道德心不同，強調「意－形－知」之作用，「心」是一容受之心，重在其「虛受」；在「物」的說明上，除了道家因素之外，在〈內業〉中對於「心」與「知」(或說「思」)的關係又似乎與《五行》相關。在戰國時期「心－性」學系譜上，則主張《大學》是儒者與《管子》四篇論及心性問題的共同啟發根源，《管子》四篇的時代與《五行》、《性自命出》相近。《中庸》主旨思想不排除也在此一時期，主要是因為核心思想中，關於性命之說，與《性自命出》可屬於同一時期之論說，另外《中庸》中關於「天道──人道」之聯繫說，與《五行》對於「天道──人道」之轉化說有關，其可能早於《孟子》，是因為《孟子》之心性說較之《五行》、《中庸》更為精粹，至《孟子》時，「天道──人道」問題，事實上已轉化為「心－性－天」之既超越又內在之論述，並取代《中庸》之「誠」說。

最後，關於這些篇章，皆曾在不同的學術會議中發表，並出版於專書論文、期刊中，謹此致謝。另外，〈出土文獻與哲學研究〉未刊登，〈由《性情論》探究孔子後學之「情」論〉一文則是在曾出版之《《性情論》與《性自命出》中關於「情」的哲學探究〉一文上所進行的增文改寫。在論著期間，這些篇章少

部份是獲國科會專題補助或博士後研究補助研究之成果，在此一併致謝。

又本書中，關於儒家哲學論題與儒道哲學論題之部份，論述篇幅不及道家哲學論題，其一是因為儒學部份文章有些屬較早期初涉入出土文獻之作，且儒學又是一不同於道家哲學思考模式的學問使然。其二則是通過儒家與道家之研究，在共通論題上仍有待發掘。因此，在篇幅上顯得較短，而這也是期許自己未來努力著力處。

本書篇章，雖然大部分曾經出版，但仍有闕漏與錯誤，此次出版則對文句字辭疏漏處，稍作更動與改正。關於出版處則在每篇篇題處註明，若有修正一併說明。目的在呈現更完整的論述出土文獻與先秦儒道哲學的探究，及後來在觀點上的一致性修正與補充。

第一編　總　論

第一章　出土文獻與先秦哲學探究[1]

——一個方法學上的啟迪

一、前　言

　　歷來先秦哲學研究的學校教育，向來是強調論辯性，重視哲學概念、哲學問題、哲學系統的建構，較為忽略文獻資料的把握所帶來的哲學意義之開展，與哲學問題之啟發。文獻研究與哲學研究兩者之間的關係，猶如孔子嘗言的「思」與「學」的關係，對於哲學之研究，缺一不可，且具有相互補足的作用。尤其是 20 世紀出土的有關哲學研究之簡帛佚籍，對於先秦哲學之研究，不僅豐富了先秦哲學概念之意義的豐富，甚至也帶來了先秦哲學研究的論題之發掘與開展，可以說對於古學新探注入了新血。

　　20 世紀出土的簡帛佚籍，基本上開展了今人對於先秦文獻

---

[1] 本文主體部份，曾發表於 2004 年 12 月 2 日，由中研院文哲所與史語所共同舉辦「經典與文化的形成--中國上古文明研究的新趨向」，當時以題名「哲學問題與經典研究——以先秦道家為例」作會議發言。又於 2007 年 1 月 15-16 日，由淡江大學中文系主辦之「中國哲學之教學與研究論壇」，以「中國哲學之研究：與文獻研究之關係」作會議發言。今則作一增修，以「一個方法論的啟迪」說明出土文獻與先秦哲學探究的聯繫。

資料有一新的認識與了解。其重要在於改變了今人對於某些古籍的認識與迷誤的釐清，譬如由於銀雀山漢墓竹簡的出土，廓清了《孫臏兵法》與《孫子兵法》確爲兩本古籍；再如《荀子‧非十二子》中所言及之「五行」，荀子認爲是子思唱之，孟子和之，即使有唐代楊倞注解即是五常，但仍存有疑惑，以爲這是楊倞受鄭玄之注的影響所致，因此對於「五行」之內容究竟爲何的謎團仍未解。此一謎團直至簡帛《五行》的出土，才稍解「五行」並非只是水火木金土，而是五種德行「仁義禮智聖」之說。

　　另外，出土文獻在學術史上也具有相當重要之意義，例如馬王堆漢墓帛書的出土，其中帛書《黃帝四經》說明了在戰國時期的黃老思想確實存在，這在道家哲學發展上具有重大意義；再如竹簡《文子》的出土，對於老子後學的研究，以及解老的傳統有更清楚的認識。

　　出土文獻除了對古籍的迷誤有所釐清以及學術史上的意義外，對於哲學研究，基本上除了是研究之對象外，更重要的是它對於先秦哲學研究的方法性啓迪。這一啓迪在於哲學概念內容的豐富，以及對於哲學論題與論辯之研究方向的啓迪。

二、文獻資料對於哲學研究的重要與方法運用

（一）關於先秦哲學家文獻資料的把握

　　首要在於文本資料的理解與詮釋。理解並不是藉助前理解，而予以概念結構化或者系統化爲已足，畢竟古人之論述確實距離今日之生活語言非常遙遠，解決此一困難，一般即重視古注、古訓，這是必要的第一步。第二步則是對先秦這些哲學家時代的相關文化社會背景、及與哲學家同一大時代的其他諸子文獻的相關論說資料多加閱讀，這些閱讀並非一蹴可幾，有時需要藉助文史工具的相互配合，如：十通、會要、類書、諸子引得、年表、字典…等。至於詮釋，則是基於文本脈絡之理解，予以當代化的論述與辨析，其方式則有各種方式，或者以中國哲學之語彙，將其哲學論題予以辨析；或者以西方哲學之架構，闡述中國哲學的對應性；或者以中西哲學對應之概念予以說明；或者以當代所關注之議題，解析古代哲學之主張。這些詮釋方式雖然有不同，但其基本要求則是詮釋基於理解、理解因詮釋而使文本脈絡更深刻、更豐富。

　　其次，必須注意版本與目錄學的相關資料內容。尤其是版本的問題所出現的異體字或是文字的差異，而目錄學的研習，主要在於理解古人對於學術的分類與觀點。從目錄學的圖書分類，可以發現有些典籍，可能同時被放置於兩處，也可能被歸類爲不同家別，這些說明了有些古籍本身就存在著難以用一種方式歸類，或者說某些古籍是一種在交融下的作品，是多人之集著，而後被編輯一書，如《管子》。目錄學基本上只是一種方向，從字詞的使用上，也有學者從事學術交融下的探究。[2]這些

---

[2] 在文獻與哲學思想交融之探究，陳鼓應在〈早期儒家的道家化〉一文已涉獵此一議題。《中州學刊》，1995 年，第 2 期，第 59-66 頁。另外，在馬王堆帛書《易傳》出土後，陳鼓應更多關注《易傳》中的黃老道家特質。

提供我們當代對於先秦古籍，有一新的視野，即對於哲學家之交融，應予以更多的關注與研究。

再次，對於先秦的哲學資料，應該擴大其認定範疇，即將過去視爲僞書資料，或斷定非先秦資料，由於簡帛佚籍的出現，在理解運用上確實有些足以改變了過去的誤解，[3]有些則是釐清作用，[4]這些在哲學進行思考的資料取材上，是值得重視的。 例如《禮記》或《大戴禮記》某些篇章主旨思想的早出，在今日是不容否認的，而其中過去所忽視的曾子學，在今日則應給予更多的關注。

最後，關於先秦哲學的研究，應該重視 20 世紀以來出土簡帛資料的研究，這些資料常常帶給哲學研究一新視野的開展，與新研究觀點的出現。它不僅僅是哲學史的補充，而且藉由這一哲學史的補充，它所帶來的意義是對於前賢研究所帶來之框架理解的突破與新可能，讓我們重新以新的視野審視先秦哲學的互動發展。

（二）出土文獻與先秦哲學研究交互爲用之方法

除了哲學系本身的訓練之外，爲加強出土文獻研究的重要，及其與先秦哲學研究的關係，我認爲大致可以從如下三個

見《易傳與道家思想》，（台北：台灣商務印書館，1994 年）。

[3] 例如：關於性命與天道的關係，不需等待秦漢時代才出現，郭店簡《性自命出》已論及性命與天之間的聯繫。

[4] 例如：關於《禮記》與《大戴禮記》的篇章，釐清了雖然成書於漢代，但有關《緇衣》、《內豊》等竹簡的出土，釐清了其主體思想在戰國時已存在。

方法加以結合運用：

首先是二重證據。王國維針對出土文獻、文物與傳世文獻在學術研究上的重要性所提出的方法。強調傳世文獻與出土文獻的互相校正與補足，即所謂「紙上之學問賴於地下之學問」。

其次是考據。強調文史內容的把握，這對哲學使用之概念內容的豐富性有幫助。工具的使用包含：《經籍纂詁》、《故訓匯纂》、類書、《文選》李善注、字典、通史、年表…等等。

最後是資料工具化。這是在從事哲學研究，諸多方法中的一種選擇。[5]這一方法在於將哲學家典籍作為哲學資料看待，不再只是以如何詮釋完滿為已足，而是作為資料，看待哲學問題的開展與論辯。這一方法的運用，常不只限於一哲學家的典籍，而是與同時代或同一家派的哲學概念使用相關。從資料中發現哲學論辯，同時在哲學論辯中發現各哲學家的精神與特質。這一方法的運用常必須結合概念範疇、哲學問題等方法，當然也需配合運用哲學理解與詮釋。

針對上述三種方法的運用，結合哲學的訓練、文獻的學習，

---

[5] 哲學研究在當代有各種方法的運用，或是從事跨領域、跨文化，以哲學，尤其是倫理學議題為主的一種探究，這一種探究的優勢在於哲學專題研究。或是從事跨文化之對話下，以當代西方之某些主體對應於中國某部經典的對話，其優勢在於哲學之對話。或是以西方哲學的形上學、認識論等架構，專論一些中國哲學某子之思想，其優勢在於傳統諸子的現代化哲學語境、語意之對應。在此之文獻方法的工具化，其優勢在於中國哲學在傳承中的哲學論題與討論，雖然看似古老，且已是「歷史」的資料，但以現代哲學訓練之思維，從事中國哲學的當代化，未嘗不是一種理解傳統、詮釋傳統的方式。

事實上可以帶給哲學研究者，除了哲學意義的開展外，也可以藉著文獻作為一種資料，啟發哲學問題思考，以及開展哲學的新視野。

三、出土文獻對哲學概念之多元思考的啟迪

　　大部分需要藉助於概念字詞所具有的豐富文化內涵，才能賦予哲學概念在思考上的多向性，並因而避免當代語言使用上的誤解，或說是理解上的歧異。這時需要的是文史工具所帶來的便利性，藉著使用漢語大字典以及十通、古今圖書集成……等之類的工具書，我們可以發現一些當時代哲學概念之用語，及其內涵的豐富性，茲舉兩例說明如下：

（一）「度」之為哲學觀念詞的思考

　　《黃帝四經》中出現「度」這一概念，這在傳統哲學的理解中並不出現，或是不被重視。《黃帝四經‧經法》中有關「度」的重要出處：

> 道者，神明之原也。神明者，處於度之內而見於度之外者也。處於度之〔內〕者，不言而信；見於度之外者，言而不可易也。處於度之內者，靜而不可移也；見於度之外者，動而不可化也。靜而不移，動而不化，故曰神。神明者，見知之稽也。〈名理〉

> 故曰：度量已具，則治而制之矣。〈道法〉

主執度，臣循理者，其國霸昌。〈六分〉

抱道執度，天下可一也。《道原》

在這些有關「度」的使用中，可知它與治國、治天下所應依循之標準相關，但是它也與「道」、「神明」等相關，那麼戰國時人究竟如何理解「度」這一概念？又為什麼將「度」與「道」、「神明」的概念作一重要連結？從《說文》的說明與段玉裁的註中，可以知道「度」是作為一種計算長短的標準與器具，最初是以人體為準。若從有關丘光明《中國古代度量衡》的文化說明中，更能清楚理解「度」在生活中的重要性，以及春秋戰國時，對於度量衡之混亂的渴求標準化。從其他有關文獻資料的查閱中，可以發現「度量」作為計量、平準的工具，與天文曆法相關，也與音律相關，據說「少昊用度量作樂器」（《玉海·卷八》引《通歷》）。

另外，《漢書·律歷志》對於度量問題的探究，也提到「度者，分、寸、尺、丈、引也，所以度長短也。本起於黃鍾之長。……」《呂氏春秋·仲夏紀·大樂》則更明確的指出度量與音律、天文、始源之間的關係，此即：

> 音樂之所由來者遠矣，生於度量，本於太一。太一出兩儀，兩儀出陰陽。陰陽變化，一上一下，合而成章。渾渾沌沌，離則復合，合則復離，是謂天常。天地車輪，終則復始，極則復反，莫不咸當。日月星辰，或疾或徐，日月不同，以盡其行。四時代興，或暑或寒，或短或長，或柔或剛。萬物所出，造於太一，化於陰陽。萌芽始震，凝寒以形。形體有處，莫不有聲。聲出於和，和出於適。

　　和適先王定樂,由此而生。

　　《呂氏春秋》中『度量』之歸本於「太一」,一方面是說明了樂律與始源、萬物之間的聯繫,另一方面也指出「度量」與始源及萬物之間的聯繫。如果對度量、樂律、太一、萬物之間的關係加以說明,可以發現樂律是藉由度量呈現太一,那麼它之於萬物也只是以聲、形的方式讓萬物呈現,所謂「形體有處,莫不有聲」,在這裡我們可以發現樂律以「形」的方式(不是指具有量的形,而是一種相較於物之質而指稱的「形」)說明「物」的存在,這是「度量」與「形」的關係。

　　在《大戴禮記》中我們又發現度量與禮、樂相關,所謂:

　　…古之度在樂則起於黃鍾,在禮則起於璧羨。

　　《禮記・樂記》中對於禮、樂說到:

　　是故先王本之情性,稽之度數,制之禮義。

　　從上述這些資料,我們可以發現「度」不再只是一種尺度衡量而已,而是關係著古天文的觀測,若稍理解古天文學的發展與圖象表現,可以發現《呂氏春秋》之說有其古老之根據,而古天文對於「度」的依賴而制訂出歲、月、日等曆法,曆法是古代爲政者觀象授時的依據,可見「度」在古人知識與生活上的重要。

　　哲學的新開展,往往是生活中的提煉與昇華,從上述的諸多資料,可以發現儒道同時對於「度」的重視與轉化。這一認知與文獻、文化上之學習,豐富了「度」作爲一哲學概念的內

涵。

（二）「玉音」、「玉色」與「德」的聯繫

關於《五行》中「玉音」與「玉色」的學習，引發「形與思」、「德與色」哲學問題的探究。茲引述《五行》中有關的文獻資料如下：

> 慐（仁）之思也清，清則𪟮，𪟮則安，安則惥（溫），惥（溫）則兌（悅），兌（悅）則𢟪（戚），𢟪（戚）則新（親），新（親）則恋（愛），恋（愛）則玉色，玉色則型（形），型（形）則慐（仁）。

> 智之思也倀（長），倀（長）則得(1)，得則不亡（忘），不亡（忘）則明，明則見臤（賢）人，見臤（賢）人則玉色，玉色則型（形），型（形）則智囻。

> 聖之思也翠（輕），翠（輕）則型（形），型（形）則不亡（忘），不亡（忘）則聰，聰則聲（聞）君子道，聲（聞）君子道則玉音，玉音則型（形），型（形）則聖。

《五行》：「金聲而玉振之，有德者也。」《孟子》也曾言「集大成也者，金聲而玉振之也。」在這些資料中，「金聲」指「鐘」所發出的聲音，而「鐘」在當時具有一種莊嚴肅穆的禮儀意含。《尚書大傳》也曾記載：「在內者玉色，在外者金聲。」因此，「玉色」之所指，若再與《五行》之資料聯繫，不僅與「形於內」，呈顯於外之「容」相關，也與禮儀、鐘聲相關。

關於「玉音」。「玉」指石磬或說是玉磬，磬的出現相當早，

從出土文物中可以發現早在龍山文化時期已經有磬，出土地點大致在夏墟故地，它的用途在當時可能不只是作爲樂器，而且是一種權威的象徵的禮器。在音樂的表達中，磬與鐘同居於一特殊的地位，常常是作爲音樂的總稱，但兩者的作用不同，磬音往往具有上達天聽、百獸同樂的神祕特質。《尙書・堯典》：

> 帝曰：「夔，命汝典樂，教胄子。直而溫，寬而栗，剛而無虐，簡而無傲，詩言志，歌永言，聲依永，律和聲；八音克諧，無相奪倫：神人以和。」夔曰：「於！予擊石拊石，百獸率舞。」

又《呂氏春秋・古樂》：

> 乃擊石拊石，以象上帝玉磬之音，以致舞百獸。

「石」之音在當時顯然具有兩個方向的作用，一是作爲德化教育，一是作爲人與神之間的溝通聯繫的媒介、百獸可聞之而起舞的神秘性作用。

從上述資料可得知，《五行》中關於「玉音」與「玉色」的重要，有其古老的淵源，而《五行》中強化其爲「成德」的重要表徵，並認爲「玉色」與「玉音」不但具有不同的作用，同時由「玉色」才能臻至「玉音」，由「仁、智」才能臻至「聖」的境界或說品格。

由「玉音」與「玉色」文化內涵的把握，從哲學思考中，可相互配合進一步理解「形」與「思」在當時的哲學作用，同時對於「色」在成德中的重要，是藉由「形－思」而有，並呈現於人之儀態舉止之「容」。「色」與「德」的關係，從資料的

探索中，可發現是曾子－子思－孟子一系之儒者所重視的。[6]同時也可能是儒分爲八的歧出點之一，因爲若從帛書《五行》之〈說〉中對於「色」與「禮」的關係之重視，找出子夏、荀子的相通處。

四、出土文獻對哲學問題之論辯性與新視野的開展

這一方面主要是針對文獻作爲一工具性，予以哲學問題的啓發，以及對於該哲學家有不同面向的理解。文獻資料的工具性，有時需要藉助出土資料之研究，引發對傳世文獻中相關資料線索的探究，進而對某一哲學概念之內容或其發展，有更深入之認識。關於這一部分，大致可以區分三種狀況：（一）是針對文獻作爲一種資料，由於文字的差異，詮釋理解學術家別之分流的可能，如「仁義」的問題。（二）是針對文獻作爲一種資料，對於哲學觀點的改變，並進而開展學派發展之研究，如「文」與「士」的問題。（三）是藉由某一子之哲學主張或概念內容理解之需要，發現當時代確實存在著一種哲學論辯的可能，如「有－無」、「有始」、「無始」的論辯，這一論辯之整理，可以發現當時的哲學家關注的問題是什麼。

---

[6] 詳細探究，見本書第九章〈儒家簡帛佚籍中「德」與「色」的辨析〉一文。

（一）關於「仁、義」的字辭差異，所引發的哲學思考

　　以郭店《老子》、馬王堆帛書《老子》、傳世本之《老子》爲例，基本上是藉由版本中文字的差異，或許可以釐清《老子》對待「仁」、「義」等概念，並非一直是採取擯棄的態度，而是《老子》本身所易造成的差異理解，並進而導致《老子》後來的道家發展，確實存在著差異，而有所謂道家分派的出現。

　　關於《老子》文本之差異所引發的探究，主要是出現在對應於今本《老子》第 19 章的「仁」「義」問題。在對應今本《老子》19 章的簡本《老子》文句，並沒有「絕仁棄義」之說，而是「䋣（絕）憍（僞）弃慮（詐）」。這一文字差異所引發的思考，是多方向的。大致可以區分純粹是抄寫錯誤問題、編作問題、學術理解差異問題三個層面。關於第一個層面，所謂抄寫錯誤問題，一般學者大致不採取這一說法，或甚至不會如此簡單看待此一差異之存在，因此基本上完全不討論此一問題。第二個層面編作問題，所涉及的有：簡本、祖本、足本等問題；學術傳播中的改動；編作者本身之身份，有時也與墓主人之身份關連在一起的討論。第三個層面是學術理解差異所造成的道家分派問題，所涉及的是《老子》本身在詮釋上，即是處於易於矛盾理解或差異詮釋的狀態。這一因素或許與《老子》作者本身的前後期所造成的強化說明之差別有關；或許與《老子》本身的形成非單一作者有關；也或許是弟子間的流傳，已然產生差異有關。除了第一個層面的思考外，第二個層面與第三個層面的思考，有時常常牽連在一起，並非單一因素即可解釋清楚。因此，也形成學界不同的處理方式。

　　第 19 章文字上的差異，學界大致有四種不同的理解，即
1.承認郭店竹簡《老子》爲祖本之部份，不是足本，今本之改
動，則有兩種不同理解，一是認爲與馬王堆《老子》時已經相
同，因此今本可能是法家傳本，另一是今本是受《莊子》中之
〈駢拇〉、〈胠篋〉等篇的影響而改動，是因爲當時南方針對儒
家而有非毀仁義之說。

2.郭店《老子》不是足本，而是刪節本。郭店《老子》爲改動
後的本子，因爲墓主人身分爲太師，對仁義之說並未反對，因
此，凡是有關非毀仁義部份，大部分刪節之，例如相應於今本
《老子》第 5 章，原有「天地不仁」、「聖人不仁」之說，今皆
未見於郭店《老子》相應的章節。

3.郭店《老子》是更改過的本子，今本《老子》及馬王堆《老
子》是原來《老子》的樣貌，其改動原因可以從抄寫的文字字
形，及音韻的使用上得知，郭店《老子》顯示了受齊文化影響
而更動。這一種說法，某種層次說明是當時的傳本之一。

4.郭店《老子》與今本《老子》都顯示爲一種傳本，《老子》祖
本是什麼，今已不可知，兩種流傳本在《老子》後學中，都有
其存在的說法，《莊子·胠篋》是斥「聖、智、仁、義」爲大盜
所備，竹簡《文子》則是強調「聖智、仁義」。

　　第一種主張，在詮釋上認爲《老子》並不非毀仁義，其所
謂「不仁」之說，或丙本的「大道廢安有仁義」，與《莊子·齊
物論》之「大仁不仁」意同，因而開展出《老子》也重視禮樂
的論說。至於今本《老子》19 章則爲後來編作的。第二與第三
種說法，基本上可以視郭店《老子》是編作的，是受儒家或齊

文化影響所致的竄改。第四種說法，基本上是承襲蒙文通在還未有出土文獻之前，已說出南方道家與北方道家流傳的差異，而這一種對於道家理解，也符合班固在《漢書・藝文志》中對於道家者流的說法，是一種尊重文本展現一種思維的學術性，詮釋理解學派分流的可能。這一主張，對於《老子》的原貌並不提供絕對的歸屬，其原因在於考慮當時的流傳過程中，存在著弟子之間的差異理解使然。

　　另外，關於《老子》之成書問題，向來即有不同主張，或謂《老子》成書，由郭店《老子》之出土，說明《老子》早出，或有認為即使有郭店《老子》仍不足以證明《老子》之早出。還有關於《老子》是一人所作，或是眾人集結之作，至今也沒有實證作最終裁決。即便如此，但文獻所帶來的思考面向確實比過去更具有資料性，在並且關注道家對於仁、義的態度，不再只是成說下的附會，尤其是《老子》中對於禮樂的態度，更是今人所關注，甚至學界已有關於老子對於「文」或「人文」的論述呈現。

（二）關於「文」與「士」的思考

　　郭店楚墓竹簡《老子》甲組對應於通行本《老子》19 章資料，啟發我們對於《老子》的重新理解，除了異文中關於「仁義」的問題之外，最引人關注的是：竹簡本作「三言以為𠬝（辨）不足」，通行本作「此三者以為文不足」，帛書甲本、乙本作「此三言也，以為文未足」。設若不考慮《文子》，則此處之「文」，或解釋為「此三者都是巧飾的，不足以治理天下」。或以簡文詮釋為「法令、措施」。雖然詮釋意旨都可與《老子》相呼應，但

卻無法顯示此章的重要性，也無法理解老子、孔子遭遇共同的時代，其哲學性的時代問題是什麼？

《文子‧道德》中有一段關於「四經：德、仁、義、禮」的論述，與竹簡《文子》可相對應，是屬於古本《文子》的一部分。論述中指出「故德者民之所貴也，仁者民之所懷也，義者民之所畏也，禮者民之所敬也。此四者，文之順也，聖人之所以御萬物也。」簡本《文子》雖無「文之順」的句子，但前後文脈皆可與今本《文子‧道德》相對應。

《文子》中這一段話最引人注意的，不僅對於「德、仁、義、禮」的正面肯定，同時也指出這是「文之順」，對照於《老子》19 章，可以發現「文」不是一般義的理解，而是真正的哲學問題的提出與說明，其所絕棄之事，是一種舉措，並希望藉此禁制的措施達到「文」，「文」在周初是指向「德」，是作為能承「天命」的指標，因此以該三種禁制之事所完成的「文」，不能真正達到「文」之承「天」、敬「天」之事，《老子》以「見素抱樸，少私寡欲」以闡釋「文」。

老子真正要完成的不是「周文」，而是與「周文」相當之事，或說確立真正「文」的「本然」之事，這件事就是「道」的確立。關於「樸」與「道」的聯繫，《老子》32 章、37 章可以說明，這兩章恰好也出現在簡本《老子》中，確立「道」之首要，且為「文之本然」是《老子》25 章，簡本《老子》也有這部份的資料。

《老子》關注「文」的問題，並提出「道」作為「文的本然」這回事，當我們正視這件事的存在時，則可知《老子》所

論之「道」、所涉之事，相當的多元且複雜，既是與「萬物」相關，又是與「國」相涉，同時也與「侯王」、「人」之處世、「用兵」等事相關。換言之，《老子》是以「道」為「文之本然」，即「自」「然」。但是這樣的一種「自」「然」，雖然無法說清楚人與人之間的多元且複雜的關係，但是確實以哲學探究的方式，提出什麼是「文的本然」———「道」／「自」「然」。

從「文」的問題，除了可以發現老子也關注時代問題，關注文化、文明等問題外，也關注傳承「文」之內涵的「士」。從《老子》對於「文」的理解，可以知道其內涵是與「道」、「素樸」、「少私寡欲」等相關，郭店《老子》相應於今本《老子》第15章中，關於「士」的描述如下：

> 長古之善為士者，必非（微）溺玄達，深不可志（識），是以為之頌（容）：夜（豫）虖（乎）奴若冬涉川，猷（猶）虖（乎）其奴（若）悁（畏）四嬰（鄰），敢（嚴）虖（乎）其奴（若）客，觀（渙）虖（乎）其奴（若）懌（釋），屯虖（乎）其奴（若）樸，坉（乎）其奴（若）濁。竺（孰）能濁以朿（靜）者，牸（將）舍（徐）清。竺（孰）能庀以迬者，牸（將）舍（徐）生。保此衍（道）者不谷（欲）蚰（尚）呈（盈）。

在這一章中，郭店《老子》強調「長古之善爲士者」，與馬王堆帛書本之《老子》之「古之善爲道者」不同，對此若從「文」的思考，以及全文內容看，確實「士」更符合全文旨意。[7]《老

---

[7] 劉笑敢在《老子古今》中曾對「爲士、爲道或爲上」加以辨析，並認爲「爲士」更爲貼近全文之意，因爲本章全文內容都是個人的修養及其外在

子》之「士」基本上不同於當時所理解之政治、社會階層中之「士」，也不同於孔子之「士」的內涵。孔子之「士」是「志於道」、是「殺身以成仁」者，同時也是「行己有恥，使於四方，不辱君命」者。《老子》之「士」則是一深而不可測者，同時既是若有所畏、若賓客般的謹嚴、端肅，又是若冰之將釋、若敦與混般的不拘泥於形之豁達、素樸，這兩者一般是很難相容的特質，但《老子》之「士」則需兼具、融洽兩者之並存。這種「士」其素樸是一種得道之素樸，其豁達是一種得道之豁達，其謹嚴是一種得道之謹嚴，其端肅是一種得道之端肅。

關於「文」與「士」的關注，基本上是在郭店《老子》出土後，才漸為研究者所關注；但不可否認的，竹簡《文子》在關於「文」的問題上，是直接引發關注的焦點。因此，可以說是出土文獻資料所給予之思考方向的啟發。

（三）「有－無」「有始－無始」的問題

「有－無」這一問題的發生，基本上是與《老子》中「有」、「無」的問題相關。在《老子》中「有－無」的問題，主要是有關「天下萬物生於有，有生於無」（通行本《老子》）或「天下萬物，生於有，生於無」（楚簡本《老子》）的問題，即有關萬物由何而來的問題。在通行本認為是「無→有→萬物」，竹簡本認為是「有、無→萬物」，前者是以「無」為「生之根源」，後者是以「有」與「無」共為「生之根源」。對於這兩種文本之差異，有學者主張竹簡本少了重文符號，這是主張原本之《老

表現。《老子古今》（上），（北京：中國社會科學，2006 年），第 196-197 頁。

子》就只有一種文本，但也有學者主張有兩種不同傳本。

　　事實上，萬物究竟生於「有、無」，或萬物生於「有」，在《老子》資料中都存在一些依據。關於萬物生於「有、無」，其依據是《老子》第 42 章「道生一，一生二，二生三，三生萬物」。「一」是否已是「有」，而「道」是「無」？或者說「道」也是「有」？若以《老子》第 1 章中所言「無，名天地之始，有，名萬物之母。……二者同出而異名」，則可知「有－無」是並時出現，只是發揮的作用不同，這就猶如「始」與「母」在《老子》中所發揮的哲學作用。這一哲學作用是：就其道之於天地萬物這件事而言，道之爲始、爲母，是同一回事。但若就「始」是說明「即將」有一序列之發生與推衍之可能的那一臨界處，它更多的是說明能撐起一序列發展之可能的那個臨界處之「前」的存在狀態；「母」基本上則是在一「明確既有」的關係中，作爲端始的那個存在，這一端始是相應於關係中已被確定的另一端而言。因此，「道」在此作爲天地萬物之源，是在「有」、「無」一源的狀態中，萬物也因此可以說是「生於有，生於無」。

　　關於萬物生於「有」之依據是《老子》第 32 章、37 章、第 14 章的說明，這些篇章顯然強調「道常無名」、「無爲」，說明道是以「無」的方式呈現，而不是「有」的方式，是「無物之象」、「無狀之狀」，萬物是「生於無」，而非「生於有」。

　　其次，「有－無」的問題，還關係「有始」或「無始」的問題。在《老子》中第 52 章言「天下有始，以爲天下母」，說明天下是有一開始的，這一開始同時也是「天下母」，相應於第 1 章，則指向「道」是那天地之始，萬物之母。另外，在《老子》

第 4 章也指出「道」是「象帝之先」，是以「先」的方式存在，而且是「帝之先」，以此消除「道」的主宰性，並說明它就是第一者。這第一者是就天地、天下、萬物的觀點而言的，但若就「道」自身而言，是否就是那最先的存在？在《老子》第 25 章，指出「域中有四大，…人法地，地法天，天法道，道法自然」，這是在「道」之為「第一者」的理解之外，又多出了為「道」所法的「自然」。「自然」一詞的理解，事實上牽繫著「道」是否就是第一者？也牽繫著道之為始，抑或是道之外別有所始？同樣地，《老子》第 1 章，也說「道可道，非常道」。那麼，「道」是「有始」？還是「無始」？

由上述《老子》中「有」、「無」問題，可以得知：「有」、「無」所涉的問題，既關乎始源的特質屬性，也攸關乎此始源之為「始－母」的問題。茲將老子後學對這類問題的論述，說明如下：

1.關於始源的特質屬性，主要是這一屬性是「有」？或是「無」？

在《老子》第 4 章中所說明的是似有若無，此即「似」萬物之宗，「似或」存；而當說其為「有」，又不是一般的「有」的狀態的呈現，此即「沖而用之或不盈」，甚至在《老子》第 43 章嘗言「無有入無間，吾是以知無為之有益。」這是以「無有」一詞說明「無」的狀態，這一狀態之說明是針對「有」而言。

在老子後學中對於這種始源之狀態、屬性的說明，大致有五種論述：

（1）直接如同《老子》般描繪其「混」的狀態，如《黃帝四經·

道原》中所言「濕濕夢夢，未有明晦」。

（2）以「有無」說之。《莊子・天地》：「泰初有無」，說明始源之狀態爲「無」，但這一種「無」是「無有無名」的，此處強調的是「無」，此「無」是相對「有」而言的，對這一種「無」的把握是「有『無』」。

（3）《莊子・齊物論》對於「有無」提出質疑，即「有有也者，有無也者，有未始有無也者，有未始有夫未始有無也者。俄而有無矣，而未知有無之果孰有孰無也。」此一立論的基礎雖是對於「言」的窮究與衍生提出反詰，但同時也表達出「有無」究竟是「有」或是「無」的問題。換言之，對於「有無」，莊子認爲就「言」而論，「有無」的表達，除了窮究的無限外，它的表達也不夠清晰，因此以「言」的方式取消了「有無」的問題。

（4）強調「無有」，如《莊子・大宗師》「修行無有」、〈應帝王〉記載陽子居問老聃關於「明王之治」時，老聃提出了「游於無有者」，「無有」在這裡是說明一在「有」之中，體現「無」的人，〈庚桑楚〉更提出「天門者，無有也。萬物出乎無有」，都是就「有」說明其爲「無有」，這一「無有」所描繪的是根源之境的狀態。

（5）《莊子・知北遊》就「有無」之批判，提出「無無」，「有無」是一種「爲無」，因此仍是「有」的方式，難達「無無」之境，無有是「無無」者。這是將「無有」與「無無」視爲一。

在這幾種表達方式中，又可總歸三類說之，其一爲正面的描繪其情狀，此爲《黃帝四經》之《道原》；其二爲強調「有

無」爲始源，進而描述其爲「無…無…」，此即《莊子・天地》所載；其三則以《莊子》內篇及〈庚桑楚〉、〈知北遊〉等，對於「有無」的質疑，提出「無有」，甚至「無無」。

2.關於始源是否「有始」的問題。

此即問「道是否有始」，就老子後學而言，其論述有如下幾種：

（1）竹簡《文子》之「夫道者，原產于有始」之說。這一「有始」之說，是確定「道」爲「始」，而不是在道之外別有一始。這「道始」是在「始－成」關係中的呈現，是「始於柔成于剛，始於短而成于長，始於寡而成于眾」。

（2）馬王堆帛書《黃帝四經》，此書雖未必爲同一作者，但在關於「始」的問題上，大抵是相類的，其中《稱》之「道無始而有應。其未來也，無之；其已來，如之。」說明無從追究其始，在未有之時，自然是無的狀態，是不可知的，而當其「有」時，已經是在呈現中，因此也無法在「有」之中，探究未來之時的狀態，它只是「應」而已。換言之，「有」不能從「無」來，「有」自是「有」，不能追究「非有」。在《十大經・前道》中則提出「有原而無端，用者實，弗用者藿。」這一思維可以解讀爲「有一源頭，但卻無一端點」，看似矛盾，實際上並無矛盾，這是說明它爲一始源，即有「原」，但是如同一環般，是無終始，這一無終始的把握與體驗是在「用」中才呈顯。在《道原》中則就其爲「原」說明「道」。總言之，《黃帝四經》認爲無所謂「始」的問題，因爲已在「有」之中，在「有」之中僅能探究「原」的問題。

（3）《莊子》·齊物論》明確對於「有始」的問題，提出批判，認為從「言」的觀點，只是無限後退的追溯其未有之時，但終無法窮盡。因此，提出「道樞，樞始得其環中」的思想，即「道」是終始一環，沒有所謂始與端點的問題。

（4）重視「無始」之說，如《列子·天瑞》提出「道終乎，本無始」，說明道是無始無終的存在；又如《莊子·列禦寇》之「彼至人者，歸精神乎無始，而甘瞑乎無何有之鄉。」說明至人之體道，在於「無始」為精神之歸趨所在，「無始」是在「用」中被把握，「無始」指的是「道」之「無始」，也就是那自然之道的狀態；另外，《管子·白心》也提到「孰能法無法乎？始無始乎？終無終乎？弱無弱乎？故曰：美哉弟弟！」主要也是在於「用」中，說明自然之理是「法無法，始無始」，雖然是言「始」，但終歸趨于「無始」。

總言之，關於「有始」與「無始」的問題，可以發現，大抵只分兩種，即：僅竹簡《文子》持「有始」之說；其餘如《莊子》、《列子》皆採「無始」之說，並認為是始卒若環，因而也是「無端」。

在這一關於老子後學對於「有－無」、「有始－無始」論題之說明，除了郭店《老子》為引發論題之觸媒外，竹簡《文子》也在這一論述中，說明了老子後學有不同的觀點。

在說明了文獻對於哲學研究的重要與啟發之後，事實上它已經開展了我們對於哲學理解的新視野，以及詮釋的新可能。但這對於哲學研究基本上仍然是屬於哲學意義與哲學問題的範圍，至於當代新哲學精神的展現，則是在諸多研究後的提煉與

昇華，非一蹴可幾，但值得研究者努力的方向之一。

五、結　論

　　總結上面之論述，我們可以發現出土文獻在哲學研究上，它所引發的哲學思考才是我們值得重視的。這些思考上的啓發，可以從三個方向說明：一是從事出土文獻文本的研究，需要其它科系的輔助，除了要求哲學研究在內容上與文本理解上返歸文本脈絡外，更重要的是它啓發我們哲學歷史不再只是年代的排序，可以是從哲學概念、哲學論題的發展著手。第二是由於出土文獻補足了先秦哲學文獻歷史上的缺隙，啓發我們對於過去哲學家的理解，不再只是詮釋其爲如何或完滿爲已足，而是我們已經有較多的文獻資料，促使我們思考哲學概念、哲學論題的發展，在老子後學有不同的哲學詮釋，甚至可以此爲借鏡，闡述孔子後學的不同發展。最後是有了哲學歷史的脈絡與詮釋理解後，除了對於先秦哲學我們可以更擴大其範圍進行思考外，也可以在了解先秦哲學的歷史意義與哲學意義後，進而從事另類的哲學思考、哲學開展。

第二章　中國哲學的起源與本原之探究[1]
——「文」與「情」的哲學思維

一、前　言

中國哲學之爲一種「文之精神」的開展，其所追溯的起始，是以周代爲起點。「文之精神」的內涵，[2]雖然在歷史中有差異，譬如儒家、道家，但也都指向「天人合一」或「人返歸於道」之闡釋。對於這樣的一種共識，我們要追問的是：「文之精神」的意含是什麼？而當我們提出「文之精神」作爲中國哲學的開端，我們究竟要說什麼？我們是否以此闡釋「中國哲學」的根源問題？是否以此揭示了中國的「哲學」？

追究「人文」的起源，或者我們可以從文明的開始追溯，這一種文明的開始，可追溯的相當久遠，絕非西周文明所可以

---

[1]本文曾獲國科會出席國際會議補助，編號爲：NSC91-2914-031-021-A1。出版於《中國研究集刊》（總 36 號）（日本），（大阪：大阪大學中國哲學研究室編，2004 年 12 月），第 9-33 頁。在此略作文字修正、補充，小部份之次序調整。
[2]需澄清的是此一「文之精神」並不是「人類中心論」，而是人在生命、生活中探求如何返本溯源。此一根源或是指向「自然」，或是指向「人自身之本源」有所不同，但這一種根源的探究，展現在現實中，就是一種不同樣貌的「文之精神」。

為起點的。從考古的發現,「人」的開始,我們無法斷言確實的起點,但在人類的化石遺跡中,目前最早的「人」是雲南的元謀人,約距今一百五十萬年。「人類技術」的開始也可追溯相當久遠,距今約 7000-8000 年前的河南舞陽賈湖墓葬遺址,於 1987 年被發掘,其中已有骨卜、龜甲、箆笛。[3]同一年也在河南濮陽西水坡發現一座編號 M45 的古墓遺址,年代約在公元前 4500 年至公元前 3000 年,墓中有青龍、白虎、北斗等天文圖象,說明了「天文」的起源相當早。[4]至於表徵人類文化教養的禮器、祭壇等器物、遺址,則大約在公元前 4000 年至公元前 3500 年時已經存在,計有遼西的紅山文化的廟塚和玉雕龍,大汶口文化中、晚期的非實用性器皿。約略同時的仰韶文化晚期的廟底溝類型半坡遺址,及華縣太平莊遺址的鶚尊,顯示仰韶文化已從氏族向國家過渡。這些說明了「人文」的萌芽。[5]

二、「文」之為哲學探究的萌芽

如果以中國文明起源看「天文」、「人文」的萌芽與發展,可謂相當的早,那麼所謂中國「哲學」的精神在於「文」的意義是什麼呢?從文獻的記載上,首次出現「天文」、「人文」的

---

[3]饒宗頤,〈論賈湖刻符及相關問題〉,中央研究院第三屆國際漢學會議,2000年,6月29日-7月1日。

[4]馮時,《星漢流年》,(成都:四川教育出版社,1996年),第128-131頁。

[5]郭大順,《追尋五帝》,(台北:商務印書館,2000年),第11-12,31-35,45-46頁。

文獻，是在《周易‧賁卦‧彖傳》，即「＜彖＞曰：賁亨，柔來
而文剛，故亨。分剛上而文柔，故小利有攸往。剛柔交錯，天
文也。文明以止，人文也。觀乎天文，以察時變；觀乎人文，
以化成天下。」[6]「人文」與「天文」的分辨僅此一次，而在後
世的文獻中，一言及「人文」，都引用《周易‧賁卦‧彖傳》的
這一段話，並沒有真正依此而闡揚所謂的「文」。這是否意味著
「文」這件事，是昭然若揭，無須多所著墨？抑或我們已身處
於這一探究中，「人文－天文」這件事的揭示，已經是根柢，無
法再進一步的說明？或者這是一不重要的分辨，不足以說明「哲
學」？這一串的疑問，若從歷史截至目前的發展而言，我們能
追究的是：「天文──人文」這件事，是否為中國「哲學」的根
源？

　　《易‧彖傳》中這一段話，若從字辭關係理解，其核心是
「文」，「文」讓「剛」、「柔」交錯，讓「剛」、「柔」有另一種
可能的變化，在「天」表現為「天文」，在「人」則是能讓「文」
有所「明」，並止於所該止。「文明」，漢‧馬融在註解《尚書‧
堯典》之「欽明文思」時，曾說到：「照臨四方曰明，經緯天地
曰文」，[7]若將之運用於《易‧賁象》所言之「文明以止」，可謂
文明乃人文所涉之事，即是將天文之文所顯示的意義，闡揚、
照臨於人的世界。換言之，人文之化成天下，所關注的不只是
「人」的問題，還包括「人之所處」，即天地與天下之事。從文

---

[6]李學勤主編，《十三經注疏‧周易正義》，（北京：北京大學，1999 年），
第 104-105 頁。
[7]〔清〕孫星衍撰，《尚書今古文注疏》，（北京：中華書局，1998 年），第 4
頁。

字的連結而言，天文與人文的共通處在於「文」。「文」展現爲人文與天文，說明了天文之事相關於人，人文之事相關於天。天文、人文是並列分述，相互涵蘊，並共同完成「文」這件事。

「文」，就甲骨文字型，一般解爲兩畫之交，一說爲「紋」。《說文》解爲「錯畫，象交文」。若就哲學的理解，「文」作爲一文字的呈現，是說明兩劃的交錯，其中就說明兩者的存在，同時也表明兩者共同形成一種「畫」，或說「圖象」。既爲「圖象」，則說明它不是單一個別之物，而是展現個別物彼此之「關係」位置、網絡，並共同完成圖象。

「文」在周之前，當已使用，除了曾爲殷王之廟號外，在《尙書·堯典》中也是作爲對堯之描述的重要語彙，而在舜之協於帝，「文」也是作爲一重要的描述語彙，甚至說舜「受終於文祖」，這些都說明「文」這件事情的重要。〈堯典〉中對於堯、舜的描繪，「文」只是其中之一，而在舜「受終於文祖」這件事上，更顯得「文」的內涵的豐富。「文祖」，《史記·五帝本紀》：「文祖者，堯大祖也。」鄭玄則理解爲：「猶周之明堂」，[8]馬融則理解爲「天」，[9]而在《尙書·堯典》中論及此事時，則是說明早期人類關於天文曆法、典章制度等事，「文祖」作爲太廟所在之稱，也隱約指出「文」之爲王事，與「帝」之事相關。但「文」作爲王事之指稱，並對於其內涵加以申述，作爲一種典範，當在周代。

---

[8]〔漢〕司馬遷，《史記》（一），（北京：中華書局，1989 年），第 23 頁。
[9]〔清〕孫星衍（1998），第 35 頁。馬融曰：「文祖，天也。天爲萬物之祖，故曰文祖。」

　　西周時，「文」已作爲一諡號，諡號基本上是後人給予追封的，其所依據法則，在《周書·諡法》中曾有一定義式的說明，即：「經天緯地曰文；道德博厚曰文；勤學好問曰文；慈惠愛民曰文；愍民惠禮曰文，錫民爵位曰文。」這說明「文」在周人的觀念中，所涉之事相當的多向，大致可有三個向度，一是天地之事，一是生命道德之事，一是攸關政治社會制度之事。這三向的考慮，一方面說明周人對於「文」的思維，同時也表現周人對於堯、舜、禹文明之事的理解之自覺性總結。換言之，「文」不只是一種「天文──人文」之事，而且在這件事上多了生命道德的內涵，一種價值的典範與籌劃。

　　「文」除了這一歷史文明的根源外，就其爲周人德行的承繼與總結，實即涉及殷、周的受命問題。在《商書·西伯戡黎》中，就曾記載祖伊對於商紂王的進諫，祖伊認爲「天命」的持續，在於民之康食、天性、迪率典，但紂王卻認爲：「我生不有命在天？」這不僅顯示對於「天命」的內涵差異，也說明「天命」轉移的可能與否。周人之受命，就史籍與《詩》、《書》的記載，武王伐紂是確立殷、周的改換，但是在周人的記載中，周之受命的起始，卻在於文王之德，而其奠基後的開展，卻在於周公之承續文王之教。茲分（一）文王之跡與（二）周公之跡兩部分，說明西周時期對於「文」之哲學思考的萌芽。

（一）文王之跡：文王之德

　　「文王」在周的歷史中，具有一非常特殊的地位，文王並

非伐紂克商者，完成此一志業的是武王，但文王是受命者，[10]文王之能受命，終歸於「文王之德」。[11]「文王」在周人心目中，不僅是一受命的王者，而且更重要的是他的行跡，是一種典範。因此，有所謂「儀刑文王」、「文王誥教」、「文王之典」、「文王之彝訓」。這些說明文王的行跡，爲人所推崇，並以之爲典範教導後世。

　　在後世描繪的文王之跡，《禮記・文王世子》以其爲世子時的追記中，我們得知文王爲人子、爲人父的一面，即：一日三省吾親的至孝之人，若問安時，得知父親的無恙，則喜，若微恙，則憂，並以此教導武王，同時也是一位愛護子女的父親。

> 文王之爲世子，朝于王季日三。雞初鳴而衣服，至於寢門外，問內豎之御者曰：「今日安否何如？」內豎曰：「安。」文王乃喜。及日中又至，亦如之。及莫又至，亦如之。其有不安節，則內豎以告文王。文王色憂，行不能正履；王季腹膳，然後亦復初。食上，必在視寒煖之節；食下，問所膳。命膳宰曰：「末有原！」應曰：「諾。」然後退。武王帥而行之，不敢有加焉。文王有疾，武王不脫冠帶而養。文王一飯亦一飯；文王再飯亦再飯。旬有二日乃間。文王謂武王曰：「女何夢矣？」

---

[10]《詩・大雅・文王》：「文王在上，於昭于天。周雖舊邦，其命維新。」又見於《詩・大雅・大明》。〔清〕王先謙，《詩三家義集疏》，（台北：明文書局，1988 年），第 823 頁，及第 827-829 頁。後所引用《詩經》文句，皆以此爲據。

[11]《詩・周頌・維天之命》：「維天之命，於穆不已。於乎不顯！文王之德之純！」〔清〕王先謙（1988），第 1002 頁。

> 武王對曰:「夢帝與我九齡。」文王曰:「女以為何也?」
> 武王曰:「西方有九國焉,君王其終撫諸?」文王曰:
> 「非也。古者謂年齡,齒亦齡也。我百,爾九十。吾與
> 爾三焉。」文王九十七乃終,武王九十三而終。[12]

　　文王這種孝順的行蹟、人格典範,《詩·大雅·思齊》也有
所描繪,[13]除了對於文王人格的養成,與三代之母的教誨,密切
相關外,也說明文王之孝行,讓祖先對於文王無所怨懟,更且
將這種行跡,推廣於兄弟、妻子,進而治理家邦;就其在宮與
在廟的儀節、態度,文王是有分別的,在宮則是以「親」之和
悅的方式處之,在廟則是「敬」之肅穆的心境與態度處之;對
於人民之事,文王也是念茲在茲,至於人之諫,善則採之,從
之。這些都說明文王之為「德」的為人與典範。

　　對於刑罰,顯然文王也是一位仁惠之人,《大戴禮記·保
傅》:「文王請除炮烙之刑而殷民從。」[14]這說明了文王與紂王的
不同。但文王之德,並非只彰顯仁惠,忽略了「德」之所以成
的方法,關於這方面的記載,由周公攝政以成王命,追記文王
之德,以告誡康叔治理衛國時的誥詞中可見,《周書·康誥》:
[15]

---

[12] 李學勤主編,《十三經注疏·禮記正義》,(北京:北京大學,1999年),
第 621-623 頁。

[13] 〔清〕王先謙撰(1988),第 848-851 頁。

[14] 〔清〕王聘珍撰,《大戴禮記解詁》,(北京:中華書局,1992年),第 65
頁。

[15] 李學勤主編,《十三經注疏·尚書正義》,(北京:北京大學,1999年),
第 359-367 頁。

> 惟乃丕顯考文王，克明德愼罰，不敢侮鰥寡，庸庸，祗祗，威威，顯民。用肇造我區夏，越我一二邦以修我西土惟時怙冒，聞于上帝，帝休。天乃大命文王，殪戎殷，誕受厥命，……曰，乃其速由文王作罰，刑茲無赦。……

周公的追記、教誨、告誡中，說明文王在仁惠之餘，也是一位重視刑罰之人，且其刑責之目的，在於教導人民能夠愼德、敬德、行德，讓人民得以安居。《詩·大雅·皇矣》記載文王繼承父親王季之德，[16]對於密人之不恭、侵擾阮國、共國，勃然大怒，整頓軍旅，伐密、阻止了密國繼續攻打莒國。文王伐密之舉，在周人的記述中，不但是受到上帝的鼓舞，也是對於天下之人的一種交代，而且這一切都是順上帝之則而為，[17]追念祖德，並非為私慾，[18]因此文王建靈台時，人民立即為其效力。[19]

文王這些行跡，說明文王之德，是受命的重要指標，在《詩·大雅·皇矣》曾載上帝贊許文王為明德之人，「文王之德」是「不

---

[16] 〔清〕王先謙（1988），第 852-861 頁。

[17] 《詩·大雅·皇矣》：「維此王季，帝度其心，貊其德音。其德克明，克明克類，克長克君。王此大邦，克順克比。比于文王，其德靡悔。既受帝祉，施于孫子。帝謂文王，『無然畔援，無然歆羨，誕先登于岸。』密人不恭，敢距大邦，侵阮徂共。王赫斯怒，爰整其旅，以按徂旅，以篤于周祜，以對于天下。依其在京，侵自阮疆。陟我高岡。無矢我陵，我陵我阿，無飲我泉，我泉我池。度其鮮原，居岐之陽，在渭之將，萬邦之方，下民之王。帝謂文王，『予懷明德，不大聲以色，不長夏以革，不識不知，順帝之則。』」〔清〕王先謙（1988），第855-858頁。

[18] 《詩·大雅·文王有聲》：「文王受命，有此武功。既伐于崇，作邑于豐。文王烝哉！築城伊淢，作豐伊匹。匪棘其欲，遹追來孝。王后烝哉！」〔清〕王先謙（1988），第869-870頁。

[19] 《詩·大雅·靈台》：「經始靈臺，經之營之。庶民攻之，不日成之。經始勿亟，庶民子來。」〔清〕王先謙（1988），第 862 頁。

大聲以色，不長夏以革，不識不知，順帝之則。」《中庸》對於
「文王之德」，曾說明這是文王之所以爲「文」也。[20]換言之，
其爲「文」，是表現在其「德」，以及「其純亦不已」的丕顯中。
這種「文」，並未與「上帝之則」違逆。

（二）周公之跡：制禮作樂

　　周公是繼武王之後，因成王年幼，攝政於周者，但周公之
攝政，並不爲其兄弟所服，也受成王之猜忌，但周公卻又受周
人的推崇，有所謂「周公之德」。[21]這些事蹟，不禁引發我們思
考：究竟周公的作爲是要幹什麼？又爲何這麼做？周人又何以
如此推崇周公？這與「周文」有何聯繫？

　　《荀子・儒效》中曾言及武王崩，成王幼，周公攝政以輔
佐成王，天下不輟事周，然而周公仍然北面而朝之，以臣自居，
這是因爲「明不滅主之義」。換言之，周公的這種行跡，在於「輔
佐」成王之爲天下主。但是周公的踐阼，並未獲得其兄弟管叔、
蔡叔、霍叔等相信，此三叔四佈流言，[22]並結合殷遺民發動叛亂，

---

[20]《中庸》：「《詩》曰：『惟天之命，於穆不已。』蓋曰天之所以爲天也。
『於乎不顯，文王之德之純。』蓋曰文王之所以爲文也，純亦不已。」李
學勤主編（1999），《禮記正義》，第1453頁。
[21]見於《周書・金縢》載成王啓金縢之書，爲周公所感動，「王執書以泣，
曰：其勿穆卜。昔公勤勞王家，惟予沖人弗及知。今天動威，以彰周公之
德，惟朕小子其新逆，我國家禮亦宜之。」李學勤主編（1999），《尚書正
義》，第339頁。
[22]《周書・金縢》：「武王既喪，管叔及其群弟乃流言於國，曰：『公將不
利於孺子。』周公乃告二公曰：『我之弗辟，我無以告我先王。』周公居
東二年，則罪人斯得。」李學勤主編（1999），《尚書正義》，第337頁。

周公遂東征，殺管叔、囚蔡叔、降霍叔。[23]周公這種攝政而又北面朝之，直至攝政第七年，才把朝政交還成王。周公如此作爲的理由，安在？王國維在〈殷周制度論〉一文中，嘗論述殷周制度之差異，並明言周公之行，在於確立父死子繼的宗法制，[24]並以此結合文王之德，推行文王之彝訓。周公不斷申述文王之彝訓，以承繼文王之德爲職志，並以之爲告誡。

> 周公若曰：「君奭，弗弔，天降喪于殷，殷既墜厥命，我有周既受。我不敢知曰，厥基永孚于休，若天棐忱。我亦不敢知曰，其終出于不祥。嗚呼！君已！曰，時我，我亦不敢寧于上帝命。弗永遠念天威，越我民罔尤違。惟人在我後嗣子孫，大弗克恭上下，遏佚前人光，在家不知。天命不易，天難諶，乃其墜命，弗克經歷。嗣前人，恭明德，在今予小子旦。非克有正，迪惟前人光，

---

[23]古文《周書‧蔡仲之命》：「惟周公位冢宰，正百工。群叔流言，乃致辟管叔于商；囚蔡叔于郭鄰，以車七乘；降霍叔于庶人，三年不齒。」李學勤主編（1999），《尚書正義》，第451頁。

[24]王國維《殷周制度論》：「欲觀周之所以定天下，必自其制度始矣。周人制度之大異於商者，一曰立子立嫡之制。由是而生宗法及喪服之制，並由是而有封建子弟之制，君天子臣諸侯之制。二曰廟數之制。三曰同姓不婚之制。此數者，皆周之所以綱紀天下。其旨則在納上下於道德，而合天子、諸侯、卿大夫、庶民，以成一道德之團體。周公制作之本義，實在於此。……殷以前無嫡庶之制，……是故大王之立王季也，文王之舍伯邑考而立武王也，周公繼武王而攝政稱王也，自殷制言之，皆正也。舍弟傳子之法，實自周始。當武王之崩矣，天下未定，國賴長君。周公既相武王克殷勝紂，勳勞最高，以德以長，以歷代之制，則繼武王而自立，故其所矣。而周公乃立成王而己攝之，後又反政焉。攝政者，所以濟變也。立成王者，所以居正也。自是以後，子繼之法，遂爲百王不易之制。」王國維，《觀堂集林》，第二冊，（北京：中華書局，1991年），第453-456頁。

施于我沖子。」又曰:「天不可信,我道惟寧王德延,天
不庸釋于文王受命。」[25]

　　這是周公對召公的答詞,除了讚賞召公天命不可信的看
法,還提出維繫文王受命之道,在於推展「文王之德」,使之延
續,延續之道,則在於「敬德」。「敬德」之實質內容,就人格
養成之教上,《禮記‧文王世子》曾對周公之行跡有過描述,內
容是有關周公為教導成王懂得父子、君臣、長幼之道,以世子
之法教伯禽履行,示範給成王看,當成王有過時,就鞭打伯禽,
以便讓成王懂得世子之道。[26]就社會、政治制度而言,周公的事
蹟,則在於制禮作樂,頒度量,讓天下服。[27]周公的這些事蹟,
感動成王,以至周公還政之後,成王要魯國世代以天子之禮樂
祀周公。

　　周公制禮作樂的重要,《禮記‧樂記》中在探究「樂」的起
源與重要性時,曾載:「知樂,則幾於禮也。禮樂皆得,謂之有
德。」[28]這雖然是後世對於禮樂的詮釋、理解,某種程度反應了
周人對於周公「制禮作樂」的理解。依此,可以說,周公在敬

---

[25]李學勤主編(1999),《尚書正義》,第 439-441 頁。

[26]《禮記‧文王世子》:「成王幼,不能蒞阼,周公相,踐阼而治。抗世子
法於伯禽,欲令成王之知父子、君臣、長幼之道也。成王有過,則撻伯禽,
所以示成王世子之道也。文王之為世子也。」李學勤主編(1999),《禮
記正義》,第624頁。

[27]《禮記‧明堂位》:「武王崩,成王幼弱,周公踐天子之位,以治天下。
六年,朝諸侯於明堂,制禮作樂,頒度量,而天下大服。七年,致政於成
王。成王以周公有勳勞于天下。是以封周公於曲阜,地方七百里,革車千
乘。命魯公世世祀周公,以天子之禮樂。」李學勤主編(1999),《禮記正
義》,第 934-936 頁。

[28]李學勤主編(1999),《禮記正義》,第 1081 頁。

德以祈天永命的規畫上，是以制度的確立，將人格典範的「德行」──「文王之德」，開展爲價值的確立，以及「周文」的人文風貌。換言之，即以禮樂、宗法之制等，確立「文」的內涵。「文」與「德」相互涵蘊，「文」以「事的型態」揭示「德」，「德」則以典範、制度的價值規畫，揭示「文」──這件事的實存以及它的開展。開展中，同時也確立了「敬」作爲人之面對「文－德」這件事的態度與作爲。至此，「周文」成爲一時代的「事」之總稱，同時也是關係網絡之圖象的被制度化，「德」成爲關係網絡之圖象的價值指標，「敬」成爲人在關係網絡之圖象中的基本態度、作爲，是一種具有對自身以及情勢有所理解，而展現於倫常關係網絡中的表達，也是哲學之「行」的表達。

三、「文」之爲哲學問題的開展

「文」作爲「周文」與周以前對於「文」的理解，有其共同之處，即：「文」是一關係網絡之圖象的呈現。此一關係網絡之圖象，就其本質而言，是一種「行」的呈現，是一種在時間中之變化的關係整體。「行」，既包含自然物或天體之運行，也包含作爲人之實踐之行。其差異則在於：周之前的「文」，並未特別強調「文王之德」，而更重要的是：自然與人共同呈現的「文」，或說「天體之行」之於人所展現的「文」。因此，當周公確立「周文」的內容性時，確實將周文化導向了人文、禮制的思考。當其衰頹時，則又必然引發「文」的重新探究。但這一種探究方式有別於傳統，它不再以「文」之爲「事」等制度

方式開展，更多的是就「文」本身作爲一思考的對象，進行根源性的思考，開啓了中國式的「哲學」探究。

　　這一中國式的「哲學」探究，大抵是發生在春秋時期「文」出現了問題，王室東遷，諸侯稱霸，同時也是「禮失求諸野」的時代。在這時期諸子興起，有兩位傑出的哲學家典範，同時對於「文」提出不同向度的思考。老子提出「文不足」，以及何者才是「文之本然」的哲學思考；孔子則是以「從周」爲職志，更以吾不復夢見周公，感嘆「文」之喪，並進而開展「文之基礎」的哲學探究。茲將其哲學探究，分述如下：

（一）老子對於「文之本然」的哲學思考

　　《老子》19 章提出「此三者以爲文不足」的問題，這裡至少包含三層意義：一是那三個被禁絕的內容，不足爲「文」；另一是指禁絕的方式，也不是「文」的表現；最後是指出能表現爲「文」之內涵、精神，在於「素樸」、「少私」、「寡欲」，並以之爲「文」之本然。在作爲「文之本然」的三者中，至少有兩項與「人」相關，即「欲」與「私」的寡、少，這說明「人」的個別性及特殊性因此而降低。這種將「人」的因素減至最低，在於將「人」與「自然物」的相近性顯現出來；「素」則是顯示質材的原貌，不加以作爲地文飾；「樸」則說明質材未經雕琢、析離前的渾沌狀態。視素保（抱）樸，說明是作爲一種目標、目的性的確立，以及內容的追求。這種素、樸之爲標的指向，強調的是原本之質材、脈絡的自己本然之呈現，在這一呈現中，所展現的關係網絡也因此是素樸的。

　　「素樸」作爲《老子》對於「文」的內涵，在《老子》哲

學中，最具有提點時代問題，並且以之爲哲學反省，進而有創
造性指引作用的，就在於「道——自然」的提出與說明茲分：
1.「樸」之爲「道的說明；2.「道」之爲「文」的思維；3.「人」
在「道」中的位置，三部份說明之。

1.「樸」之爲「道」的說明

　　「樸」，就字源意義而言，指的是未經雕刻的木，引申到哲
學上則爲自然渾沌之狀態的展現。在《老子》哲學中，「樸」經
常與「欲」相關而言，即「欲」之少、或者「無」，才能返歸於
「樸」；另一方面，「樸」的顯現，說明了「爲」的缺乏。這種
「爲」的缺乏，即是不造作，以《老子》而言，其哲學用語即
是「無爲」、「自然」。《老子》37 章云：[29]

> 道常無為而無不為，侯王若能守之，萬物將自化。化而
> 欲作，吾將鎮之以無名之樸。無名之樸，夫亦將無欲。
> 不欲以靜，天下將自定。

　　在這一章中，《老子》指出了「樸」鎮「欲作」。「鎮」，在
郭店《老子》中作「貞」。「貞」或「鎮」，《廣雅・釋詁》作「安」
解。「安」是指對於「欲」將「作」的可能性，靜定下來，呈現
爲「不作」，也就是「不欲」、或說「欲不作」的狀態。這一種
靜定的展現，並不建立於「爲」，而是「守」的方式。「守」是
對既有的一種持續，因此不是一種「爲」，而是「因」。「樸」之
「無爲」，在此與「道」有了本質性的聯繫。

---

[29]〔魏〕王弼注，樓宇烈校釋，《王弼集校釋》，（北京：中華書局，1999
年），第 91-92。後所引用《老子》之文，皆以此版本爲據。

2.「道」之爲「文」的思維

《老子》38 章云：

> 上德不德，是以有德。下德不失德，是以無德。上德無
> 爲而無以爲，下德爲之而有以爲。上仁爲之而無以爲，
> 上義爲之而有以爲，上禮爲之而莫之應，則攘臂而扔之。
> 故失道而後德，失德而後仁，失仁而後義，失義而後禮。
> 夫禮者，忠信之薄而亂之首。前識者，道之華而愚之始。
> 是以，大丈夫處其厚，不居其薄；處其實，不居其華。
> 故去彼取此。

上述的論述中，有三個主要的論述要點，一是指出「德」的兩個方向的可能；一是指出仁、義禮的基礎在於「德」；另一是指出「道」作爲「德」的真正根源。

「德」作爲兩個方向的導向，在「周文」中有「吉德」與「凶德」的區分，「吉禮」與「凶禮」的區別。「吉」與「凶」說明了兩者的表現都是「德」的一種呈現；另方面則是表示「德」具有吉與凶的導向。但是這裡對於「吉」與「凶」之爲自然事實存在，或者作爲「道德性」判準下的存在，缺乏辨析。換言之，「德」是自然事實的存在，抑或是「道德價值性」的存在，有了混淆。

《老子》對於「德」之爲「文」的內涵與指標，重新作一反省，即：「德」應區分「不德」與「不失德」的「自然事實性」與「人的持有性」。「不德」是不以德爲德，是「德」的自然存在之說明；「不失德」重點在於「失」的出現，說明了「人」視

「德」為一種可據有的對象、內容,「不失」雖然是對於「據有」的執持,但對於《老子》而言,「不失德」反而是喪失了「德」之自然呈現。換言之,《老子》中強調了「德」之為自然事實的存在,而非一種因人而有之價值判準之典範。立基、歸屬於「德」之上的「仁」、「義」、「禮」亦當如是看待,但是「仁」「義」「禮」,除了以自然事實性的角度看待外,「仁」、「義」、「禮」三者仍有區分,即:「為之而無以為」、「有以為」、「莫之應」。因此,在「自然事實性」上,「仁」、「義」、「禮」是「無以為」的遞減狀態;在「據有」的特質上,「仁」、「義」、「禮」則是「有以為」之遞增的狀態。就自然事實性而言,前者為後者的依據、基礎;就「據有」的狀態而言,其中尤其是「禮」,在「據有」的行為模式中、在兩造的行為對待中、在「莫之應」的狀態中,相較「義」與「仁」,「禮」更是一種「強就」的作為,因而也忽略了作為兩造關係之間,作為關係實質的「忠信」。這不但強化了「據有」,也導向了「亂」的出現。

　　「德」作為仁、義、禮的根源歸屬,所歸屬的狀態,是在「事實性之自然」的基礎上。這一種說明,某種程度對於周之「文」以「德」為一切德行的依歸、典範,在歸屬關係上,有相類似的作用,只是《老子》更強化了辨析下的始源性,因而在「德」的來源問題,以及「德」的本質上,與周文有顯著的差異。哲學歷史中,不同的哲學家思維,往往因著「始源」的不同,「本質」的內涵,也有所不同;或者藉著「本質」內涵的差異,顯示了「始源」的差異。兩者雖然可以有差異,但是就其為哲學始源的意義上,其所涉的事情與向度是可以相對應的、相參照彰顯的。就周之「文」中,「文」所涉之事,乃是與

王之政聯繫；王之政的起源，則是順帝之則的天命。「德」在周之「文」中，所顯現的意義隱含著自然的特質，但更多的是說明著「文王之德」的「敬德」以「祈天永命」。「德」的這種混淆與必須被辨析的要求，說明了其爲哲學時代問題與作爲哲學家辨析之觀念的不同。

《老子》38 章中，提出了「道」是「德」的始源，與「道」相應的在周之「文」，就是那賦予天命的「天」與「上帝」。「道」之爲始源，不但指出了它的自然事實性，更揭示出在自然性的始源追究中，它先於天地生，同時也象帝之先，這說明了它比周之「文」更爲源始，甚至是真正本然之「文」的始源。「道」所涉之事，包含了萬物的問題，也包含了侯王之於民的問題、治國的問題、天地之於人的問題，同時對於人文之德也提出了新見解，對於「命」的問題，則提出「自然」這一新的詮釋，而萬物之歸命，則在於歸根之靜。

「自然」成爲新的哲學觀念，「自然」作爲老子哲學精神的表徵，即在於闡釋「道」之周行而不殆的「運行」，這種「運行」的確立，展現了老子對於「文」的詮釋，主張真正的「文」不是對於「因人而有」之「行」與「事」所形成的關係圖象的安置，而是作爲「自然事實」之「行」與「事」的關係圖象的揭示。

3.「人」在「道」中的位置

「文」在《老子》中，是以本然之素樸爲其本質，「道」則

是這一本然之始與原。[30]「人」在「道」中，猶如「物」，是萬物中之一，但畢竟「人」與「物」有別，因此《老子》對於「人」的說明，《老子》分兩種方向說明，一是就其為「物」之生成的自然性言，「人」與「物」同，都是「道－德－物－勢」作用中呈現的個別物，也是生於「道」之物，其表現與萬物相類，《老子》第 76 章云：

> 人之生也柔弱，其死也堅強。萬物草木之生也柔脆，其死也枯槁。

另一則是就「物」與「人」之不同，即就「人」有因人而有之行與事所形成的「人文文明」而言，在這一方向，《老子》則分別就「人之為人」的自然事實之角度，提出「復歸嬰兒」的歸根之靜，復「命」之「自然」；以及「人文文明」等制度的角度，提出侯王守一、無為，其處理的態度，在《老子》第 5 章中曾載：

> 天地不仁，以萬物為芻狗；聖人不仁，以百姓為芻狗。天地之間，其猶橐籥乎？虛而不屈，動而愈出。多言數窮，不如守中。

上述除了將聖人與百姓的關係，類比為天地與芻狗的關係，更指出這一種對待的態度，關鍵在於天地之間猶如一橐籥，

---

[30]關於始與原的差異，可參第五章對於道的始與原之說明。簡言之，「始」有指向「始之前」之作用，也有就其為時間序列之第一者而言之作用，後者是指向存在序列中的第一者；「原」基本上則是就空間性的第一者而言，是探問中所追究的第一者。「始」與「原」或可說是同一，但哲學作用不同。

一切順其自然，越是有所強調因人而有之非自然事實性的作為，越是困頓、窮現。因此，可以說《老子》將「人」視為「物」之一，把「人」的關係，納入「物」式的考慮，這種「物式」，更多的是指萬物，且更多的是以植物、水等的「物」之方式理解。「人」之於「道」，是順「道」之「自然」，「人」在「文之本然」的關係圖象中，因而也處於一種自然事實性的位置，人與人的關係之行，也復歸於「自然事實」中。因此，《老子》對於「孝慈」，有其特殊的理解關係的方式，換言之，「孝慈」不能以「因人而有」之「行」的方式看待，而是一種「自然的事實」之「行」的揭示，這種詮釋理解，將「孝」為「人之關係圖象」的樞紐轉向「自然事實」的一面，亦即「物之關係圖象」。

（二）孔子對於「文之基礎」的哲學思考

　　《論語・八佾》中，孔子明確說出「吾從周」的方向。對於「文」的理解、詮釋，周初即確立為「德」。「德」在周文中是作為「文」的實質內容，及關係圖象的指標，其展現是藉由禮樂制度，與宗法制度中大宗、小宗的完善所確立。這種確立，實際上就是對於人所處之境的「倫常關係」的規範，以及因此規範應有的行為、態度。「文」在周既是以倫常之「制」的「行」的關係圖象為其核心，與周之前的「文」所具有的「自然——人」並陳所呈現的圖象不同，這種不同說明周「文」與周之前的「文」的決裂，周「文」強調「倫常之制」的「德」，周之前則更強調「天體之行」在「文」之中的重要。孔子在選擇從周之「文」時，顯然應該意識到周「文」所以出現的哲學意義。因此，孔子在感嘆「文不在茲乎」中，既說出了「天之未喪斯

文也,匡人其如予何」,[31]又肯定了「天生德於予」。[32]這種肯定隱含了孔子對於「文」,重新予以哲學的探究的可能。茲分 1.「文」的繼承與轉化;2.「仁」爲禮樂之基礎的哲學探究;3.「人」之爲「天生德於予」的存在,三部分說明如下。

1.「文」的承繼與轉化

關於文王之「文」或說周之「文」,孔子確實以「從」的方式,繼承周文。這種繼承方式有兩個方向的說明,一個是就孔子對於文獻典籍的整理,在這種整理中,孔子以「述而不作」的方式,完成周文的承傳,而「述」的方式、內容、判準,則與另一個方式的作爲息息相關,此一方式的作爲即是哲學上的探究。換言之,孔子在「述而不作」中,不是作抄襲的工作,而是整理,是既肯定周「文」,同時又賦予周「文」新時代的意義,這一新時代的意義,是一種事實性的因素使然,即「天——王」的關係,轉化成了「天——人」的關係,並以此開啓了「文」的「基礎性」探究。

孔子在〈爲政〉中,嘗言及「爲政以德,譬如北辰,居其所而眾星拱之。」這「德」基本上仍然是承繼文王之德,但是在《論語》中被稱爲「至德」者,在〈泰伯〉有兩處,一處是指「泰伯」爲至德者,另一處是言及三分天下有其二,而仍服事殷的「周之德」。「至德」所表達的是其不以天下爲己所有,

---

[31] 《論語·子罕》:「子畏於匡。曰:文王既沒,文不在茲乎?天之將喪斯文也,後死者不得與於斯文也;天之未喪斯文也,匡人其如予何?」程樹德,《論語集釋》,(北京:中華書局,1990年),第576-579頁。
[32] 《論語·述而》:「子曰:天生德於予,桓魋其如予何?」程樹德(1990),第484頁。

不以稱王、得天下爲「德」。此處之「至德」，顯然相較於周文之「文王之德之純」，是不再強調「敬德」以永保「天命」之「德」義，更多的是作爲一種「人之行」的「德」的人格典範之意義。「德」之爲「文」的本質，不再是「王」之事，而是「人」之事；「王」與「天」的關係，也因而是「人」與「天」的關係。

《論語》中對於「人」與「天」之關係圖象的論述，大致可以從「天」在《論語》中的兩種論述說明，一是「天」作爲能厭之、能喪之，也能獲罪於天的人格意義之「天」；另一是天之曆數、天何言哉的自然事實意義的「天」。這兩種「天」的意義，在《論語》中是指稱同一個「天」，但並非混淆而不加辨析，其爲同一，就在於「天生德於予」中。這不但表述了「天」與「人」的關係，同時也將「天」的自然性與「天」的人格性完全展露，其關鍵就在於「天」以「德」的方式賦予「人」，「人」因此有一條可以路可以與「天」相通──「德」。這也可以從「人」之於「天命」的兩種方式的同時把握得知，在〈爲政〉孔子自述生命歷程中，嘗言「五十而知天命」，「知天命」在整個人生命的歷程中，是處於一個轉折的階段，知天命之後，才能耳順、才能從心所欲不踰矩，說明「知天命」使人的德行轉化爲一種自然的存在。〈季氏〉孔子曾分辨君子與小人的不同就在於「人」是否能「知天命」，同時也「畏天命」，人之於君子就在於「知──畏」天命[33]中實現。「人」與「天」的這種關係，與周「文」的不同，在於「德」不是爲政治「保天命」，「德」是作爲「人」

---

[33]《論語·季氏》：「孔子曰：君子有三畏：畏天命，畏大人，畏聖人之言。小人不知天命而不畏也，狎大人，侮聖人之言。」程樹德（1990），第1156頁。

與「天」的道德本質聯繫,「人」的自然存在可以是一種「德行」的自然存在,「天」因此也不是與「人」沒有聯繫的超越存在。換言之,將人的道德性視為人的潛在超越性,人藉此超越性的可能實現,得以與「天」有了本質的聯繫,進而成為一種道德本質的自然存在。

「德」作為「人」與「天」的道德本質聯繫,也說明了孔子之「文」的內涵對周「文」的轉化。「文」在《論語》中,有兩種不同的意義,一是指周之「文」,另一則是孔子對於「文」的轉化思維,後者更是建構了孔子對於周「文」的重新理解。這種轉化也可以從子貢問孔文子何以謂之「文」的對話中得知。《論語‧公冶長》載:

> 子貢問曰:「孔文子何以謂之『文』也?」子曰:「敏而好學,不恥下問,是以謂之『文』也。」

「文」的定義,不再是《周書‧諡法》中對於「文」的界定,「文」更多的是指向典章文獻的「學」,以及「問」而有得於我的「行」中。換言之,「文」是在「學─問」中展現,「學」的對象包括:典章文獻、以及道的實踐,「問」則是就學之內容的思考,求有得於己。就典章文獻而言,內容包括《詩》、《禮》、《易》等六藝之學;就道的實踐而言,無論是否學於文獻,只要是合乎道的「行」,也是一種「學」。「問」是在有疑惑處而問,但孔子提出在疑處之「問」,當經過「思」的過程,〈季氏〉云:

> 孔子曰:「君子有九思:視思明,聽思聰,色思溫,貌思恭,言思忠,事思敬,疑思問,忿思難,見得思義。」

　　上述引文中，除了指出「問」當經過「思」的過程，更重要的是指出「思」對於君子的重要，亦即在成德的過程中「思」非常的重要，這種重要性，與「學」並重，所謂「學而不思則罔，思而不學則殆。」（〈爲政〉）「思」在於有所得於己，得於己是人所願欲的。因此，君子九思中，最後一「思」在於「見得思義」。「義」是一種「當爲」，一種價值所在，人所當遵循之路。「義」是君子之於天下之行，[34]是達道之行。[35]因此，「義」之於「人」，既有其自然性的一面，但也有其價值性的一面，換言之，「義」是將人之道德價值作爲一種遍在的自然存在而要求。「文」至此成了一種「文──質」的相匹配。「人」因此在道德生命中被賦予遍在的「自然事實性」精神，「人之倫常之行」的道德關係圖象，也具有一種「事實存在」。換言之，「應然」圖象成爲一種「實然」圖象，「實然」圖象被納入了道德的思維中。

　　孔子這種對於「文」的轉化，主要是立基於「人」與「天」的關係，不是「王」與「天」的關係，「德」不可能是一種制度化的規範，而是「人之行」的道德關係、價值，人所具有的「自然性」，在孔子的哲學中，被道德化了，而且這種道德化，具有如同普遍存在特質，人只要經由「學－思－問」的踐履過程，即得以開展出來成爲現實。

---

[34]《論語・里仁》：「子曰：君子之於天下也，無適也，無莫也，義之與比。」程樹德（1990），第 247 頁。

[35]《論語・季氏》：「孔子曰：見善如不及，見不善如探湯。吾見其人矣，吾聞其語矣。隱居以求其志，行義以達其道。吾聞其語矣，未見其人也。」程樹德（1990），第 1161-1162 頁。

2.「仁」爲禮樂之基礎的哲學探究

周「文」中,「禮－樂」是作爲一種制度規範,以完成「德」。孔子「文」的意義既然在承繼中有所轉化,因此對於「成德」之制度規範,也予以哲學的探究,這種探究在〈八佾〉中,最爲清楚。即:

> 子曰:「人而不仁,如禮何? 人而不仁,如樂何?」

在這一段論述中,包含幾個意義,(1)孔子對於「禮」「樂」的主張;(2)「仁」之爲「禮樂」的基礎;(3)「仁」之爲「人」的本質表達。前兩者主要是說明「仁」與「禮樂」的關係;後一者,則與孔子對於「人」的主張相關,因此在 3.「天生德於予」的項目下,才予以開展。

(1) 關於孔子對於周文之「禮樂」的主張

周禮在當時社會環境的情況,《左傳》中有所記載,其中有相當多關於「非禮」的指陳與批評。孔子之爲一重視周「文」之人,自是相當清楚「禮」在周文中的重要性。因此在《論語》中,孔子對於管仲之「尊王攘夷」有所稱許,其稱許之故,在於「微管仲,吾其被髮左衽矣。」這不只是說明管仲讓我們不成爲蠻夷之邦,更重要的在於周文的維護,而「尊王攘夷」之舉,即是維護周「文」的體制。但春秋時期「非禮」事件的層出不窮,「禮壞樂崩」所表達的是周文的衰頹。在孔子自覺地「吾從周」之宣示中,「禮樂」的問題,成爲孔子對於「文」這件事再思考的關鍵核心。

《論語》中關於孔子對於「禮」「樂」的論述,孔子基本上

仍然肯定「禮－樂」在制度中的意義，同時也肯定「禮－樂」是「德」的表現，但是對於「禮」與「樂」的評論，則是分開論述。

「樂」，所謂「樂崩」，一方面指的是「樂」的儀式，不符合禮制。《論語‧八佾》中有相當多關於樂不呼應禮制的批判，譬如：對於季氏八佾舞於庭，若就禮制而言，大夫用四佾，季氏之作爲是僭越「禮」。孔子對於這種僭越則嚴厲批判，認爲「是可忍，孰不可忍？」（〈八佾〉）又如：孔子對於孟孫、叔孫、季孫三家以〈雍〉結束祭祀，孔子批判不符應禮制。換言之，這些僭越，違反了「德」，違反了周「文」。

另一方面指的是「樂」音的表達，既不符合禮制，又不符合音樂的德化教育。前者指的是孔子對於〈關雎〉樂的看法，認爲它應當是「樂而不淫，哀而不傷」，「樂」的表「情」作用，應當以「禮」節之，才能表現「合和」，恰如其分。對於後者則是就當時的新音樂——「鄭衛之音」而言。「鄭衛之音」或說是商族音樂的遺音，其特色據推測可能是一種熱烈奔放、生動活潑的音樂，保留了商代絢爛、抒情的音樂[36]。與孔子約略同時代的齊景公，也是一位新音樂的愛好者，夜聽新樂而不早朝，晏子曾諫之，認爲「樂亡而禮從之，禮亡而政從之，政亡而國從之。」[37]這幾乎表達了當時新音樂崛起的風靡，同時也說明了周雅樂的危機。對於雅樂的危機，孔子也有所意識，因此當他自

---

[36]劉再生，《中國古代音樂史簡述》，（北京：人民音樂出版社，1995年），第57-58頁。
[37]張純一注，《諸子集成‧晏子春秋校注‧內諫上》，（長沙：岳麓書社，1996年），第9頁。

衛返魯，首要的任務即是正《雅》、《頌》之樂，讓魯國之「樂」
能承繼周文之「雅樂」，這種「正」的判準，關鍵就在「樂」的
表現形式是否呼應「德」的表現。他說：「始作，翕如也；從之，
純如也，皦如也，繹如也，以成。」(〈八佾〉)「樂」從開始到
結束，是有一種規範的，而其所形成之樂音的整個表達形式是
有所完成的，其完成不只是一種結束，更是一種完成、和諧的
呈現，這種「成」即是「成德」。因此，對於不符合這種表現形
式的鄭聲，孔子採取批判的態度，認爲鄭聲之奪雅樂，猶如紫
之奪朱、利口之覆邦家的危害[38]。當顏淵問爲邦時，孔子提出「樂
則韶舞，放鄭聲，遠佞人。」說明正規的「樂」，具有德化的教
育作用。

「樂」的這種既要呼應於周「文」，又有一種作爲「樂」的
表現形式，因此孔子對於「樂」的態度，在「文」的繼承轉化
中，也有所不同，「樂」不只是爲邦之「德」，而更是具有「人」
之德教的一面，孔子在教育的循序漸進中，指出「興於詩，立
於禮，成於樂。」說明「樂」之於「人」的養成中的重要性。

就「禮」而言，孔子認爲「禮壞」的表現，在於「禮」只
徒留形式，或者根本對於「禮」的儀節不遵從。因此對於「禮」，
孔子主張要保留「禮」的形式，又要追問「禮」的精神，如此
才能真正讓「禮」的態度行爲，成爲有「德」。對於「禮」的形
式，孔子認爲仍然應該有所保留，譬如：子貢欲去告朔之餼羊，
孔子確告訴他「賜也，爾愛其羊，我愛其禮。」(〈八佾〉)這並

---

[38]《論語・陽貨》：「子曰：「惡紫之奪朱也，惡鄭聲之亂雅樂也，惡利
口之覆邦家者。」

不是說孔子認爲「禮」的形式最重要，而是說孔子認爲如果連形式之禮都拋卻，「禮」的精神之探究就絕無可能，因此在肯定「禮」之儀式的存在外，孔子也認爲「禮」並不在於玉帛之屬，對於林放之問「禮之本」時，孔子提出應該重視那實質的表達，這種實質的表達不在於奢華鋪張，也不在於處處週到，而寧可以「儉、戚」的方式，表達「禮」之精神、意義此即所謂：爲「禮」在於「敬」，臨喪在於哀[39]。而當失去了這種「禮」的精神，孔子甚至認爲「不知禮，無以立」（〈堯曰〉）。「禮」因此不僅是制度儀節，更關係到人在社會中的「安立」。「禮」的表達，因此成爲「人」的一種表徵，一種爲「人」應有之「行」，而不是諂媚[40]。

（2）「仁」之爲禮樂的基礎

孔子將禮樂之爲「德」的制度性規範，轉化爲「人」之「德」的要求，在人之「德」中，「仁」是其根源，或說禮樂制度之爲「德」，其本質是立基於「人」的「仁」，「德」是歸屬於「人之行」的實現，而非制度規畫之行的要求。

「仁」，在《論語》中有七次定義式的說明，茲臚列如下：

> 樊遲問知。子曰：「務民之義，敬鬼神而遠之，可謂知矣。」問仁。曰：「仁者先難而後獲，可謂仁矣。」（〈雍也〉）

---

[39] 《論語‧八佾》：「子曰：居上不寬，爲禮不敬，臨喪不哀，無何以觀之哉？」程樹德（1990），第 224 頁。

[40] 《論語‧八佾》：「子曰：事君盡禮，人以爲諂也。」程樹德（1990），第 196 頁。

顏淵問仁。子曰:「克己復禮為仁。一日克己復禮,天下
歸仁焉。為仁由己,而由人乎哉?」顏淵曰:「請問其目。」
子曰:「非禮勿視,非禮勿聽,非禮勿言,非禮勿動。」
顏淵曰:「回雖不敏,請事斯語矣!」(〈顏淵〉)

仲弓問仁。子曰:「出門如見大賓,使民如承大祭。己所
不欲,勿施於人。在邦無怨,在家無怨。」仲弓曰:「雍
雖不敏,請事斯語矣。」(〈顏淵〉)

司馬牛問仁。子曰:「仁者,其言也訒。」曰:「其言也
訒,斯謂之仁已乎?」子曰:「為之難,言之得無訒乎?」
(〈顏淵〉)

樊遲問仁。子曰:「愛人。」問知。子曰:「知人。」樊
遲未達。子曰:「舉直錯諸枉,能使枉者直。」樊遲退,
見子夏曰:「鄉也吾見於夫子而問知,子曰:『舉直錯諸
枉,能使枉者直』,何謂也?」子夏曰:「富哉言乎!舜
有天下,選於眾,舉皋陶,不仁者遠矣。湯有天下,選
於眾,舉伊尹,不仁者遠矣。」(〈顏淵〉)

子張問仁於孔子。孔子曰:「能行五者,於天下為仁矣。」
「請問之」。曰:「恭、寬、信、敏、惠。恭則不侮,寬
則得眾,信則人任焉,敏則有功,惠則足以使人。」(〈陽
貨〉)

樊遲問仁。子曰:「居處恭,執事敬,與人忠。雖之夷狄,
不可棄也。」(〈子路〉)

　　上述關於「仁」的定義式說明，最基本的在於「克己復禮」，以及「愛人」，這兩者將「仁」之爲「己」與「人」的關係表露無遺。換言之，「仁」是「己」與「人」關係中德行的展露，但是在這種聯繫中，孔子開啓的是以「己」爲中心的方式，開展出與「人」的關係，因此在仲弓問仁時，孔子的回應是「己所不欲，勿施於人」，並且強調「己」在「爲仁」中的重要性。「爲仁」並不是「由人」而是「由己」，但在「由己」中，孔子不忘在視、聽、言、動中的「己」是需要符應「禮」之儀節、與「人」之關係的對待。

　　「仁」作爲「禮樂」的基礎，至此相當清楚，不再是體制的形式要求，而是轉化爲「己——人」的關係對待，甚至回溯至更根本的「己」的基礎，只是「己」是在「人」之中的「己」，因此所謂「己——人」之關係，更好說是「人中之己」。孔子對於「人中之己」並未再繼續深入，只說明「人中之己」是一種行爲、態度的表現，是一種愛、孝、恭、寬、信、敏、惠等德行的表現，這些德行的總體顯現可稱之爲「仁」。換言之，「仁」爲「禮樂」之基礎，是將「禮樂」之爲體制，回溯到作爲制度之基礎的「行爲」探求上。

3.「人」之爲「天生德於予」的存在

　　孔子對於「人」的主張，基本上是強調人與動物的差別，在孝養父母之時，孔子提出「敬」爲「人」之孝的特質，同時「敬」也是「修己」的重要內容，「修己」在於「安人」、在於「安百姓」。(〈憲問〉)因此，「敬」是人之爲人非常重要的行爲表達。「敬」從字義上而言，作「肅」，有「慎重」之義，與「恭」

屬同義詞，但在《論語》中，「恭」更是屬於「己」的慎重，「敬」則在於對人對事的態度、行為、儀節之敬慎。

「仁」與「敬」的關係，〈子路〉樊遲問仁章中，孔子提出「居處恭，執事敬，與人忠；雖之夷狄，不可棄也。」在這一章中，孔子所言的恭、敬、忠，在《論語》中都與「己」密切相關，而之夷狄，猶不可棄，則說明了「仁」之為「己」，同時也是「人之為人」的特質，這個特質總括了人的各種行為之「德」。

「仁」之為「德」的表徵，除了從「人中之己」論證外，事實上當孔子論述「禮樂」之基礎在於「仁」時，不但指出了「仁」為「文」之基礎，同時也揭示了「人」與「仁」的本質聯繫之可能性，「人」是趨向於「仁」的，唯當「人」趨向於「仁」，同時也表現「仁」，才真正說明「文」的意含。「文」作為一關係圖象，在孔子的哲學思維中，轉化為「人中之己」德行表現的關係圖象，而在「天生德於予」中，這一「倫常之德行」的圖象，成了「事實」的內容，也因此構作了所謂的「事實」。

「德」原本是一種價值的規範與要求，是一種「應然」的存在，但是其為「應然」，是因為認定有一種與之相對的「實然」。但若以「應然」之價值即為一種「事實」，則原先與應然相對的「實然」就成了一種「非事實」的存在。孔子對於周「文」的轉化，至此相當的徹底，制度之德的開展，成為「己」之「德行」的開展，「文」成了「道德性之人」的關係圖象。

四、「文」的本原──「情」的哲學思維

老子、孔子之後，戰國儒、道哲學的探究，也分別依循其各自的哲學典範，開展出對於圖象基質的不同詮釋。在這一探究中，可以發現「情」是其中被隱而不見的重要哲學概念，也是探究中最令人混淆的哲學概念，它或是指向與人的心性極為相關的存在，導致「心－性－情」既分離又結合為一的複雜情形；它或是指向一種實存，但又與人的情緒情感等相結合，因此在「有情──無情」說中徘徊。在此謹以「情」之所以可能為「文之本原」的關鍵，分三部分說明如下：

（一）「情」之於「文」的說明

「情」作為一「關係」的本質，在簡帛佚籍中，雖然被注意到，但在傳世文獻中，卻處於一種不明確的地位，甚至被解為一種情緒、情欲。這基本上是因為在老子與孔子的哲學探究中，僅僅注意到作為關係之「體」的因素之深究，忽略了「體」其實是在關係中呈現的。換言之，「關係」不但揭示了端項之「體」的存在，同時也揭示了「體」與「體」之間關係的存在。因此，「情」之為關係本原，所真正開展的，並不在於兩端項之「體」的出現，而在於「圖象」，這種「圖象」所揭示的是位置的安頓，並在安頓中同時表現一種持存的運行。

「情」，就目前最早文獻《周書・康誥》的記載，其字義當訓為「實」。「實」並不是指某一「體」，而是就事件中的存在而言，是關係圖象中之「實」，這樣一種「實」，其實即是一種「圖象」的顯示，「圖象」本身的作用是一種指引，一種象徵。作為一種「指引」的「情」，揭示出圖象中「體」的存在與否，「體」

以何種樣式持存，當這一種圖象之「情」的消失，則顯示「體」在關係中的消失。

「情」的存在，並不限於親屬之間的關係，也是人與人的倫常關係、人與物的關係，舉凡一切呈現兩者或兩者以上的位置安頓與變化，就是一種「情」的存在。換言之，「情」的存在，並不在於兩端項的存在，形成一種外在的聯繫關係的說明，而是在這一圖象的存在中發現兩端項的存在，以及兩端項具有一所謂的「關係」。若就「人──人」、「人──天」、「物──自然」而言，「──」所表達的即是那持存之「情實」，它是一種「狀」，「事件之狀」。有了「情」這一圖像所揭示的安頓與持存運行，「人」才因此確立了「職」與「分」，所謂倫常之間的行為表現，才真正呼應了所謂的「倫常之德」，「倫常事件」也才因此開展。「物」也因為這樣一種「情」的存在，展現物之勢與用。「人」、「物」與「自然」或「天」的彼此交錯關係，也因為「情」而保有了獨立性與聯繫性。

「情」之為哲學思維的必須，表現在「文」的思維中，說明了「文」之哲學思維發展，僅重視兩端項之體的存在，忽略了「情」作為關係「圖象」的實質，也因此所謂的儒家哲學所開展的盡是以「身」、以「己」為中心的哲學探究，將「德行」視為個體之「德」的推展行為，忽略了「德行」本身是由「情」所確立的；道家則強調了「物之本然」的哲學探究，忽略了「自然」已隱含持存之「情」的存在。以「情」為核心的哲學探究，就在「體」的重視中被忽略了，作為關係圖象之本質的「情」，也因而失去了其為形上探究而開展的哲學之路，轉而成為生活中的存在。

（二）老子之後的道家─僅以《莊子》內篇與《文子》為例

　　《老子》中已指出「萬物負陰抱陽，沖氣以為和。」 老子
之後學的傳承，不論是文子、或莊子，不可避免的必然關心「人」
的問題，因此對於「人」的進一步哲學處理，是必然而且必要
的。《莊子》內篇中除了指出「氣」之為「物」與「人」的共同
存在基質，也是「人」與「道」可「通為一」的可能。對於人
間世的不可逃脫，莊子也是明確體認到的，因此對於人間世不
可免的倫常之行，莊子指出「情」，但是這一種「情」是回應「物
之運行」的「情」，而不是「人」以其為「個體」，在事實性之
情緒、情感外，所增衍的「情」。換言之，《莊子》內篇中的「情」，
作為一種運行之實，是涵括人之情感、情緒的，如〈德充符〉
中惠子與莊子關於「人是否無情」的一段對話，即明確指出「情」
的實質內涵，是指向其作為關係圖象的內涵的必要，是就結構
去說的關係內涵，而不是就個體而言不斷增益、衍生發展的關
係內涵[41]。這一關係結構之內涵，也就是「道」的展現，〈齊物
論〉、〈大宗師〉中即明確指出「道」是「有情」的。「情」其實
就是「關係之實」的顯示。換言之，作為「物之運行」的關係
圖象，在基質中已然存在這一圖象的質素──「氣」，但是對於
「物之運行」的關係結構，則是以「情」指稱關係圖象的構作
與運行之呈現。

----

[41]這一「人是否有情，或者是無情」的論題，在魏晉時期有所清楚辨析，
何晏與王弼曾對「聖人有情否」有過論辯，王弼以聖人有情而不累於物之
情，說明聖人有情而非無情，聖人之有情乃以「情」為「實」，是順自然
而有。非以「情」為事實發生後所增衍的「感情用事」或「情緒用事」之
「情」，或者即由「情」所衍生之「欲」。

　　《文子》[42]，關於「文」之的探求，主要是開展「文」如何在於「人的社會」中開展，因此提出「德、仁、義、禮」為國之四經，為「文之順」，所開展的是「國」中關係網絡的建立，而其歸趨則仍然是返歸於「道」。此時《文子》中所言之「文」，是以「人文」返歸「道」之虛無、平易、清靜、柔弱、純粹素樸。關於道的這五種形象，《文子・道原》中的一些說明，也呈現出「道之情」，即：「嗜欲不載，虛之至也，無所好憎，平之至也，一而不變，靜之至也，不與物雜，粹之至也，不憂不樂，德之至也。」在「道之情」的呈現中，聖人所表現出來的是「不以人易天，外與物化，而內不失其情。」（《文子・道原》）。[43] 對於「情」，高誘注《淮南子・原道》此句曰：「言通道之人，雖外貌與物化，內不失其無欲之本情也。」《文子・下德》中也指出所謂「人之情」的內涵，即：「人之情，思慮聰明喜怒也。」此時「情」涵括情緒與思維，即人展現出來的屬於人之自然之行。

---

[42] 《漢書・藝文志・諸子略》中道家類列有《文子》，為文子所著，文子為老子弟子。今本《文子》是較複雜的情況，1973 年河北定縣出土竹簡《文子》，僅可知此部份大體可在今本《文子・道德》中找到對應。今王利器《文子疏義》以《文子》成書於西漢惠帝時(見該書第 6 頁與第 8 頁)；李定生.徐慧君《文子校詮》，則以《文子》為先秦古籍的觀點(見該書第 14 頁)。今所採的論述立場是：暫且不論其成書年代，但其為老子後學之黃老之作，則是事實，是以將其列於老學之後關於「文」的哲學探索。

[43] 此句之前為「人生而靜，天之性也，………天理滅矣」，這一段文句容有異，但大體出現與《禮記・樂記》及《淮南子・原道》極為相似，始出為何本，不知也，但表現出戰國末至西漢初人的儒道之共同思維。此句則與《淮南子・原道》同，比魏晉王弼所言之「有情不累於物」之觀點更早，若在考慮其下文之說明，則《文子》較《淮南子》更具一貫性之主旨。

「性」與「情」在《文子》中連言，但也有分言時。當其連言，所指往往是人之自然本源的說明。當其分言時，「性」或指天地之性，「情」則是物之情；另外，言「民之性」時則有善惡之說，「人之情」則涉喜怒思慮等。性與情還有一共同特質，即「情性」爲自然之實情，是道之於人所展現的情狀之自然，讓人遠離此自然，是指向「欲」之害，例如：「縱欲失性」，「不以欲亂情」。或許也因此在《呂氏春秋》中記載了道家在養生中的兩種派別，一是忍情性，另一是縱情性。

（三）孔子之後的儒家──僅以儒簡《性自命出》（《性情論》）爲例

孔子後學，在傳世文獻中最爲人所關注的是孟子、荀子，其對於「心」、「性」的哲學說明，已爲後代哲學研究者所知悉，但是對於「情」的關注，雖然在傳世文獻中已有，但是卻因後世對於善、惡之價值的關注，以及「情」作爲喜、怒、哀、樂之「情」的表達，忽略了「情」在「倫常之行」的關係結構圖象中的重要性。換言之，「情」由於被劃歸爲個體人基質的一部分，而忽略了「情」最本源的存在方式是在關係中呈現，或說關係之德行的呈現，其實質內涵即是：以「情」作爲此一關係結構之實質內涵。從出土文獻論述「性」、「情」的哲學作品──郭店簡《性自命出》或題爲《性情論》的上博簡，「情」有其喜、怒、哀、樂之「氣」，此「情」是一類似基質的方式蘊涵在「性」中，即「喜怒哀樂之氣，性也」。「性」與「情」的關係是「情」出於「性」。

另外，在「倫常之行」的圖象中，「情」也是禮、樂的興作

的本源，所謂「禮作於情」，說明禮是因人情之之需而制定；關
於「樂」，《禮記‧樂記》：記載「凡音者，生人心者也。情動於
中，故形於聲。」說明「樂」的本質中源自於情動於中所使然，
禮、樂在先秦就是一種文化、制度的體現。

　　「情」作爲倫常之行的圖象結構之內涵，事實上也將「人」
與「自然」的關係聯繫起來，《大戴禮記‧禮三本》：「凡禮始於
脫，成於文，終於隆。故至備，情文俱盡；其次，情文佚興；
其下，復情以歸太一。」雖然這是論述「禮」在「人情」與「節
文」關係互動中的呈顯，但也關涉到「情」在關係結構圖象中
的重要性，及其在關係結構圖象中，作爲「人」與「自然」聯
繫的關鍵所在。至此，可以說儒家是提出一組觀念──「性－
心」作爲「倫常之德行」的基質，而對於關係結構的圖象內涵
則以「情」作說明。換言之，「情」才是這一「倫常之行」之爲
關係結構圖象的實質內涵[44]。

五、結　論

　　總結上述，主旨在結合過去的努力與簡帛文獻出土所帶來
的啓發，嘗試指出「文」如何可能是中國哲學之起源，以及它
在先秦儒道哲學中的老子與孔子的發展與思維，當確立「文」
之爲哲學問題的起源與發展後，最後是提出在孔、老之後的哲

---

[44]參考本書第十章〈由《性情論》探究孔子後學之「情」論〉。

學發展中，「情」作爲「文」之論題的轉換，強化「情」作爲一關係圖象網絡中的關鍵位置。

「情」作爲中國哲學探究的主要論題，基本上是因著出土文獻的啓發使然，事實上在先秦傳世文獻中，已然指出「情」的重要，但被心性論題所掩蓋，是以迄今未曾以「情」爲關係網絡之圖象的本質展開戰國哲學論述，但它曾在魏晉時之嵇康哲學中作爲諸多哲學論題的核心，譬如「公——私」、「音聲——哀樂」等哲學思維之創新與開展中居一席之地，進而開展出其不同於傳統樂論的音樂美學觀。

當中國哲學由制度轉向以「體」爲主的論題思維後，事實上有其限制性與困難，而關係網絡之思維的開展，未嘗不是開啓中國哲學探究的新可能。

第二編　出土文獻與先秦道家

哲學論題

第三章　　《老子》中的「損－益」觀[1]

一、前　言

　　通行本《老子》中共有三處提到「損－益」之說，分別見於第 42 章、48 章、77 章，這三章中僅有第 48 章的前半部份出現於郭店簡《老子》乙組中，文字稍異，其中有關損、益部份，郭店簡中「損」字作「員」；其餘兩章並不出現於郭店簡；與帛書甲本與乙本對照，除殘損外，文句上無大差異，只在關鍵字上有異，即甲本「損」字作「敗」，乙本作「云」。

　　《老子》中的「損－益」說，並不是我們今天在論述有關經濟議題中所談論的損益平衡說。在論及《老子》損、益觀之重要的有：高明在《帛書老子校注》中所言：「《老子》以樸素的辯證觀點，說明了「損」、「益」兩種現象之轉化。」[2]以及王家祐所指出的：「爲道日「損」，爲學日「益」已有《易》卦之釋。」[3]這兩位學者雖然對損益的論點有別，但是都指出了「損

---

[1]本文曾發刊登於《世界中國哲學學報》第 5 期。（宜蘭：佛光人文社會學院，2001 年，11 月），第 1-15 頁。今則稍作增修補正。
[2]高明，《帛書老子校注》，（北京：中華書局，1996 年），第 32 頁。
[3]魏啓鵬，《楚簡老子柬釋》中之〈王序〉，（台北：萬卷樓，1999 年），第 i 頁。

一益」在《老子》哲學中的重要性,而這是研究《老子》者常
忽略,或未以之爲重要論題申述者。

　　「損-益」與《易》的聯繫,基本上是《易》中的兩卦,
而其在《易》中的重要,除了《易經》中卦爻辭外,在〈繫辭
傳下〉則是與「德」相連繫,在〈雜卦〉中則是論其爲盛衰之
始,將「損-益」指向與事物運動變化或天體環周運行相關之
原理的說明。「損-益」之於《易》的重要,據記載孔子曾論及,
一是《淮南子・人間訓》曾載:「孔子讀《易》至《損》、《益》,
未嘗不憤〔嘖〕然而歎曰:『益損者,其王者之事與!事或欲以
利之,適足以害之;或欲害之,乃反以利之。利害之反,禍福
之門戶,不可不察也。』」另一是與帛書《老子》同時出土的帛
書《要》篇,其中也論及孔子對於《損》、《益》二卦的重視,
並且結合四時而論說之。那麼,與孔子約略相當時代的老子,
是否也曾對《損》《益》兩卦有過論說?《老子》中的「損-益」
是否與《易》卦之釋相連繫?這是本文欲探究之旨。

二、《老子》中的「損」「益」觀

　　《老子》中有三章並提「損」「益」,基本上並未有直接論
述「損-益」與《易》的關係,或對於《易》的重要,但從其
說明中,可知其「損-益」說,當已運用了「損-益」之於天
體環周運動中的原理,也運用了「損-益」在《易》中的互動
模式,予以詮釋說明。茲分別解析如下:

（一）關於《老子》42章中的「損－益」說

> 道生一，一生二，二生三，三生萬物。萬物負陰而抱陽，
> 沖氣以為和。人之所惡，唯孤寡不穀，而王公以為稱。
> 故物或損之而益，或益之而損。人之所教，我亦教人。
> 強梁者，不得其死，吾將以為教父。

這一章的「損」「益」是就「物」的方向說明，可以分兩個層次說明：一是就「物」的構成而言。「物」（萬物）是陰陽二氣共構所形就的呈現，因此當其「沖」時，轉化成了「和」，此處之「和」，應當是《國語》中史伯所言「和實生物」的「和」。關於這一點《莊子‧田子方》中有一段話應可以作為《老子》「負陰而抱陽，沖氣以為和」這句話的再詮釋，它說：「至陰肅肅，至陽赫赫，肅肅出乎天，赫赫出乎地，兩者交通成和而物生焉。」因此，「和」是「物」呈現其所以為「物」的先驗條件、狀態。「物」在「和」作用下的呈現，其實質內涵涉及陰陽氣的問題，陰陽氣之和的內容即是二氣的「損－益」使然。

另一層次是就「物」與「物類」所形就的社會生活層面而言。就「物」本身的社會生活層面而言，有所謂「損－益」活動，這一「損－益」所要回應的禍福相倚的道理；就物類彼此之間關係而言，物類彼此之間也展現一種「損－益」的活動，此一「損－益」所要回應的是「道」的展現。換言之，「損－益」既是「物」的兩種活動，同時也是「道」的展現。就「物」而言，「損」「益」是兩種不同而且相反的運動狀態或說兩種相反的作用；就「道」而言，「損」「益」的互動共同完成了「道」

的展現。

（二）關於《老子》48章中的「損－益」說

> 學者日益，為道日員（損）。員之或（又）員，以至亡
> （無）為。亡為而亡不為。（依竹簡本48）

　　這一章的「損」「益」是就「學者」與「為道」所作的區分，「益」是因為有所「缺乏」而增益，同時也蘊涵「溢」的意義；「損」，則是因為「滿」而減損之，同時也蘊涵「虛」的意義。因此，「損」、「益」各自是在作一種調和的作用。「損之又損」當如「玄之又玄」的句式，有再轉深一層的意含，即除了原先具有之「玄」、「損」的特質之外，其所轉進一層在於去除被認定、被限定的特質之侷限，而成就其為「玄」、「損」的本質，此一本質是幾近於「道」的展現。據此，「損之又損」，《老子》中認為可以達致「無為」，或說「無為」的展現是藉著「損」的作用所達致的。

　　《老子》37章「道常無為，侯王若能守之」（郭店簡本作：衍互亡為，侯王能守之），指出了「無為」既是「道」的特質，同時也是侯王所當信守的，「損之又損，以至無為」即同時兼涉「無為」的這兩種涵義，一是「為」的反面——「無」為；另一是無「不為」，展現無為的積極作用，即「為」的去除與「無」化後，所展現的「無」。因此，「無為」相較於「損」的作用，顯現了「益」的效用。《老子》43章：「天下之至柔，馳騁天下之至堅。無有入無閒，吾是以知無為之有益。不言之教，無為之益，天下希及之。」即詮釋了「損之又損」中「損有」使之成為「無有」，顯現「無為」之「益」。

　　《老子》的這種損益互動觀，除了在其後學有所承繼，如
《文子·九守》中記載著「老子曰：天道極則反，盈即損，日
月是也。故聖人日損而沖氣不敢自滿，日進以牝，功德不衰，
天道然也。」[4]同時可能也指出了一種時代的思潮，如孔子觀魯
桓公之廟（《困學紀聞》認爲當以周廟爲是）時，對於宥坐之器
的觀點，可謂孔老相互輝映，《說苑·敬愼》云：

> 孔子觀于周廟，而有欹器焉。孔子問守廟者曰：「此為何
> 器？」對曰：「蓋為右坐之器。」孔子曰：「吾聞右坐之
> 器，滿則覆，虛則欹，中則正。有之乎？」對曰：「然。」
> 孔子使子路取水而試之，滿則覆，中則正，虛則欹。孔
> 子喟然歎曰：「鳴呼！惡有滿而不覆者哉！」子路曰：「敢
> 問持滿有道乎？」孔子曰：「持滿之道，挹而損之。」子
> 路曰：「損之有道乎？」孔子曰：「高而能下，滿而能虛，
> 富而能儉，貴而能卑，智而能愚，勇而能怯，辯而能訥，
> 博而能淺，明而能闇，是謂損而不極。能行此道，唯至
> 德者及之。」《易》曰：「不損而益之，故損；自損而終，
> 故益。」

　　孔子觀周廟這件事情，同時也記載於《荀子·在宥》、《淮
南子·道應訓》、《韓詩外傳·卷三》、《孔子家語·三恕》，可見
孔子觀周廟之欹器，應確有其事，而且是一件相當重要的事情。

---

[4]《文子》中這一段資料，據丁原植在《文子資料探索》中的解析，認爲
應屬於文子學派的思想資料，而且全章似應爲《文子》古本資料。丁原
植，《文子資料探索》，（台北：萬卷樓，1999 年），第 155 頁。雖則此「老
子曰」，並非真是老子所言，且即可能是文子所言，但可視爲老子之傳承。

其重要意含在於欹器之被置於周廟，不但表示這是一件禮器，同時也宣示著重要內涵，即滿則覆，強調謙沖胸懷。因此，從文化的觀點而言，欹器置於君王之側，作爲君王的提醒，實際是發揮了周人對於盈滿虧損的智慧。[5]

　　《國語・越語》曾載范蠡之言：「天道皇皇，日月以爲常，明者以爲法，微者則是行。陽至而陰，陰至而陽；日困而還，月盈而匡。」實際上正體現了當時人的一種盈虛互動的觀點。班固在《漢書・藝文志》對於道家學術本源與精要說明，應是領略了《老子》損益互動觀的思想，他說到：「道家者流，……合於堯之克攘，易之嗛嗛，一謙而四益，此其所長也。」

（三）關於《老子》77章中的「損－益」說

> 天之道其猶張弓與！高者抑之，下者舉之；有餘者損之，不足者補之。天之道，損有餘而補不足。人之道則不然，損不足以奉有餘。孰能有餘以奉天下？唯有道者。是以聖人爲而不恃，功成而不處，其不欲見賢。

　　在這一章中，《老子》所論的「損」、「益」，[6]是針對「天之道」與「人之道」論述其運作的方式，整個論述中有幾點相當值得關注，一是有關天象的譬喻，一是對於有餘與不足之間「損－益」的互動觀。

---

[5] 感謝四川大學歷史系教授魏啓鵬，提醒我注意「欹器」在周作爲一種禮器的重要性。
[6] 《老子》此章中通行本與帛書甲本都用「補」字，而帛書乙本則用「益」字。「補」有「益」之義，如《漢書・董仲舒傳》：「務法上古者又將無補與」，唐顏師古注曰：「補，益也。」

1.關於天象的譬喻

《老子》應當是取象於天文中對於宇宙模式的一種論述，認為「自然」的運行，就好比是一把張開的弓，這樣的一種譬喻在春秋戰國時期是相當特殊的，因為當時對於天地的宇宙模式是以「天圓地方」為主，也就是後世所謂的「蓋天說」，但是《老子》的這一譬喻顯然不意味是一種「蓋天」思想的體現；另外，東漢所謂的「渾天說」，鄭文光認為其思想的發展最早當可溯源至戰國時的惠施，[7]但這種大地為一球形的思想，《老子》是否已經意識到，則很難斷言。 因此這一譬喻重要性，不在於天文學上的觀點正確，而在於說明了《老子》承繼史官文化的特質，將上古時代的「觀象授時」，從農業耕作的需求性與時間的人文制度化，提昇為哲學思想中攸關「自然」之「道」。

---

[7]鄭文光：「渾天說的形成過程，我以為天球思想是早就出現的──它約略與二十八宿體系的形成同時。但是，大地是一個球形的思想卻出現的比較晚。從現在能找到的材料看，當自戰國時代開始。戰國時代的名家惠施，在他的論辯中就含有大地是球形的思想。例如，「南方無窮而有窮。」（《莊子‧天下》）怎樣能夠既是「有窮」，同時又是「無窮」呢？如果把大地想像為一個圓球，那麼，儘管它體積有限，一直向南走，卻可以周而復始，無窮無盡。……又例如，「我知天下之中央，燕之北、越之南是也。」（《莊子‧天下》）燕在北方，越在南方，天下的中央，怎麼可能在燕的北面，同時又在越的南面呢？關鍵在於「天下之中央」一語。在蓋天說體系裡，「北極之下，為天地之中央。」（《晉書‧天文志》）可見古人認為天球北極下面，即地球之北極，乃是天下的中央。但這是因為蓋天說比天穹為半球形的緣故。如果天、地俱為球形。則有北極必有相對的南極，那就不是一個「天下之中央」，而是有兩個了。一個在「燕之北」──北極，一個在「越之南」──南極。可見惠施對於大地之為球形，是有了初步的認識。」鄭文光，《中國天文學源流》，（台北：萬卷樓‧2000年），第 222 頁。

　　這一自然之道的取象可能源自於四時運行的觀測,《周髀算經》:「冬至、夏至爲損、益之始。」《易・彖傳》:「損益盈虛,與時偕行。」說明了「損-益」互動觀在春秋戰國時是普遍存在的。這一「自然」之原理,在「人法地,地法天,天法道,道法自然」的思想中,體現爲《老子》58 章所言:「禍兮福兮之所倚,福兮禍兮之所伏,孰知其極?其無正。正復爲奇,善復爲妖。人之迷,其日固久。是以聖人方而不割,廉而不劌,直而不肆,光而不燿。」換言之,「損-益」互動不僅取象於天文歷象,同時也作爲聖人效法「道」而行的指引。

2.關於有餘與不足間「損-益」的互動觀

　　從天體環周的觀點而言,這是一圜的理論前提與事實,對於圜之所以然,或說環周之所以然,在哲學說明中,除非它是單一原理或力量之環周,否者至少應是一種「和」的展現與說明,即至少蘊涵兩種不同的力量之互動。從宇宙的呈現中,天、地是構成此圜或展現此圜的存在;從《易》中已然可知陰、陽兩種氣或說原理的存在;從《太一生水》之說明中「天-地」、「陰-陽」是共爲「二」的說明。在「天-地」、「陰-陽」的共構中,損益互動常是其中生生不息的運動原理。

　　在《老子》這一章中,「損-益」之互動除了作爲宇宙運動的原理外,還指向了社會生活的層面。在人之道中,《老子》認爲其往往是「損不足以奉有餘」,但這種作爲基本上是悖離了天之道的運行規律。因此,《老子》主張人之道應該是順從天之道,也應該「損有餘而補不足」,並認爲這是活絡社會生機之道。從今日之社會福利與經濟生產、消費而言,《老子》

之說毋疑提供了學理上的自然之道。[8]

　　總結上述三章的「損－益」說，其共通之處在於以《易》之「損－益」互動觀，詮釋其所關注之主題，如物、物類，以及其於學與道之關係的重新理解，最後認為人之道，乃至社會生活皆然，皆應循天之道的「損－益」觀。

三、從「損－益」互動觀論「學」與「道」的關係

　　在《老子》三章的「損－益」互動觀中，最引起人們關注與爭辯的是《老子》對於「學」的態度。這一問題的辯明，旨在重新反省：《老子》對於當時文化的批判與省思中所採取的態度。

　　郭店簡本對應於通行本48章提出「學者日益，為道日損。」對應於通行本20章提出「㻌（絕）學亡慐（憂）」，這兩章節在郭店楚簡本中是接續著的。一般都解釋為《老子》棄絕「學」，而這「學」的內容是否就是「為學日益」中，當時知識份子所「學」的內容？如果「學」的內容是指後來所稱的「六經之學」，或者如《國語·楚語》中申叔時對於教導太子提出《春秋》、《世》、《詩》、《禮》、《樂》、《令》、《語》、《故志》、《訓典》。那麼，「絕

---

[8]關於此點，黃釗在其《帛書老子校注析》解析老子第77章時，曾言及該章表達了原始的平均主義思想。黃釗，《帛書老子校注析》，（台北：學生書局，1991年），第412-413頁。

棄學」這件事，不但非常違反史官的職掌，而且也與「損－益」
的互動觀有異。其所以違反史官的職掌，乃是因爲史官掌記言
與記事，有一迫切的任務就是對於「學」之內容的傳承與發展，
若《老子》確實主張返歸自然唯有「絕棄學」這件事，則老子
所言的「自然」與「學」成了對立的兩方，但是老子的「自然」
並不在對立中，而且從老子的後學中，也可以發現都是熟悉當
時《詩》、《書》、禮、樂之學。更且，「絕棄學」這件事也
顯然與老子自身之事實不相應，即其爲史官並非由絕棄學而
來，而其所倡言之道與自然，若僅是絕棄學，一方面如何引導
他人追隨之？另一方面也顯得太野蠻，漠視文明、文化的存在
事實，此應非哲學家之立論精神所在。若如是，則「絕學」這
件事，其究竟在嚮於「道」的歷程中扮演何種角色呢？這個問
題的明確，或可以從「絕學」與「爲道」之「損－益」理解，
得到解決。

（一）關於「絕學」的詮釋

「絕學」，大致有三種詮釋：

第一種是依高亨與蔣錫昌將「絕學無憂」一句置於通行本
19 章之後，依「絕聖棄智」之例，主張老子棄絕「學」。雖則
自竹簡《老子》出土後，將「絕學」置於 20 章前，即「㑇（絕）
學亡惡（憂）」後緊接著是「唯與可（呵），相去幾可（何）？
岸（美）與亞（惡），相去可（何）若？人之所禔（畏），亦不
可以不禔。」但仍然將「絕學」理解爲「絕棄學」這件事，認
爲後面文句所言的美、惡等都是因爲「學」的因素所造成，因
此絕棄了「學」就能「無憂」。此一詮解，嚴復亦如是看待，

因此對老子有所批判，認為老子是一鴕鳥心態，未必真能達致無憂，其云：「絕學固無憂，顧其憂非真無也。處憂不知，則其心等於無耳。非洲鴕鳥之被逐而無復之也，則埋其頭目於沙，以不見害己者為害。老氏絕學之道，豈異此乎。」[9]

第二種則是竹簡本《老子》出土後，對於「絕」字，有不同理解，如：劉信芳認為「《說文》：『絕，斷絲也。』案「絕學」之「絕」不能簡單地理解為「斷」，《史記‧天官書》：『後六星絕漢。』《正義》：『直渡曰絕。』「絕學」本身包含有繼學的逆命題，應是有所絕棄，有所繼承，從原有之學過渡到新創之學。」[10]

第三種是認為「絕學」即「絕末學」，《後漢書‧范升傳》：「升上奏云：老子又曰：『絕學無憂』，絕末學也。」將「學」的內容加以區別。

這三種「絕學」之理解，第一與第三種在歷代詮解中都存在，第二種大抵是從「絕」的楚簡字體加以新解使然，但若以「絕學」是「繼學」，顯然又太悖離《老子》所以區分「學者」與「為道」之差別。

---

[9]轉引自陳鼓應，《老子註譯及評介》，（香港：中華書局，1990年），第138頁。
[10]劉信芳，《荊門郭店竹簡老子解詁》，（台北：藝文印書館，1999年），第51頁。

（二）關於「爲道」

「爲道」是在與「道」的內容相關涉，但又不是「道」的狀態，所進行的活動。《老子》中對於「爲」之於「道」，是採取「無」爲、「爲而不恃」的方式。因此，「爲道」並不是「目的」，而是一過程。在《老子》對於「道」的描述，是以「聞」、「觀」的方式呈現「道」的「在」，「爲道」猶如「進道若退」，劉信芳認爲此是「進益學者」，[11]認爲「爲道」無法截然與「學」二分。

若就「道」的把握歷程，《老子》確實不曾明言「學」可以「致道」、「得道」，只是強調「虛心」、「弱志」的重要，但在其後學如文子、莊子中，這卻是一重要論題。

《莊子・大宗師》南伯子葵問乎女偶關於「道」是否可「學」的問題，女偶認爲「不可」。此中認爲「學」無以致「道」，「道」非可「學」，這是將「學」理解爲知識之學，而非與「道」相關之學所使然。

《文子・道德》：「文子問道。老子曰：學問不精，聽道不深。凡聽者，將以達智也，將以成行也，將以致功名也，不精不明，不深不達。故上學以神聽，中學以心聽，下學以耳聽；以耳聽者，學在皮膚，以心聽者，學在肌肉，以神聽者，學在骨髓。」這一段與竹簡《文子》可相對應：〔脩德非一〕聽，故以耳聽〔者，學在〕皮膚；以心聽(2482)、學在肌月（肉），以□聽者(1756)、〔不深者知不遠，而不能盡其功，不能〕(2500)，

丁原植認為應屬古本《文子》資料。[12]藉由《文子》的記載，我們可以發現老子後學對其詮釋，卻是將「學」與「道」採取一種互動觀，而不是一種互斥的觀點。「學」不只是知識之學，而是與「神」聽相關之學，是一非知識之學，而是攸關「道」之學。

到了漢代，可以發現道學者極力將「學」分層次，說明其與道的聯繫，如：《淮南子・俶真》曾經將「學」分為聖人之學、達人之學、俗世之學，嚴遵則更指明所絕者是「尊辯貴知」之「俗學」。[13]顯然是認知「學」之意義內容有歧解，因此針對「學」的內容加以區隔，說明「絕學」之內容的限定。

針對「學者」與「為道」之說，及老子後學詮釋的差異，或許以「損－益」的互動理解詮釋其「學」與「道」的關係，而不是以「絕學」觀點，看待「學」與「道」的「絕對互斥」，更合乎「學」與「道」的關係。所謂「絕」，不可避免是一種絕棄，但是「絕棄」不是一永恆的常態，必然進入一種「損－益」互動中，在「損－益」互動中所呈顯的「絕棄」，雖是一種「極致」，但必歸返於「損－益」，人不可能長久處於「絕學」中而進道。

《老子》48章，「損」「益」分別是從事「道」與「學」的兩種活動方式。損「之」的內容，當是指「學者日益」這件事，而不是針對「學」這件事，河上公注解：「學謂政教禮樂之學也。

---

[12]丁原植（1999），第220頁。
[13]〔漢〕嚴遵，《老子指歸》，（北京：中華書局，1994年），第139頁。

日益者，情欲文飾日以益多，道謂自然之道也。日損者，情欲
文飾日以消損。損之者，損情欲也。又損之者，所以漸去之也。」
[14]這裡非常明確指出並不是「學」、「道」互斥，而是「日益」與
「日損」的互斥，但是這一種互斥的關係卻又在「損之又損」
中出現互動。因此，若考慮「損－益」是在「滿」與「不足」
的情況下發生，則「爲道」與「學」就不可能截然二分爲不相
干涉的兩件事情。

四、《老子》「損－益」思維與《易》的關係

　　《老子》三章中的「損－益」互動觀，我們可以發現與四
時的運行、及日月盈虛之天象有關係，而且與《周易》經、傳
相互呼應，《損卦・上九》：「弗損益之」，王肅曰：「處損之極，
損極則益。」另外《序卦》中也說到：「損而不已必益」，清・
李道平《周易集解纂疏》：「損上九曰『弗損益之』，故云『損終
則弗損益之』。損益盛衰，循環之道。損極必益，故言損而不已
必益，而受之以〈益〉也。」說明了「損－益」之間是相互推
移轉化，與《易・繫辭傳》：「一陰一陽之謂道」的陰陽互動思
想是相呼應的，《老子》所言「損之又損」基本上也是彰顯「益」
的效用，正與《易》的思想有相當的共通性，這一種共通性也
表現在《老子》強調「反」、強調「復歸」、以及天道環周的思

---

[14]王卡點校，《老子道德經河上公章句》，（北京：中華書局，1993 年），第
186 頁。

想。因此我們可以設想：《老子》在某一程度上是承繼《易經》的思想，關於這一部份，當代學者杜而未[15]與王博[16]都曾做過統計與分析。

孔子稍晚於老子，同樣也受《易經》之學，這件事情在《史記》中曾記載「孔子晚而喜易」，1973年馬王堆帛書易傳《要》的出現，更確證了這件事。在《要》篇中記載著「孔子繇（籀）易，至於損益一＜二＞卦，未尚（嘗）不廢書而嘆，戒門弟子曰：二厽（參）子！夫損益之道，不可不審察也，吉凶之□也。益之為卦也，春以授夏之時也，萬物（物）之所出也，長日之所至也，產之（？）室也，故曰益。損者，秋以授冬之時也，萬勿（物）之所老衰也長〔夕之〕所至也，故曰產。……〔益之〕始也吉，其多（終）也凶。損之始凶，其多（終）也吉。損益之道，足以觀天地之變，而君者之事已。」孔子對於「損－益」的重視，這件事不但記載於《說苑·敬慎》，也見於《淮南子·人間》、《孔子家語·六本》，孔子對於「損－益」的說明，強調了其「天象」上的意含，同時也認為〈損〉〈益〉二卦是了解易道、觀天之道非常重要的門戶。

因此，引發我們仔細考察《老子》、《易經》及孔子在說明「損－益」上是否有差異。「損－益」在周人的思想中從孔子觀周廟之欹器，可以發現是具現《尚書·大禹謨》：「滿招損，謙

---

[15]杜而未，《老子的月神宗教》，（台北：學生書局，1988年），第132-135頁。

[16]王博，《老子思想的史官特色》，（台北：文津書局，1993年），第65-72頁。

受益」的思想，因此「謙」或者「虛」的觀點，是三者在「天象」觀測外的又一共通點，但三者也有不同：

（一）關於「虛」

《老子》強調「損之又損，以至無爲。」是從「損－益」互動中，指出世俗中「弱」的思維的重要，如知雄「守雌」、「柔弱」、「虛」、「沖」，並且認爲這一「弱」的思維才是體現「道」的重要質素。

從「虛」的觀點而言，它確如孔子觀周廟對「敧器」的重視，但孔子並不是強調「虛」的完成，而是指出「謙」的重要，在於其「不滿」，以及調和盈虛之「中」，《說苑・敬慎》：「吾故曰：謙也者，致恭以存其位者也。」《孔子家語・六本》：「夫學者損其自多，以虛受人，故能成其滿博哉！」都說明了「謙」之爲「益」的效用。

（二）關於天道

《易經》對於辭中並沒有提出「天道」或「天之道」一辭，關於「天道」或「天之道」的運行，可以藉著卦序及陰陽的互動中得知，其強調終始復返之「時」，在「時」中又強調其「位」之「正」。《乾・象》：「天行健，君子以自強不息。」說明了《易》對於「時」的觀點。這與《老子》「天道員員」的持續相類，但畢竟《老子》從其中提出哲學的重要觀念「反」，與「正言若反」的思維，同時也因爲「天道」的天文取象，提出了「天道無親」的觀點。

孔子則在《論語》中提出「逝者如斯夫」的天道觀，但又

同時在〈先進〉指出「顏淵死。子曰：噫！天喪予！天喪予！」〈雍也〉：「子見南子，子路不說。夫子矢之曰：予所否者，天厭之！天厭之！」〈述而〉：「天生德於予，桓魋其如予何？」「天」在此具有仲裁者的位格特質。

五、結　論

　　總結上述的探討，不僅《老子》與《易》學有關係，孔子也與《易》學有關，呼應了章太炎、劉師培對於「學出於史官」的觀點，同時也從傳世典籍與帛書《要》中，發現不僅老子取象於天文，孔子也關心天文之事。

　　「損—益」自《易經》以來，存在著互動的觀點，但「損—益」互動觀在《易經》、《老子》與孔子思想中，表現出有所承繼又有不同的發展，展現了孔、老思想的獨特點，孔子由「謙受益」中，強調了「中」的思維，〈雍也〉：子曰：「中庸之為德也，其至矣乎！民鮮久矣。」老子則強調「致虛極，守靜篤。」

　　另外，《老子》中的「損—益」觀，基本上是承襲了《易》學中關於「損—益」的理解而加以運用，其互動狀態，若就概念理解，則易理解為辯證互動，若就其在經驗層面的展現而言，則毋寧是一種推移、互相蘊涵、互相轉化的活動，一切就在「道」中展現，破除了「兩端」之說的重要，也破除了兩端之「中」的必須，就在「圜」中。

第四章 《老子》資料與「黃一老」哲學之探究[1]

一、前 言

由於 1973 年河北定縣八角廊竹簡《文子》、湖南馬王堆出土的帛書《老子》、《黃帝四經》，以及 1993 年荊門出土的楚簡《老子》、《太一生水》等道家資料，讓我們從哲學研究的方向上，警覺到「道家」不再能夠純然以某書即爲某思想家所作的方式看待，因而也不能再以某思想家的形上學思想、宇宙論、或者以西方哲學的概念結構方式，邏輯地處理它的體系性，但是過去的努力，及文獻的出土，確實引發我們對於傳統「道家」資料與戰國時期道家學術發展的研究，並認爲有進一步開展的空間。

道家哲學資料，除了《漢書・藝文志》中所言的《老子》、《莊子》、《文子》、《管子》、《列子》、《鶡冠子》外，也把《呂氏春秋》中記載有關戰國道家諸子的言論思想包括在內，另外出土文獻《黃帝四經》[2]、帛書《易傳》也提供我們對傳世文獻

[1]本文爲國科會專題研究計畫案之博士後研究論文，補助編號爲：NSC89-2811-H-030-0002。曾出版於《文獻與資訊學術研討會論文集》，(台北：東吳大學中國文學系，2001 年 6 月)，第 57-111 頁。今就版面編排、文字及有關《老子》的觀點稍作修改。
[2]《黃帝四經》這一名稱，是大部分學者接受的，或有稱之《黃帝書》，但

有一較爲明確的指向與把握。

　　傳世文獻《老子》、《莊子》，就內容而言，已有相當多的學者討論過，應是與老子、莊子及其弟子極爲相關的集結，是作爲研究老子思想與莊子思想的主要資料依據。《管子》一書，羅根澤、郭沫若等雖然已辨析，並認爲這其中的成書年代甚至可以晚至秦漢時期，且其中所含的學術宗旨，除了管仲的資料外，還包含道家、法家、儒家等資料，但這些若以黃老哲學統括之，亦無不可，如當代學者胡家聰等，則認爲《管子》一書，是稷下學者推尊管仲的集結，屬黃老道家作品。《列子》過去是被當作僞書，但是嚴靈峰、許抗生、胡家聰等則認爲《列子》並非全然爲僞書，雖然雜揉，但其中應該包含戰國時期古列子的資料。至於《鶡冠子》，李學勤也曾辨明並非全然爲僞書，應該包含戰國時的資料。《文子》，由於八角廊竹簡《文子》的出土，其中內容可以對應到傳世《文子》中的〈道德〉，是以《文子》與《淮南子》之間就不是單純以抄襲看待的問題，而是讓我們重新省思如何看待西周至秦漢典籍的整理，以及哲學觀念的探討，因此，可以確定的是：《文子》中確實包含班固所指稱老子弟子的文子資料。《呂氏春秋》一書，依王范之的研究，其中包含相當多道家的資料。

　　在《老子》的整理中，我們發現《老子》資料的複雜性，《老

稱之爲《黃帝四經》是否即爲漢志中所言《黃帝四經》，這件事很難實證。李學勤認爲置於帛書乙本卷前的古佚書《黃帝書》，「對於黃老之學來說，不是一般的著作，而是和《老子》一樣，具有經的地位。在帛書中，它和《老子》合抄一卷，且居於《老子》之前，便顯示出這一點。」李學勤，《簡帛佚籍與學術史》，（台北：時報文化出版，1994 年），第 323 頁。

子》中保留了《金人銘》的資料、《周書》中的一些傳承與資料、以及用兵的資料，這些顯示出《老子》中包含一些引用前人之語的資料，其思想是有淵源與繼承的。《老子》資料與被稱爲「老子」的這個人應當可推測有關鍵性關係，但這關係卻也很難說清楚講明白。因此將《老子》作爲哲學探究的對象時，我是從文獻的理解角度、及哲學的觀念，嘗試釐淸《老子》資料的豐富與多元性，並且嘗試說明《老子》資料中與所謂《黃帝四經》的重合現象，所引發的「黃帝」與「老子」在學術上可能的聯繫與探究，及哲學上的發展。

二、《老子》作爲道家歸屬的指標

　　整理道家哲學資料，《老子》是其中的關鍵，這可以從三個方向得到說明，即：（一）《老子》在道家類中是以「經」的方式被定位。（二）《漢書・藝文志》中所言道家者流，《老子》是其例示。（三）文獻中的「老子曰」說出「老子」之爲道家指標的現象。

（一）《老子》在《漢書・藝文志・諸子略》的道家類中是以「經」的方式被定位

　　從《漢書・藝文志》中列爲道家的書，我們可以發現在《老子》經傳解說之前，還包括：《伊尹》五十一篇，《太公》二百三十七篇、《謀》八十五篇，《辛甲》二十九篇，《鬻子》二十二篇，《管子》八十六篇。這些資料除了《管子》殘存之外，班固

皆自注曰：「亡」。

　　《老子》在班固的論述當中，則是以經傳、經說的方式出現，就班固當時的書籍情況而言，僅有《老子鄰氏經傳》四篇仍然殘存，而其餘的如《老子傅氏經說》三十七篇、《老子徐氏經說》六篇、劉向《說老子》四篇都已亡佚。這說明了：班固之前已經存在以《老子》爲經而流傳於世的方式，而且存在說解《老子》的傳、說，更且在東漢時只殘存《老子鄰氏經傳》中的經，傳則已亡佚。

　　「傳」、「說」自春秋、戰國，乃至漢代，是解「經」的，是著書的一種體例，同時也說明該「經」是被詮釋的主體。關於《老子》的傳、說，雖然不是當時官方所列的五經、七經，但是在學術上是以「經」的方式被定位。在漢志道家類的書之中，《管子》是列在《老子》之前，內容、篇名明確含有解說的著作，但是《管子》的情況較爲複雜，《史記・管晏列傳》正義：「《七略》云，《管子》十八篇，在法家。」《老子》則是明確以「經」的方式呈現在《漢書・藝文志・諸子略》的道家中，而且在《史記》的〈老子韓非列傳〉、〈孟子荀卿列傳〉中，莊子學歸本於老子，申不害、韓非、慎到、田駢、接子、環淵皆學黃老道德之術。老子顯然居於關鍵的位置。

（二）《漢書・藝文志》中所言道家者流，《老子》是其例示

　　當我們尋找道家的學術流別時，班固的界說確實提供了一些線索，《漢書・藝文志》：

　　　道家者流，蓋出於史官，歷記成敗存亡禍福古今之道，

> 然後知秉要執本，清虛以自守，卑弱以自持，此君人南
> 面之術也。合於堯之克攘，易之嗛嗛，一謙而四益。此
> 其所長也。及放者為之，則欲絕去禮學，兼棄仁義。曰
> 獨任清虛可以為治。

　　從這一段話，我們可以發現道家之學 1.蓋出於史官。2.歷
記成敗存亡禍福古今之道。3.秉要執本。4.清虛。5.卑弱。6.君
人南面之術。7.絕去禮學，兼棄仁義。這些線索在《老子》中，
都可以找到對應的資料，並且發現《老子》後學，大抵基於此
一範域。茲臚列如下：

1. 道家者流蓋出於史官

　　老子作為史官，史遷中已有記載，老子的後學中，文子或
有人認為其乃史官之後，[3]但這仍是待驗證之說。因此，老子在
史官之學的傳承中，是傳授史官之學成為諸子學的第一人，這
一現象，可以從《老子》中在「天道」、「天之道」的關注之餘，
提出了「道」作為哲學觀念得知；另外，也將史官強調的陰氣、
陽氣問題，轉化為萬物的構成質素，即「萬物負陰而抱陽，沖
氣以為和。」（42章）。這在《莊子》及《文子》解《易》資料
都各有發展。

2. 歷記成敗存亡禍福古今之道

　　基本上這涉及到天文曆法之制等事宜，換言之，與「時」

---

[3]魏啟鵬在〈文子學術探微〉中，考證「文子」為辛文子，周太史辛甲之後，
辛氏後人在晉為史官。見《哲學與文化》，第23卷第9期，1996年9月，
第2021-2022頁。

有相當的關係，這一傳統在《呂氏春秋・序意》中仍然保留，即：「凡十二紀者，所以紀治亂存亡也，所以知壽夭吉凶也。」在《老子》中，也可以發現這一方面的資料，即「禍兮福兮之所倚，福兮禍兮之所伏，孰知其極？」（58章）「動善時」（8章）。在《老子》後學中的《文子》與《黃帝四經》中仍然保留了這一傳承。

3. 秉要執本

《老子》中雖未直接提出「本」作爲哲學觀念，但存在以「一」作爲哲學觀念的資料。如：「昔之得一者，天得一以清，地得一以寧，神得一以靈，谷得一以盈，萬物得一以生。侯王得一以爲天下貞。」（39章）也存在以「道」爲本的資料，如：「萬物莫不尊道而貴德」（51章）、「孔德之容，唯道是從。」（21章）。這在老子後學，展現出對於「道」之源始的探討，如《文子・道原》、《黃帝四經》的《道原》，《鶡冠子・道端》。

4. 清虛

《老子》思想中，「虛」的資料，如：「道，沖而用之，或不盈。」（4章）、「致虛極，守靜篤。」（16章）關於「清」的資料：「天得一以清，……其致之也，謂天無以清將恐裂。」（39章）、「清靜爲天下正」（45章）老子後學中，《呂氏春秋・不二》：「關尹貴清，子列子貴虛。」

5. 卑弱

「江海之所以能爲百谷王者，以其善下之，故能爲百谷王。」

（66章）、「弱者，道之用」（40章），「天下莫柔弱於水，而攻堅強者莫之能勝，以其無以易之。」（78章）、「貴以賤爲本，高以下爲基」（39章）也說明卑弱的重要性。

6. 君人南面之術

雖然與後來發展的「君無爲，臣有爲」之法家思想不同，但強調處理天下事的作爲在《老子》中是可見的，《老子》常涉「侯王」、「天下」之事，如：「道常無爲，而無不爲。侯王若能守之，萬物將自化。」（37章）、「以正治國，以奇用兵，以無事取天下。」（57章）老子後學中，黃老學者亦常言治天下之事。西漢初年之崇尙黃老之言，展現的文景之治，是一例證。

7. 絕去禮學，兼棄仁義

在《老子》思想中，既有不詆毀「仁義」，也有詆毀「仁義」之辭句。「絕仁棄義，民復孝慈」（19章），但楚簡《老子》中則是「絕僞棄詐（詐，一說「慮」）」，因此學者據此主張《老子》無絕棄「仁義」之事。又楚簡本「故大道廢，安有仁義？」通行本：「大道廢，有仁義」，呼應38章，帛書本與楚簡本相近，但是文字爲「故大道廢，焉有仁義。」爭議焦點在「安」、「焉」是作「於是」解？抑或「疑問詞」使用。作「於是」解釋，與38章相應，說明「仁義」是「道」之廢棄下出現的情況，這兒出現兩種詮釋，一種認爲是詆毀仁義，另一種認爲是不詆毀，只言其在「道」遞降的情況下出現；作「疑問詞」解釋則說明「仁義」在「道」的涵項中。不同的理解、詮釋，在老子後學中也出現，譬如《文子・道德》中更以「德、仁、義、禮」爲「四經」，並認爲「四經不立，謂之無道。」但在《莊子・騈拇》：

「多方乎仁義而用之者，列於五藏哉！而非道德之正也。是故駢於足者，連無用之肉也；枝於手者，樹無用之指也；多方駢枝於五藏之情者，淫僻於仁義之行，而多方於聰明之用也。」明確指出「仁義」爲矯飾。

（三）從文獻中「老子曰」的引用，「老子」是一種指標

　　關於傳世文獻中所謂之「老子曰」，並非全然可視爲「老子」所言，若要作實證性的分辨，基本上存在著科技因素之侷限的困難，即過去書本的流傳，以及著作權觀念並非如今日之清晰與廣泛流通所使然。但由於其所言之「老子曰」，同時出現於他處，但卻非以「老子曰」形式呈現，或以他書之言的方式呈現。因此，或可視爲一種寬泛歸屬之指稱，這一寬泛歸屬之被指稱者，應該是具有指標性或代表性的人，「老子」就是這樣一位指標性人物的指稱。茲從兩方面論述如下：

1.據王利器在《文子疏義序》的整理，[4]發現有幾條資料的引用是值得重視，並值得進一步討論，茲將其整理摘錄如下：

（1）引用《文子》之文，卻不道《文子》之名，而稱爲「老子曰」

　　《鹽體論・本議篇》：「老子曰：貧國若有餘，非多財也，嗜欲重而民躁也。」今本《老子》無此文，當本於今本《文子・自然》，曰：「故亂國若盛，治國若虛，亡國若不足，存國若有餘。……有餘者，非多財也，欲節事寡也。」

---

[4]王利器，《文子疏義・序》，（北京：中華書局，2000 年），第 4-5 頁。

　　《文選》束廣微〈補亡詩〉李善注:「老子曰:終天年而不
中道夭者,是智之盛。」此文見《文子・九守》:「夫人之所以
不能終其天年者,以生生者,以生生之厚也。」《淮南子・精神
訓》:「夫人之所以不能終其壽命而中道夭於刑戮者何也?以其
生生之厚也。」

（2）引用文出現於《老子》,卻稱《黃帝書》曰

　　《列子・天瑞篇》:「《黃帝書》曰:谷神不死,是謂玄牝。
玄牝之門,爲天地之根。綿綿若存,用之不勤。」今案:「谷神
不死」六句二十六字（當爲二十五字）,見於今本《老子》6章,
林希逸《沖虛至德真經鬳齋口義》一:「此《老子》全章之文,
而曰黃帝者,則知老子之學,亦有所傳,但其書不得盡見。」
案:林氏不知《列子》所引《黃帝書》,乃晉人所傳之黃老家言,
故其持論如此。

　　王利器因此結論道:「必須了然於此,認識到在黃老之學崛
起和發展過程中,出現有兩個老子,一爲關尹著《道德》五千
言之老子,一則爲黃老學者所依託之老子,然後去讀《老子》、
讀《文子》、《淮南子》,庶幾大通無礙,毫髮無遺憾也。」[5]

　　從結論中,且不論斷其所論之是非如何,但此一結論性地
說明,卻也引發我們注意「老子曰」這件事情。關於「老子曰」,
王利器對於《文選》李善注那一段,個人以爲需加以辨明,即:
李善注引老子此語,基本上與《文子・九守》、《淮南子・精神
訓》義同,但是文句卻完整出現在今本《莊子・大宗師》:「知

─────────────
[5]王利器（2000）,〈文子疏義序〉,第5頁。

天之所爲，知人之所爲者，至矣。知天之所爲者，天而生也；
知人之所爲者，以其知之所知以養其知之所不知，終其天年而
不中道夭者，是知之盛也。」〈大宗師〉首段此句，並未用故曰，
或說某子說，而且目前考辨《莊子》者，如張恆壽，即以此段
論辯天人之問題，當爲荀子批評莊子蔽於天而不知人之所本，
因此作於《荀子》之前。[6] 這種引用「老子曰」，而實際卻出現
在《莊子》中，還有一例證，即《列子・楊朱》中曾引老子曰：
「名者，實之賓。」這句話見今本《莊子・齊物論》。這一現象
有兩種詮釋的可能，一則爲《老子》佚文，另一則爲「老子」
是被依託，但是依託的現象不限於黃老學，也包括莊子學。這
兩種可能都表徵「老子」在當時具有相當的影響力，而且是一
重要的表徵，才會被引用、或依託。但依託的情況是需要審慎
考慮的。如果這是《老子》的佚文，何以《莊子》引用，卻不
加以說明？這種情況在先秦是常見的，在通行本《老子》、《文
子》中也出現這種情況，但並沒有指明來源出處，例如：

　　《戰國策・魏策》任章引《周書》：「將欲敗之，必姑輔之；
將欲取之，必姑與之。」這是《逸周書》的佚文，由朱右曾、
陳漢章所輯。陳漢章並云：「《困學紀聞》謂此蘇秦所讀《周書・
陰符》者，老氏之言出於此。」[7]

　　《列子・天瑞》引《黃帝書》，出現於《老子》中，可能也
是《老子》引用《黃帝書》的內容而不明言。[8]

---

[6]張恆壽，《莊子新探》，（武漢：湖北人民出版，1983 年），第 55 頁。
[7]黃懷信、張懋鎔、田旭東撰，《逸周書彙校集注》，（上海：上海古籍，1995
年），第 1236 頁。
[8]這點很難確定，只是一種可能性。因爲《黃帝書》究竟出現在《老子》之

　　《金人銘》[9]中「天道無親，常與善人」，出現於今通行本《老子》第 79 章，但《老子》並未指明出處。

　　今通行本《文子・九守》：「故形有靡而神未嘗化，以不化應化，千變萬轉而未始有極。」這段話也出現在《淮南子・精神訓》，文字稍異，但無礙思想表達。慧遠在《沙門不敬王者論・形盡神不滅第五》云：「文子稱黃帝之言曰：形有靡而神不化，以不化乘化，其變無窮。」[10]

　　上述例證，說明先秦確實存在引用它典，卻不載明的現象。同時，也引發我們對於「老子曰」另一向度的理解，即：「老子曰」的現象，說明了「老子」在當時的指標性、影響力。另外，也說明了《老子》中，有其思想淵源，而且出現與「黃帝書曰」相關的這一現象，促使我們關注《老子》與「黃帝言」、「黃帝曰」的關係，或說《老子》與「黃帝學」、「黃老學」之間究竟存在何種聯繫？「黃老學」與《老子》的流傳存在什麼樣的關係？關於這部份，我將在後文中「黃帝」與「老子」聯繫的哲

　　前或之後，很難論斷。通行本《老子》大抵與馬王堆帛書《老子》同，帛本有此章，但是荊門郭店楚簡《老子》中則無此段資料。依陳柱《老子韓氏說》，《韓非子》資料中也無《老子》此章的解說。

[9]《金人銘》今見於《說苑・敬慎》，然《太平御覽》390 引《孫卿子・金人銘曰》：「周太廟右階之前，有金人焉，三緘其口，而銘其被曰：『我，古之慎言人也。戒之哉，毋多言，無多事，多言多敗，多事多害。』」小注：「皇覽云：『出太公《金匱》，《家語》、《說苑》又載。』」又《治要》31 引太公《陰謀》：「武王問尚父曰：『五帝之戒，可得聞乎？』尚父曰：『黃帝之時，戒曰：「吾之居民上也，搖搖恐夕不至朝。」故爲金人，三封其口曰：「古之慎言人也。」……』」今人多以此爲老子思想淵源。

[10]曾達輝，〈今本文子真偽考〉。《道家文化研究》，第 18 輯，（北京：三聯書店，2000 年），第 262 頁。

學探究中說明。

2.先秦文獻中，可能爲《老子》佚文的資料

　　關於這部份資料，蒙文通的《老子徵文》[11]中已有所整理，茲臚列不見於其所輯，但因文獻中出現「老子曰」或「老聃曰」，可能爲《老子》佚文，卻無法確證，尤其是《莊子》書中之言，或爲寓言，或爲載實，因此或可備參考，茲以兩則資料說明「老子」或「老聃」在當時諸子中的地位。

（1）《莊子》中值得重視的段落引言

> 老子曰：「衛生之經，能抱一乎？能勿失乎？能無卜筮而知吉凶乎？能止乎？能已乎？能舍諸人而求諸己乎？能儵然乎？能侗然乎？能兒子乎？兒子終日嗥而嗌不嗄，和之至也；終日握而手不掜，共其德也；終日視而目不瞬，偏不在外也。行不知所之，居不知所爲，與物委蛇，而同其波。是衛生之經已。」（〈庚桑楚〉）

　　這段話有一部分也見於《管子‧心術下》，即：「能專乎？能一乎？能毋卜筮而知凶吉乎？能止乎？能已乎？能毋問於人，而自得之於己乎？」但是《管子》中並未說是「老子曰」，《莊子》中則是南榮趎與老子的對話。這有幾種可能：(i)不是老子之言。《莊子》中載明「老子曰」可能是誤用，也可能是他人所言，但不明是誰，因此所謂「老子曰」，可能是指當時資料歸類的需要，或是當時《老子》資料中確有此佚文。(ii)確爲《老子》佚文，但爲《管子》引用但不載明。

---

[11]蒙文通，《老子徵文》，（台北：萬卷樓，1998 年），第 197-199 頁。

(2)《呂氏春秋‧孟春紀‧貴公》之言，雖不能確定是《老子》佚文，但其「老聃曰」，說明了「老子」在先秦的重要性。

> 天下非一人之天下也，天下之天下也。陰陽之和，不長一類；甘露時雨，不私一物；萬民之主，不阿一人。伯禽將行，請所以治魯，周公曰：「利而勿利也。」荊人有遺弓者，而不肯索，曰：「荊人遺之，荊人得之，又何索焉？」孔子聞之曰：「去其『荊』而可矣！」老聃聞之曰：「去其『人』而可矣！」故老聃則至公矣。天地大矣，生而弗子，成而弗有。萬物皆被其澤、得其利，而莫知其所由始，此三皇、五帝之德也。

〈貴公〉此處老聃之言，大抵與《老子》思想相符應，其「天地大矣，生而弗子，成而弗有。萬物皆被其澤、得其利，而莫知其所由始。」在流傳至今的《老子》中，都能找到可對應的思想與文句，只是《老子》的文風，言簡意賅，而且未嘗出現「三皇、五帝」之言，因此《呂氏春秋》所引「老聃曰」，或許確有此資料，爲佚文，或許是一種依託，依託「老聃言」，旨在深明「老子」的重要與指標。換言之，「老子」自戰國以來即被視爲一種「哲學思維典範」的奠基者，開啓了一個哲學的世界，一個「道」爲中心論的思想家。

另外，在《莊子》、《列子》中載有一些老聃與孔子的對話，老聃與他人的對話，這些都說明了「老子」在當時可能是被依託，或者真的有此資料佚文的存在，就前者而言，指出了「老子」的哲學意義，亦即「老子」是所謂「道家哲學」的奠基者，開啓了「道家」的哲學研究；就後者言，如確爲佚文，則說明

了至今留下來被整理過的《老子》,其資料遠比當時少很多,這提供給我們一想像的空間,那就是對於至今所流傳下來的《老子》資料,我們應該保有一種彈性的空間,設想「老子」的當時代思想氛圍,不只是把《老子》當資料,同時也以「人」的思維面對《老子》資料,設想這個「人」與時代的互動,及他面對時代的哲學心靈與創造。

三、《老子》資料的豐富與多元性

《老子》作為一關鍵的轉折指標,說明了它在思想上有所承繼與也有所開展。對於這方面的探究,我們發現《老子》中有本於兵學,有本於《周書》、《金人銘》、鬻子等資料,可見《老子》資料應是有所承繼漢志道家類中《老子》經傳之前的道家資料,而且承繼當時的史官文化。

從《老子》中所引用資料,及所用的文句、體裁等形式,發現其所承繼、保留之思想特質。

(一)與《周書》相關的資料

「功成身退,天之道。」(9章)此一思想,當本於《史記‧蔡澤傳》所引《周書》:「成功之下,不可久處。」[12](此又見於《戰國策‧秦策三》)

---

[12]古棣、周英,《老子通‧下部》,(長春:吉林人民出版社,1991年),第97頁。

「將欲奪之，必固與之。」[13]（36章）據朱右曾輯錄乃《逸周書》佚文，本之於《戰國策・魏策》任章引《周書》：「將欲敗之，必姑輔之；將欲取之，必姑與之。」陳漢章云：「《困學紀聞》謂此蘇秦所讀《周書・陰符》者，老氏之言出於此。」

（二）與《金人銘》相關的資料

「人之所教，我亦教之。『強梁者不得其死。』（42 章）」雙引號中文句與《金人銘》同。張舜徽：「當是古代遺言，故《老子》謂『人之所教』也。」[14]

「江海之所以能爲百谷王者，以其善下之，故能爲百谷王。」（66章）當本於《金人銘》：「夫江河長百谷者，以其卑下也。」

「天道無親，常與善人。」（79章）文句與《金人銘》同。

（三）《老子》中明確指出有所本，但今日無法確知本於何書：

「用兵有言，吾不敢爲主而爲客，不敢進寸而退尺。是謂行無行，攘無臂，扔無敵，執無兵。禍莫大於輕敵，輕敵幾喪吾寶。故抗兵相加，哀者勝矣。」（69章）關於這則資料與「兵」相關的資料，《老子》在31章及57章都言及與用兵相關的原則，可見《老子》中包含兵學的資料。

「故聖人云：我無爲而民自化，我好靜而民自正，我無事而民自富，我無欲而民自樸。」（57章）

「是以聖人云：受國之垢，是謂社稷主；受國不祥，是爲

---

[13]此則資料承蒙魏啓鵬之啓發。
[14]張舜徽，《周秦道論發微》，（台北：木鐸出版，1988 年），第114頁。

天下王。正言若反。」（78章）

　　「**故建言有之**：明道若昧，進道若退，夷道若纇，上德若谷，大白若辱，廣德若不足，建德若偷，質真若渝，大方無隅，大器晚成，大音希聲，大象無形。道隱無名，夫唯道善貸且成。」（41章）

　　這些資料中，關於「用兵有言」這部份是值得重視的，它讓我們發現《老子》的資料中，包含關於「兵」的資料，這顯示出兩種意義，即對於一般僅將《老子》視爲隱逸思想的代表，可能提供另一面向的思考；另一方面，也讓我們注意到《老子》、漢志所列的太公之書以及漢志所認爲的道家，對於「兵」的重視。「兵」與「史官」的聯繫，據《周禮·太史》：「大師，抱天時，與大師同車。」「天時」即爲「式盤」，顯示史官所職掌之天文曆數化爲術家所用之式盤，史官用之，而在作戰時，史官職責在「用兵」之「時」的掌握。

　　（四）從《老子》資料與他書所引的情況，有相似性，且似有所本，但所本的資料來源，仍有待商榷，不能驟然論斷。

　　「故堅強者死之徒也，柔弱者生之徒也。是以兵強則不勝，木強者共，故強大處下，柔弱處上。」（76章）此章《列子·黃帝篇》引用，「老聃曰：兵強則滅，木強則折，柔弱者生之徒，堅強者死之徒。」文句稍有不同，值得重視的是《列子》此篇中提到老聃時，同時也提到上古之言，並且也引用了粥子（鬻子）之言，即：「故上古之言：『彊先不己若者，柔先出

於己者。』……粥子[15]曰：『欲剛必以柔守之，欲彊必以弱保之。積於柔必剛，積於弱必彊，觀其所積，以知禍福之鄉。彊勝不若己，至於弱己者剛；柔勝出於己者，其力不可量。』老聃曰：……」《列子》的引用，若確實，則可以發現《老子》思想當有所本，而且不僅可能與漢志中所列道家人物『鬻子』相關，也與上古之言有關。

「天之所惡，孰知其故？」（73章）郭沫若在《先秦天道觀之進展》中曾列了一些辭句，認為「和向來的傳統思想並無多大的差別，這正是春秋時代的矛盾思想的孑遺。」[16]其中即列了這一則資料，惜未進一步說明思想淵源。關於這則資料，《列子·力命》曾引用，而且也提到鬻子，即：「鬻熊語文王曰：『自長非所增，自短非所損，算之所亡若何？』老聃語關尹曰：『天之所惡，孰知其故？』言迎天意，揣利害，不如其己。」《老子》此章的原文是：「勇於敢則殺，勇於不敢則活，此兩者或利或害。天之所惡，孰知其故？天網恢恢，疏而不失。」就文意而言，確實與《列子·力命》所引鬻熊之言，思想相關，都有強調「自然」之不可「為人所為之」之意。

（五）《老子》與祝官文化

　　《老子》的格言、諺語形式，保留了祝官文化[17]中所特有的

[15]據《釋文》：「粥」作「鬻」，云：本作「粥」，余六切。又此鬻子之文，今本《鬻子》無。因此，可能《列子》確實保留了古資料。
[16]郭沫若，《先秦天道觀之進展》，（上海：商務印書館，1936 年），第 48頁。
[17]祝與史，就《周禮》與《左傳》的記載，可以發現「祝、巫、卜、史」這幾種人物每每相互兼通。李學勤（1994），〈稱篇與周祝〉，第 309-319

輯集格言、諺語的體裁。[18]這一種承傳,在於祝官文化思維與《老子》及「老子」後學對於「信」之主張中顯現出來。

「祝」依《說文》,乃是「主贊辭者」。祝官的職司,《周禮·大祝》曾說到:「大祝掌六祝之辭,以示鬼神示,祈福祥,求永貞。」《逸周書》中有〈殷祝〉與〈周祝〉之篇章,朱右曾《逸周書集訓校釋·周書序》注解〈殷祝〉時嘗云:「《儀禮》有商祝、周祝,謂習於商周之禮者。在《周禮》則喪祝之職也。……此及下篇蓋商祝、周祝之所記,故以名篇。」李學勤在〈稱篇與周祝〉一文中曾說到:「祝是掌文辭的,他們在工作之中,積累輯集一些格言諺語,正是其職業的需要。〈周祝〉篇,以及文末誓辭與之近似的〈殷祝〉篇,來源或即如此。〈周祝〉開篇即說「聞道」,〈殷祝〉也談到陰陽、雌雄等範疇,很值得注意。這可能對道家的《老子》、《稱》何以採取類似的體裁給予暗示。」[19]

《老子》中保留大量格言諺語之例,譚家健、鄭君華在《先秦散文綱要》一文中已指出,[20]茲引述其所引《老子》章句如下:

> 善人者,不善人之師;不善人者,善人之資。(27章)
>
> 師之所處,荊棘生焉。大軍之後,必有凶年。(30章)
>
> 知足不辱,知止不殆。(44章)

頁。
[18]李學勤(1994),第309-319頁。
[19]李學勤(1994),第316頁。
[20]譚家健·鄭君華,《先秦散文綱要》,(台北:明文書局,1991年),第93-94頁。

圖難於其易，為大於其細。天下難事必作於易，天下大事必作於細。（63章）

合抱之木，生於毫末；九層之台，起於壘土；千里之行，始於足下。（64章）

　　《老子》資料中保留了格言、諺語，與祝官文化之關係，除了文體形式之外，還在於祝官習禮，其所承傳下來被保留在《逸周書》中的〈殷祝〉與〈周祝〉，讓我們發現道家思想與祝官文化的聯繫。就前者而言，這一格言、諺語形式的保留，不僅在《老子》中存在，也保留在《黃帝四經》的《稱》，《淮南子》中的〈說林〉、〈說山〉，這一文體形式的傳承，主要體現在道家類的著作中，因而也就說明了道家的思維與祝官文化應該有一密切的連動關係；就後者而言，這一連動關係的關鍵在於：祝官文化的思維是什麼？它與道家思維的內在聯繫是什麼？

　　從〈殷祝〉中，我們可以發現所言與王之興衰成敗有關；從〈周祝〉中，更可以發現所論乃自然現象之道，所謂「日之中也仄，月之望也食；善為國者，使之有行。定彼萬物必有常，國君而無道以微亡。」這與《老子‧23章》所言：「飄風不終朝，驟雨不終日」之義相通，而且〈周祝〉中所言「天為古，地為久，察彼萬物名於始；左名左，右名右，視彼萬物數為紀。紀之行也，利而無方，行而無止。」與《老子》中「始制有名」（32章）、「能知古始，是謂道紀」（14章）的探究有一承傳關係。

　　祝官，殷時已有，周仍存此職官制，「祝」與「巫」的不

在於：「巫代神言，祝代人言」，[21]其職責據《國語·楚語》的記載是「敬恭神明」，其精神在於「陳信」，即：「祝官於祭告鬼神時，應據實情稟告神靈，不可虛飾矯舉。……《左傳·桓公六年》：『祝史正辭，信也。』晉杜預注云：『正辭，不虛稱君美也。』」[22]《老子》承傳保存祝官文化思想，在《老子·21章》關於「道」的描述：「道之爲物，惟恍惟惚。……窈兮冥兮，其中有精。其精甚真，其中有信。」也得到說明。換言之，在道家中的《老子》、《莊子》說明「道」時，所言之「信」在這一思潮氛圍中，提供了更精確的詮釋可能，即「信」指出了「本然」，這一「本然」是一種「自然」的呈現，與《黃帝四經·十大經》：「昔者黃宗質始好信」、《黃帝四經·經法·論》：「信者，天之期」之間當有思想上的聯繫。

（六）老子與史官文化

　　從《老子》中的用詞，發現其思想當與史官文化相關。這部份資料，目前是分三部分說明，首先是關於「陰－陽」、「損－益」的哲學觀念；其次是與古天文學相關的資料；最後是關於「大成若詘」與樂文化之關係。這三項資料都顯示《老子》哲學中蘊藏史官文化的遺跡。

1.關於陰陽與損益

　　《老子·42章》：「道生一，一生二，二生三，三生萬物。萬物負陰而抱陽，沖氣以爲和。人之所惡，唯孤寡不穀，而王

---

[21]席涵靜，《周代祝官研究》，（台北：勵志出版，1978年），第1頁。
[22]席涵靜（1978），第160-164頁。

公以爲稱。故物或損之而益,或益之而損。」其中「陰－陽」
哲學觀念的提出,是近年來學者在論述帛書《易傳》與道家哲
學的關係時,很重要的一則資料,陳鼓應是這一潮流的代表,
並且主張道家哲學主幹說,認爲:「《易傳》的本根論之基本
觀念是太極與陰陽。……陰陽的觀念來自於道家與陰陽家,…」
[23]陳鼓應這一說法確實引發我們關注道家與《易》學的關係。

　　道家與《易》學的關係,我們認爲《老子》所提出的「陰
－陽」的哲學觀念化,是史官文化的傳承。在《國語・周語》
中曾記載幽王時的太史伯陽論陰陽之序:「夫天地之氣,不失
其序;若過其序,民亂之也。陽伏而不能出,陰迫而不能烝,
於是有地震。」《左傳・莊公二十二年》記載:「周史有以《周
易》見陳侯者。」又,《左傳・昭公二年》:「春,晉侯使韓
宣子來聘,且告爲政,而來見,禮也。觀書於大史氏,見《易
象》與魯《春秋》,曰:周禮盡在魯矣,吾乃今知周公之德與
周之所以王也。」可知諸侯《易》書掌於史官,而且《易》與
史書可體現周禮文化。魏啓鵬曾說:「道家源出於史官,除了
《周禮》所載的大卜、筮人九巫,史官亦掌《周易》書,以《易》
占,傳統悠久。」關於老子與史官卜筮相關之事,《莊子・庚
桑楚》:「老子曰:能無卜筮而知吉凶乎?」此則資料雖不能
確定爲《老子》佚文,但卻也提供我們一思考的空間。關於占
卜爲史官之職司,席涵靜曾說:「占吉凶爲史官之職掌。」[24]以
此或可說老子確實知道史官有職司占卜之學。另外,當我們重

---

[23]陳鼓應,《老莊新論》,(台北:五南書局,1993 年),第 303 頁。
[24]席涵靜,《周代史官研究》,(台北:福記文化圖書,1982 年)第 37、141
頁。

新審視《老子》42章中所言「損」、「益」之事，以及帛書《要》中所言，就可以知道在春秋晚期，《損》《益》確實是孔、老共同關注的主題，[25]而且老子也深知《易》之學，因此也深知卜筮之事。

2.關於古天文學

　　史官不僅藉天數、天象預言吉凶，同時史官亦掌曆法之事，《周禮・春官・大史》曾載：「頒告朔於邦國。」《史記・曆書》也載：「幽厲之後，周室微，陪臣執政，史不記時，君不告朔。」史官這種對於天文天象之事的職司，在《老子》思想中我們確實也發現有關天文、天象之事的遺跡。首先是：關於「象」的問題，丁原植在《楚簡老子思辨觀念的天文探源》一文中已經指出《老子》中的「象」與天文學的關聯，[26]對於這一點，在文獻資料上我們發現，《國語・周語上》曾載內史過：「天事恆象」，《國語・晉語四》也載子犯勉重耳時提到：「天事必象，十有二年，必獲此土。二三子志之，歲在壽星及敦尾，其有此土乎！天矣命矣。復於壽星，必獲諸侯，天之道也。」「象」是作爲當時以天文示人很重要的語彙，「它是由恆星組成的各種不同的圖像，如同西方天文學的星座，古人最初用這些圖像所象的事物去命名它，並把它稱爲「天文」，這裡「文」乃是「紋」字的古寫，意思便是天上的圖像。」[27]因此「象」所

---

[25]見本書第三章〈《老子》中的「損－益」觀〉。
[26]武漢大學中國文化研究院編，《郭店楚簡國際學術研討會論文集》，（武漢：湖北人民出版社，2000年），第476頁。
[27]馮時，《星漢流年－中國天文考古錄》，（成都：四川教育出版，1996年），第135頁。

表徵的是天上星宿之圖像，自然地呈現、示於「人」。《老子‧
41章》：「大象無形。道隱無名。」「大象」在楚簡本則作「天
象」，[28]而《老子》的用語顯然保留了這一痕跡，但提出與史官
強調預示吉凶的言論不同的主張，強調了「自然」，讓天象回
歸其本然的呈現，而不是作為「物之形」的「象」看待。

其次是關於「天之道」，從子犯語重耳之言中，「天之道」
所指當與古天文紀年的方式相關，「古時觀察歲星，據歲星每
年運行所到區間的位置，以記數年期。……將黃道附近一周天
按照由西向東的方向分十二等分天宇，稱十二次。之所以分十
二等分，是據歲星運行紀年，而歲星運行一周天之周期約為12
年。」[29]《老子‧77章》：「天之道其猶張弓與！高者抑之，下
者舉之；有餘者損之，不足者補之。天之道，損有餘而補不足。
人之道則不然，損不足以奉有餘。」當是對於「天之道」與「人
之道」之聯繫的打破；同時也是《老子》對於天地宇宙的一種
主張這種主張不同於子產之強調「人道」。

---

[28]竹簡本整理小組釋為「大」，認為「天」是「大」之誤寫。但此章中，簡
本它處皆用「大」，唯獨此處用「天」，因此留下思考的空間，亦即設若此
處不是誤寫，那麼寫為「天」，當有其它的考慮因素存在，「天」與「象」
的聯用，其意義才呈顯出時代意義。換言之，若不以今本為唯一之根據，
仍保留楚簡之寫法，思考楚簡所論之事，那麼保留「天」之用意，仍為「天
象」，則《老子》中之"天象"應與古天文的發展相關，古天文的發展，
就考古天文的發現，至春秋戰國已相當完備，其時代久遠可遠溯紀元前
4000-5000年。《老子》這一資料說明以哲學思考否定當時代《易‧繫辭》：
「天垂象，見吉凶」這一類的思考氛圍。
[29]董立章，《國語譯注辨析》，（廣州：暨南大學出版社，1993年），第401
頁。

3.關於樂

　　這裡主要是就《老子》中關於「樂」的資料而論述。《老子》中有四則關於「樂」的資料，即：「音聲相和」、「五音令人耳聾」、「大音希聲」，及楚簡乙組中可對應到通行本第45章的文句，但今闕如的「大成若詘」。如果闕了楚簡本「大成若詘」一句，事實上我們很難了解《老子》對於「樂」的思想，因而認為《老子》反對「樂」，對於「大音希聲」及「五音令人耳聾」之事，也就無法置之於文化氛圍中作深刻的論述。關於「大成若詘」，依據魏啓鵬在〈大成若詘考辨〉一文中的論述，他認為「詘，樂曲終止貌。……「大成若詘」講的是，最盛大最隆重的古樂合奏，彷彿是樂聲終止。」[30]就「大成」一詞的使用，可以說《老子》接受「大成之樂」的存在，但不是以「金聲玉振」的方式肯定它的價值，因此所使用的語詞是「若」、「希」，顯示《老子》並不是單純以對立項說明對於「樂」的主張，而是在肯定之餘，提出令人深省的主張，那就是回應「若詘」、「希聲」的方式，而不是以強調「五音」之價值的方式存在，亦即在樂聲將止而未止的餘音繞梁的肅穆中肯定「大成之樂」。

四、《老子》資料中所呈現的哲學觀念

　　《老子》中的哲學觀念：這部份純就《老子》中重要的哲

---

[30]魏啓鵬，《楚簡老子柬釋》，（台北：萬卷樓，1999年），第84頁。

學觀念,如:道、有－無、形－名、生等幾個開啓後學思辨不已的觀念作說明。

(一)道

《老子》中最重要的哲學觀念之一是:「道」這一哲學觀念的提出。郭沫若曾說:「老子最大的發明便是取消了殷周以來的人格神的天之至上權威,而建設了一個超絕時空的形而上學本體。這個本體他勉強給了它一個名字便是「道」,又便是「大」。」[31]這種說法引發我們重視《老子》中的「道」論,並將之置於當時的文化氛圍審視。我們發現《老子》中除了保留史官文化的遺跡,也承繼著周文化的精華,《老子》本身也有不同於史官的新思考、或說更根源徹底的思考,這可以從《老子》後學所開展的思辨,及西漢初年的「黃老之治」得到驗證。我們可以說《老子》在當時對於人文的新可能的探究中,提出以「道」作爲人文新可能的依歸,這一人文新可能的方式在於:人文之事如何以「道」、「自然」的方式,展現與「天文」、「天道」的再聯繫。關於這一點,《老子》提出:「人法地,地法天,天法道,道法自然」(25章)[32]的方式,而不是當時代以天象預示人事吉凶,或《左傳·昭公十八年》所載:「子產曰:「天道遠,人道邇,非所及也,何以知之? 灶焉知天道? 是亦多言矣,豈不或信? 」遂不與。亦不復火。」那種強調「人道」、忽略「天道」存在,以「人」爲中心論述的思想。

---

[31]郭沫若(1936),第 44-45 頁。
[32]這一段資料在荊門楚簡《老子》甲組中也出現,說明這一資料的出現是相當早的。

　　《老子》的「道」、「自然」中心論，其所涵蓋的範域是「萬物」，所謂「萬物莫不尊道而貴德」。對於「人」的定位，則是要呼應「道」與「自然」，而不是確立「人」可「作爲」的特質；「天地不仁，以萬物爲芻狗」，即說明了人作爲萬物之一，與萬物同，無所謂特別的愛惠，一切都是天道自然，所謂「致虛，恆也；守中，篤也。萬物旁作，居以須復。天道員員，各復其根。」[33]既然強調一切依歸「道」之「自然」。因此，對於心志與身骨的重視，便有所不同。心志是一種「爲」的方式，因此當以「虛之」、「弱之」的方式消減，對於人之筋骨之爲人之實存，則應加以重視，此即：「是以聖人之治，虛其心，實其腹，弱其志，強其骨；常使民無知、無欲，使夫智者不敢爲也。爲無爲，則無不治。」（3章）這種將「道」之於人之「虛」的「自然」中心論，「道」是怎樣的一件事，是需要探究的。換言之，「道」如何可能是萬物之所歸？如何是萬物之所然？在《老子》中確實提出了說明，但也引發後世對於「道」之爲源始的探問。

（二）生

　　《老子》思想中對於「生」無疑是重視的，強調「生生之厚」，而致使生生之道，在於「柔弱」，「柔弱」是人之「生」的本然，即「人之生也柔弱」（76）。因此，強調「養生」當「復歸於嬰兒」（28）。對於「生」的重視，《老子》提出「載營魄抱一，能無離乎？專氣致柔，能嬰兒乎？」（10）將與「生」相關的哲學觀念：「柔」、「氣」、「一」「營魄」整個關聯起來，這樣的一種方式，基本上在其後學的發展中，引發了「生」

---

[33]亦見於荊門楚簡《老子》甲組，可對應於通行本《老子》第16章。

的探究，也引發對於「人」之本然中關於「精氣」、「精誠」等問題的探究。

（三）有無

　　相關於《老子》的「道」中心論，建構此一可能的是「有－無」問題的探究，[34]《老子》辨明「有爲－無爲」、「有名－無名」，是將「有－無」的問題，置於以「人」爲中心的環境中，提出「無」的重要性、及其本然，這一本然即是：「有－無」是「相生」的，「有」之以爲利，「無」之以爲用。但是「無」之於「有」作爲一相互關係的存在而言，還蘊藏著更渾厚的可能性，即「天下萬物生於有，〔有〕生於無。」（40）楚簡本《老子》中沒有第二個「有」字，但無論是提出「生於有，有生於無」，抑或「生於有，生於無」，都是指出了當時代的人沒有深刻認識到「生於」的可能中，「無」是讓「生」之所以呈現中不可缺乏的要素。《莊子・齊物論》中則有一段關於「有始、無始」的深刻探究。

（四）形名

　　「名」的問題在《老子》中有三方向的論述，一是指出「始制有名」；其次則是指出「名可名，非常名。」；最後是提出「有，名萬物之母，無，名萬物之始。」在第三個方向上，《老子》中指出了「名」與「物」的關係，而這一關係則是建立在「形」的確定，即「物形之」。這些方向將「名」在「制」中的出現，作一更深刻屬於萬物的探究領域，同時也將「名」的哲學作用

---

[34] 《莊子・天下》曾論述關尹、老聃之學，「建之以常無有，主之以太一。」

展現出來，即「名」是一「命名」，同時藉著「形」，也標示「物」之異於它者的限制與同一。《老子》中對於「形（刑）－名」的探究，在後來「黃老學」的發展中，具有相當的重要性。

五、「黃帝」與「老子」聯繫的哲學探究

《老子》與《黃帝書》、「黃帝曰」的關聯意義之探究。這一部份旨在嘗試探究何以在三晉、楚、齊等地域，都出現「黃老」之學，顯然黃老之學、或說道家之學[35]在當時影響相當大，而我們要追問的是：為什麼是「黃老」？而不是「黃帝、孔子」、或「黃帝、墨子」？《老子》中究竟是否有可與黃帝相關的質素存在？若是老學的依託，作為學術的探究，應該有學術的理由，或者符應當時探究之要求的因素存在。

（一）《老子》和可能是以「黃帝」為名之資料的相關性

《老子》中並沒有提出「黃帝」一辭，但是在《老子》的42章、66章、79章中出現與《金人銘》相同的辭句，《金人銘》出現在《荀子》（但今本無）、《說苑》、《孔子家語》中，《皇覽》稱出自《太公金匱》。王應麟考證，《金人銘》即是漢志中所載《黃帝銘》六篇之一。但不論是否即為《黃帝銘》之一，《金人

---

[35]在《史記》中常常可見言「黃、老」，同時也稱其為「道家」，在文獻思想資料上，則有一則「當斷不斷，反受其亂。」即稱此為「道家言」。今查證此語出現於馬王堆《黃帝四經》或稱為《黃帝書》中的《十大經》的〈觀〉及〈兵容〉兩篇。

銘》與《老子》的關係確實是密切的，而且依《說苑》所載，
此銘文早在孔子之周廟時已有，因此也當早於老子五千言的時
代。

　　《黃帝銘》，班固在漢志中著錄，自注此書已殘，但並未說
作於何時，也未言是否為依託之作。歷來學者如章學誠、顧實，
皆承襲王應麟之考證，認為《金人銘》即《黃帝銘》六篇之一，
張舜徽亦持此論，但認為：「古之帝王，多有為箴銘於器物以自
警策者。……顧黃帝之世，荒渺遙遠，其時尚無文字，更何有
於銘辭？所謂《黃帝銘》者，亦後世依託之作耳。」[36]但張舜
徽也未明確說出這依託是出於何時代人所作，換言之，未明言
《金人銘》作為《黃帝銘》中的一篇，是否晚於孔子之時？抑
或早於孔子時，為史官所傳述著錄？《黃帝銘》不銘刻於黃帝
時是確證的，但《黃帝銘》之一的《金人銘》既見於周廟，顯
然周人對此是相當重視、尊重的。

　　另外，《列子·天瑞》中有一則言「《黃帝書》曰：谷神不
死，是謂玄牝。玄牝之門是謂天地之根。綿綿若存，用之不勤。」，
張湛注：「古有此書，今已不存。」《黃帝書》，惠棟曰：「此老
子所述也。老子之學蓋本黃帝，故漢世稱黃老。」此見於今通
行本《老子》第6章。

　　關於這則《列子》中「《黃帝書》曰」的資料，胡家聰認為：
「古之《黃帝書》為何引用老子之言，耐人尋思。至少所謂《黃
帝書》不作於老子以前，定作於老子以後，乃是依託黃帝而言

---

[36]張舜徽，《漢書藝文志通釋》，（武漢：湖北教育出版社，1990年），第145
頁。

老子。……《列子》中所謂《黃帝書》，論其性質應屬依託黃帝
解釋老子的道論，明明寫在《老子》書的傳播以後，可簡稱「托
黃解老」或「托黃論道」。」[37]這種在春秋戰國時言「黃帝」之
複雜情況，司馬遷在《五帝本紀》中說到：「太史公曰：……百
家言黃帝，其文不雅馴，薦紳先生難言之。」依託「黃帝」之
事，司馬遷已很清楚，但是這種依託是否殘存、保留古老資料
而先於老子，則很難斷言是非。

　　同樣類似的情況，我們也發現在《文子》與《列子》中，
在《文子・九守》：「老子曰：……精神入其門，骨骸反其根，
我尚何存？」這段資料在《列子・天瑞》中則稱「黃帝曰」，其
中真相究竟是《文子》中本爲「黃帝曰」遭後人竄改？抑或是
「文子曰」被改爲「老子曰」？或者確是「老子曰」，但是在引
用時不指稱其來源？或者所謂的「黃帝曰」是依託，而且確在
老子之後，那麼《文子》中的混用，意義何在？這些雖然無法
有一確定的結論，但也確實顯示出「老子」與《黃帝書》或「黃
帝曰」之資料的密切聯繫。

　　這種密切聯繫除了顯示在資料上的不可確定外，在學術思
想的傳播上，《隋志・經籍四・道經》則明確指出：「漢時諸子
道書之流，有三十七家。大旨去健羨，處沖虛而已。其《黃帝》
四篇，《老子》二篇，最得深旨。」說明了「道家」資料中，《黃
帝》及《老子》是核心所在。而自 1973 年底長沙馬王堆三號墓
帛書《老子》乙本卷前的古佚書四種，整理小組名曰：《經法》、

---

[37]胡家聰，《稷下爭鳴與黃老新學》，（北京：中國社會科學出版，1998 年），第 323-324 頁。

《十大經》、《稱》、《道原》，或曰此即漢志著錄中的《黃帝四經》、或僅以《黃帝書》稱之，其中不乏可與《國語・越語》、《管子》、《鶡冠子》、《文子》、《慎子》相參照之文句、思想，同時也展現與史官之學、老學、法家之學有關係，因而也更引發我們去思考「黃帝」這件事，何以會與《老子》相關？

（二）就《史記》、《漢書・藝文志》、《隋書・經籍志》等資料中尋找「黃帝」與「老子」的可能聯繫

在《漢書・藝文志》的諸子略中，若僅以六家（儒、道、墨、名、法、陰陽家）計，則可以發現僅陰陽家、道家著錄有以黃帝爲名之書，或說依託黃帝著書，其中陰陽家一，道家四，其它四家則無。隋志中則不列陰陽，但另列天文類書籍，其中僅《黃帝五星占》一書，另外《隋書・經籍志》在道家類中，則無以「黃帝」爲名之書，僅在道家與儒家的總論中提到「黃帝」，在道家類中說到：「道者，蓋爲萬物之奧，聖人之至賾也。……然自黃帝以下，聖哲之士，所言道者，傳之其人，世無師說。漢時，曹參始薦蓋公能言黃老，文帝宗之。自是相傳，道學眾矣。」關於儒家類的總論，則曰：「儒者，所以助人君明教化者也。聖人之教，非家至而戶說，故有儒者宣而明之。其大抵本於仁義及五常之道，黃帝、堯、舜、禹、湯、文、武，咸由此則。」

今之儒家中《論語》、《孟子》、《荀子》的資料中，我們發現它們對於古史的論述，只言及堯、舜，而不及「黃帝」，因此隋志中所說明的「道家」與「黃帝」的聯繫，引發我們依此一線索尋找：「黃帝」何以必然與「道家」連繫？我們發現有一則

《尸子》佚文，記載子貢曾問孔子關於黃帝四面之事：「子貢問
孔子曰，古者黃帝四面，信乎？」關於黃帝四面之事，在《黃
帝四經》中也有記載，顯然以孔子爲代表的儒家，應該知道關
於「黃帝」之之事的傳聞，《左傳・昭公十七年》曾載：「秋，郯
子來朝，公與之宴。昭子問焉，曰：「少皞氏鳥名官，何故也？」
郯子曰：「吾祖也，我知之。昔者黃帝氏以雲紀，故爲雲師而
雲名；炎帝氏以火紀，故爲火師而火名；……五雉爲五工正，
利器用、正度量，夷民者也。九扈爲九農正，扈民無淫者也。
自顓頊以來，不能紀遠，乃紀於近。爲民師而命以民事，則不
能故也。」仲尼聞之，見於郯子而學之。」孔子既曾學於郯子，
顯然知道有關「黃帝」之事，而且「黃帝」在春秋時，已作爲
人類文明共推的遠祖。換言之，「黃帝」是作爲探究人文源始的
開端。而我們要問的是：何以是「黃帝」與「老子」相連繫？
而非「黃帝」與孔子連繫？或「黃帝」與墨子連繫？在此我們
僅只是將「黃老學」非僅止於齊國稷下的事實呈現出來，以及
「黃帝、老子」與「三晉」及「陳國」的聯繫現象指出，至於
其內在學術緣由，則於下列（三）文獻記載中「黃－老」的學
術聯繫與哲學觀念說明的項目下說明之。

1.「黃老」思想的分布不限於齊國稷下

　　當追溯「黃－老」的聯繫時，學者總是提出齊國重陰陽之
學、以及陳齊追溯遠祖「黃帝」這一聯繫說明何以是「黃－老」
並稱，而非其他。但從史料記載中，我們卻發現「黃帝」不只
是齊國的遠祖。丁山在〈由陳侯因𤧬鐎銘黃帝論五帝〉[38]一文

---

[38]《中央研究院歷史語言研究所集刊》第三本第四分，第 517-535 頁。

中指出:「《齊春秋》始於黃帝,《晉魏春秋》(即《竹書紀年》)亦始於黃帝。」可見「黃帝」不僅是齊國的遠祖。司馬遷〈五帝本紀〉之作,依劉向之說,也是參考《世本》而作,可見「黃帝」自西周以迄春秋戰國以來,非僅齊國推尊遠祖這樣單純的現象而已,「黃帝」已經成爲一種人類推尊遠祖的表徵,更且成爲人類文字文明始源探求下因應思維要求而有的設定,[39]這一表徵與思維的設定與《老子》中探求始源的要求是相呼應的。

從「老子」的後學觀之,我們發現:在史籍關於諸子的記載中,漢志記載的「老子」後學,並不限於齊國,也非僅止於稷下。大抵而言,是以三晉、齊、楚人居多,而在「黃老學」的發展中,我們也發現在齊國稷下、楚國、三晉都各有黃老著作,即稷下黃老學,以《管子》四篇爲代表;《莊子》後學中的黃老思想、及《鶡冠子》;《文子》。若從《史記》的列傳論述中,可以發現慎到、申不害、韓非皆是三晉人,田駢、尹文是齊人,環淵是楚人。這些人都是本於黃老,或更進而學刑名法術者。「黃-老」連稱,「老子」後學的發展脈絡中似乎透露一線曙光,讓我們追究這一「黃-老」聯繫的原因時,不再侷限於「黃帝」爲陳齊遠祖這一線索。

2.黃帝、老子與三晉的關聯

從晉、楚、齊這三個地域都出現黃老學的代表作品,顯然「黃老學」在當時是一重要思潮,但是何以在戰國時期學術思

---

[39]設定,在此意指思維上無盡溯源下被要求的第一者,這第一者的出現,讓思維推衍中的物事,有一源始性與可被思維性,同時也讓生活世界在設定的保障中繼續承傳。

潮出現論述「黃帝」的熱潮？而且是與「老子」之學相連繫？
從古史的論述中，除了《逸周書》、《左傳》、《國語》記載關於
「黃帝」之事外，《竹書紀年》、《世本》今雖已佚，但依輯錄可
知始於「黃帝」。[40]

　　從漢志中，我們發現「老子」後學中與晉有關的作品，《列
子》（列禦寇，鄭國人），《公子牟》（魏之公子），《鄭長者》（六
國時人先韓子，韓子稱之。）黃老學者：申不害、慎到、韓非
是三晉人，而且由於竹簡《文子》的出土，據考證可能爲晉史
官辛董之後人文子所著，從今本《文子》中及《韓非子》的〈解
老〉、〈喻老〉，我們發現傳述著「解老子」的解經學述。再者，
列子，據劉向《列子新書目錄》：「其學本於黃帝、老子，號曰
道家。」在其定著之《列子》八篇中，其中有一篇即是《黃帝》，
又《列子》在今通行本諸子書中是少數論及「《黃帝書》曰」、「黃
帝曰」，另外據慧遠引述《文子》中曾有一則提及「黃帝曰」，
可見「黃帝」在三晉地區的被重視。

　　老子，據《史記》所載：名聃，爲楚國苦縣人，周之守藏
室之史，其子名宗，爲魏將。據學者考證，苦縣原屬陳國，後
陳國爲楚國所滅，是以苦縣成了楚國管轄之地。老子既爲守藏
室之史，理應知道古史的傳述。傳述古史的一派，正是蒙文通
所言晉學的傳統，而老子之後人居於三晉，顯示老子與三晉在
古史之學外，與三晉的另一關聯。再者，被稱爲老子弟子的文

---

[40]《史記‧魏世家》集解引荀勖曰：「和嶠云『紀年起自黃帝，終於魏之今
王』。今王者，魏惠成王子。」此紀年指《竹書紀年》。又《史記‧集解
序》索隱：「劉向云：《世本》，古史官明於古事者索記也。錄黃帝以來帝
王諸侯及卿大夫系諡名號，凡十五篇也。」

子，據考證當為晉史官之後人，《論衡・自然》中曾說：「老子、
文子，似天地者也。」可見傳老子之學，文子是不可忽視的承
傳者。文子為晉公孫，「晉學」據蒙文通之說，是傳古史之學，
那麼黃老之學，似乎與「晉」這一地域有相當的關聯，這一關
聯即是與古史相關的史官之學的承傳，換言之，「黃—老」連稱
作為學術發展的流別，可能源自「黃帝」、「老子」與晉傳古史
之學的淵源有關，也與傳承史官之學相連繫。

3.黃帝、老子與陳國的關聯

　　「黃帝」之為人類遠祖的表徵，從史料中我們知道田齊代
姜齊，並推尊遠祖「黃帝」，田齊的先祖是來自陳國的公子完。
陳國，依《世本》宋衷注：「虞思之後，箕伯直柄中衰，殷湯封
遂於陳，以為舜後是也。」《國語・魯語》中有一則資料記載有
虞氏與夏后氏皆禘黃帝而祖顓頊，[41]其中有虞氏是郊堯而宗舜。
可見陳國之於「舜」及「黃帝」，應有很深的淵源。這一淵源可
從兩個方向得知，一則是陳國之於「舜」的聯繫：商朝時封舜
之後於陳，但這一系因較親近殷商王室，遂於周初時為武王所
攻取，周朝建立後，舜之另一系後代遏父任周之陶正官，有功，
武王遂嫁女於遏父之子嬀滿（胡公滿），並封嬀滿於虞舜後裔世
居之地——陳，以奉舜帝之祀；另一則是「舜」之於「黃帝」
的聯繫：依《國語・魯語》、《世本》、《大戴禮記・五帝德》及
《史記・五帝本紀》，「五帝」指的是「黃帝—帝顓頊—帝嚳—

---

[41]《國語・魯語》：「黃帝能成命百物⋯⋯⋯⋯故有虞氏禘黃帝而祖顓頊，
郊堯而宗舜；夏后氏禘黃帝而祖顓頊，郊鯀而宗禹。」

帝堯－帝舜」，[42]顯示出「舜」與「黃帝」之傳承上的聯繫，這
一種聯繫也表現在《周禮‧大司樂》中，所謂「以樂舞教國子
舞雲門，大卷，大咸，大磬，大夏，大濩，大武。」鄭玄注:「此
周所存六代之樂。黃帝曰〈雲門〉、〈大卷〉。…〈大咸〉，〈咸池〉，
堯樂也。…〈大磬〉，舜樂也。…〈大夏〉，禹樂也。…〈大濩〉，
湯樂也。…〈大武〉，武王樂也。」《易‧繫辭》曾言:「黃帝、
堯、舜垂衣裳而天下治。」可見「黃帝」與「舜」之間的傳承
不應只看成後世所謂的帝系關係，更應視爲「禮樂文明」以及
「無爲而治」等的傳承關係，這一關係並不意謂「黃帝」、「舜」
就落實爲一實際曾經存在的某個人物，或許它可能是指稱一個
時代，或者作爲一種哲學上的設定，說明在「源始性」探究下，
有一遠古的思維方式被保留承傳下來。這一「垂衣裳而天下治」
的思想，顯然爲後世的道家所承傳。

　　陳國，爲老子故國，「黃帝」、「老子」的連稱，除了在歷史
帝系及地望的追溯源始的聯繫外，「無爲而治」是一重要的線
索，說明「黃－老」內容的結合以致漢初「黃老」連稱，當有
一學術的淵源。另外「老子」後學中的「黃老」在楚國也有所
發展，可能也是因爲「公元前 479 年，楚滅陳，置陳爲縣。公
元前 278 年楚遷都於陳。都陳 38 年，稱郢陳。」[43]鶡冠子，戰

---

[42]「五帝」之說雖有不同，大抵有二，一爲《世本》、《大戴禮記‧五帝德》、
《史記‧五帝本紀》所言:黃帝、帝顓頊、帝嚳、帝堯、帝舜；一爲《禮
記‧月令》、《呂氏春秋‧十二紀》所指:帝太昊、炎帝、黃帝、帝少皞、
帝顓頊。後劉歆《世經》曾排列古代帝王次序:太昊帝伏羲氏、共工氏、
炎帝神農氏、黃帝軒轅氏、少昊帝金天氏、顓頊帝高陽氏、帝嚳高辛氏、
帝摯、帝堯陶唐氏、帝舜有虞氏。

[43]鄒文生‧王劍等著，《陳楚文化》，(瀋陽:遼寧教育出版社，1998 年)，

國末道家人物，大抵亦是此一時期的人。

（三）文獻記載中「黃－老」的學術聯繫與哲學觀念說明

　　就《國語》、《禮記》、《易傳》、《十大經》、《淮南子》等文獻中的記載，說明「黃帝」這件事，如何可能與《老子》相關。換言之，「黃老」並稱的學術理據是什麼？對於這一方向的探究，有兩條線索，一是「黃帝」與史官文化的聯繫，另一線索則為：對於「形（刑）名」的關注，是「黃－老」的內在聯繫。由這一方向的探究，我們才能更清楚了解「黃老」之學在稷下學宮的推波助瀾之下，擴展至各地，並且如何得以引領當時的學術思潮，以及《老子》與「黃老」之間的差異。

　　「黃帝」一辭，最早的金文記載，見於戰國齊威王自鑄的青銅器銘文《陳侯因咨錞》，銘文寫道：「皇考孝武桓公，恭哉，大謨克成。其唯因咨（威王之名），揚皇考昭統，高祖黃帝，邇嗣桓、文，朝問諸侯，合揚厥德……。」這是田齊追述遠祖「黃帝」的最早文獻證據，田齊原是陳國貴族，春秋中期，陳國內亂，公子陳完亡命奔齊，改陳姓為田，田氏子孫，在齊世代為官宦，權傾一時，最後代姜齊，而有齊國政權。學者常據此說明「老子」之學與齊國崇尚「黃帝」，而發展為「黃老」之學的因素之一，但這只是血緣與地域的追述。因此葛志毅・張惟明在〈黃帝與黃帝之學〉[44]一文中，更進而指出有一「黃帝」之學存在，且其淵源久遠，這一「黃帝學」是有關於天文陰陽曆

第 6-7 頁。
[44] 葛志毅・張惟明，《先秦兩漢的制度與文化》，（哈爾濱：黑龍江教育出版社，1998 年），第 133-151 頁。

數之事。天文陰陽曆法之事，顯然與羲和之官及史官有關，《漢書‧藝文志》載：「數術者，皆明堂羲和和史卜之職也。」，《漢書‧律歷志》也載：「職在太史，羲和掌之。」這種天文陰陽曆法之事，在當時所包含的不只是制曆明時，同時也包含星象占卜，因此，以「天文歷數、陰陽五行知識為紐結，就把曆法、星占、祝卜之職與史官連繫起來。……各官之間通過各自的職司典掌，共同創造著天道陰陽觀的思想體系。其中專門史官的作用尤為重要。」[45]

1.「黃帝」與史官文化的聯繫

關於「黃帝」的記載，李學勤指出最早的記載是：《逸周書》的〈嘗麥篇〉，並肯定這一篇是西周時的作品。[46]這篇中的「黃帝」是一使天下有序很重要的一位人物。到了春秋時的《左傳》、《國語》中的記載，「黃帝」已經在一帝系中，而且「黃帝」是「能成命百物，以明民共財」者，若依《世本‧作篇》及《易‧繫辭傳》所載，「黃帝」在衣、食、住、行上有相當多的制器發明，其中最具人類創造性表徵的事件是：黃帝令倉頡造字這件事，這顯示「黃帝」被當作引領當時人走向文字文明的象徵。

《大戴禮記‧武王踐阼》中曾載周武王問師尚父「昔黃帝顓頊之道存乎？意亦忽不可得見與？」依師尚父所言此乃是帝王南面之術，若依《國語‧魯語》及《呂氏春秋‧序意》所言，「黃帝顓頊之道」所涉包含「成命百物，以明民共財」及「爰

---

[45]葛志毅‧張惟明（1998），〈黃帝四經與黃老之學考辨〉，第156-157頁。
[46]李縉雲編，《李學勤學術文化隨筆》，（北京：中國青年出版社，1999年），第17頁。

有大圜在上，大矩在下，汝能法之，爲民父母。蓋聞古之清世，是法天地。」換言之「黃帝顓頊之道」既包含《史記・曆書》中所言：「蓋黃帝考訂星曆，建立五行，起消息，正閏餘。」也包含《史記・五帝本紀》所言：「順天地之紀，幽明之占。」及《黃帝四經・十大經・五正》所載關於黃帝問闔冉「布施五正」的事情。前者所涉是屬於天文曆法、天道、占筮之事，後者「五正」之事，據魏啓鵬考釋，是指「規、矩、繩、權、衡五法」，而且正如清代學者任大椿所言，即是黃帝垂衣裳而治之象。[47]

關於「黃帝」除了制器外的這些事蹟，天文曆數之事作爲史官之職司前已說明，但是黃帝如何可能與史官聯繫呢？據李澤厚辨明《帛書・要篇》中所言：「孔子曰：…贊而不達於數，則其爲之巫，數而不達於德，則其爲之史，……吾與史巫同途而歸殊者。」他認爲巫、史、卜、祝之分職是在「巫君合一」之後，「由巫而史」的漸漸理性化過程中產生，所謂「巫君合一」，係指遠古時代自「「絕地天通」之後，「巫」成了「君」（政治首領）的特權職能。」[48]所謂「絕地通天」一般皆據《國語・楚語》中楚昭王問觀射父的一段話，認爲始自「顓頊」，但是卻忽略了「顓頊受之」這句話的提醒。[49]換言之，顓頊是有所受的，

---

[47] 魏啓鵬，〈帛書黃帝五正考釋〉，《華學》第 3 輯，（北京：紫禁城出版社，1998 年），第 178 頁。

[48] 李澤厚，《己卯五說》，（北京：中國電影出版社，1999 年），第 36 頁。

[49] 《國語・楚語》：「古者民神不雜。民之精爽不攜貳者，而又能齊肅衷正，其智能上下比義，其聖能光遠宣朗，其明能光照之，其聰能聽徹之，如是則明神降之，在男曰覡，在女曰巫。是使制神之處位次主，而爲之牲器時服，而後使先聖之後有光烈，而能知山川之號、高祖之主、宗廟之事、昭穆之世、齊敬之勤、禮節之宜、威儀之則、容貌之崇、忠信之質、禋絜之服，而敬恭明神者，以爲之祝。使名姓之後，能知四時之生、犧牲之物、

其所受若就《尙書‧呂刑》所言，當與「黃帝」有關，即：「皇帝哀矜庶戮之不辜，報虐以威，遏絕苗民，無世在下。乃命重、黎，絕地天通，罔有降格。」其中「皇帝」一辭，楊寬在《中國上古史導論》中考辨「黃」、「皇」古通用，「皇帝」即「黃帝」。[50]這種巫君聯繫的現象直至商代仍然保存，張光直在《中國青銅時代二集》中說到：「……神鬼是有先知的，……掌握有這種智慧的人便有政治的權力。因此在商代，巫政是密切結合的。」[51]在〈商代的巫與巫術〉一文中，更指出：「既然巫是智者聖者，巫便當是有通天通地本事的統治者的通稱。巫咸、巫賢、巫彭固然是巫，殷商王室的人可能都是巫，或至少都有巫的本事。」[52]

　　「巫」，其甲骨文字形，張光直認爲當可釋爲「工」，並認爲「許愼似是知道巫字本義的，所以工巫互解，而工即矩。」[53]

玉帛之類、采服之儀、彝器之量、次主之度、屛攝之位、壇場之所、上下之神、氏姓之出，而心率舊典者爲之宗。於是乎有天地神民類物之官，是謂五官，各司其序，不相亂也。民是以能有忠信，神是以能有明德，民神異業，敬而不瀆，故神降之嘉生，民以物享，禍災不至，求用不匱。及少皥之衰也，九黎亂德，民神雜糅，不可方物。夫人作享，家爲巫史，無有要質。民匱於祀，而不知其福。烝享無度，民神同位。民瀆齊盟，無有嚴威。神狎民則，不蠲其爲。嘉生不降，無物以享。禍災薦臻，莫盡其氣。顓頊受之，乃命南正重司天以屬神，命火正黎司地以屬民，使復舊常，無相侵瀆，是謂絕地天通。」
[50]楊寬，《中國上古史導論》，收錄於《古史辨》第七冊，（台北：藍燈文化，1987年），第195-196頁。依楊說，此「皇帝」一辭，本指上帝，後乃字變而作「黃帝」，亦轉眼爲人間古帝矣。
[51]張光直，《中國青銅時代第二集》，（台北：聯經出版事業，1990），第64頁。
[52]張光直（1990），第45頁。
[53]張光直（1990），44頁。

此時之「巫」並非分職後之「巫」，而是與「史」結合在一起的。「巫」、「史」之分可能在商代已有跡象，因爲在卜辭中已有「祝、巫、史、卜」之稱，而周之青銅銘文，已少言「巫」之事。[54]「巫」、「史」之間的承傳在於對天文曆法及知天道的掌握，《史記‧天官書》：「昔之傳天數者：高辛之前，重、黎；於唐、虞，羲、和；有夏，昆吾；殷商，巫咸；周室，史佚、萇弘。」

　　巫史所表現出的文化思想，除了掌握天文曆法、占卜、兵事外也與農事相關，《國語‧周語》中曾載虢文公對於宣王即位，不籍千畝之事諫曰：「夫民之大事在農：上帝之粢盛於是乎出，民之蕃庶於是乎生，事之供給於是乎在，和協輯睦於是乎興，財用蕃殖於是乎始，敦庬純固於是乎成，是故稷爲大官。古者，太史順時覛土，陽癉憤盈，土氣震發，農祥晨正，日月底于天廟，土乃脉發。」巫史文化在早期人類生活層面的影響之廣泛，也可以從顧炎武《日知錄》中發現，即：「三代以上，人人皆知天文。七月流火，農夫之辭也；三星在天，婦人之語也，月離於畢，戍卒之作也；龍尾伏辰，兒童之謠也。」王博在《老子思想的史官特色》中曾說到：「從古代典籍的記載來看，巫史通過觀測天文而指導的人事範圍事十分廣泛的，可以包括農業生產、百工之事、戰爭勝負、水旱災害、祭祀典禮、個人生死夭壽、吉凶禍福等。」[55]

---

[54]張光直（1990），第47頁。
[55]王博，《老子思想的史官特色》，（台北：文津出版社，1993年），第44頁。

2.「黃帝」與形（刑）名之學的聯繫

　　「黃帝」與巫史文化的聯繫中，上文曾提到「巫」與「矩」相關，「矩」，基本上就是一種「度、量」的權衡工具，《黃帝四經·十大經·五正》中曾載黃帝欲布施「五正」問於閹冉其所始與所止，閹冉認爲「始於身，中有正度，後及外人。……左執規，右執矩，何患天下？……五正既布，以司五明。」這段話說明閹冉認爲若要布施五正於天下，需始於「以身度之」，此即《鶡冠子》所言「天地陰陽，取稽於身。」這種「取稽於身」的傳統，魏啓鵬認爲其形成演變有相當久遠的傳承，主要體現在古帝王的傳說中，也就是以自身的身體的部位、體位，標識並考定外在事物的度數，其中已顯示包含法度、綱紀的政治含意。[56]

　　「度量權衡」之於人類文明，確實是一件相當重要的事情，從人類文明的發展中，丘光明指出「計量活動是用數值來表示事物的量，因此，最早的測量是在學會計數之後才開始的。而數的概念大約在採集和狩獵爲主的生活來源的舊石器時代早已萌芽了。」[57]在考古發現中，距今 6000 多年前的西安半坡遺址所發現的村落居住區、制陶窯場、居住周圍有一條深寬各約 5.6 米的壕溝，顯示出當時的度量技術已經有一共同遵守的長度標準，其中半坡房子的建築形式多半爲半地穴式的，估計自穴底至頂部的高度約 200 釐米，方形房屋的大小高矮均適於居住者的活動範圍與身體的高度，在地上建築的房屋中，房子四周的

---

[56]魏啓鵬（1998），《華學》第 3 輯，第 177 頁。
[57]丘光明，《中國古代度量衡》，（北京：商務印書館，1996 年）第 4-5 頁。

木柱有東西三行，南北四行共 12 根，互相保持平行；而與半坡同時期的臨潼姜寨居住區遺址，其中四座方形房屋中有一座每邊長約 9.1 米。這些都顯示當時對測量確實已有進一步的要求，而這種共同的標準最早即來源於人體的各部位之長度及彼此間的距離，人們正是借助這種粗略的長度單位開始測量活動的。[58]測量技術的進一步要求也體現在考古上天文的發現，1987 年在豫北濮陽西水坡 45 號墓葬所發現的約當公元前 4500 年星圖，即墓葬中所出現的北斗與青龍白虎星圖，據馮時的研究，認為「生活在那個時代的先人已經學會了立表測影，這不僅可以決定時間，而且可以根據每天正午日影的長短變化，使人最終認識回歸年。」[59]而且當時也已有二分二至的觀念。

關於「度量權衡」在考古發現上的印證，讓我們發現「度量」這件事情，不僅與生產活動相關、與居住建築有關，同時也與時間的測定及天文的發現相關，因此《十大經・五正》中所言「左執規，右執矩，何患天下？」是有根據的，而且這種根據的可靠性可推溯至距今約 6000 年的遠古時代，但必須辨明的是我們無法明確指出考古上所發現的事實，一定是發生在某個歷史時期的某一人物，而是說出藉由考古的發現與文獻的記載，「揭示→說出」文獻記載的「度量」這件事，在距今 6000 年的考古遺跡中，確實已經有某種程度的發展存在，至於其所指的「黃帝」時期這件事情，是一種設定，設定「黃帝」這遠古的名稱，指陳這件事情發生的久遠，而且以這種時間上的久遠，「揭示→說出」度量這件事情本身的「源始性」。另外，雖

---

[58] 丘光明（1996），第 12-15 頁。
[59] 馮時（1996），第 159 頁。還可參閱《文物》，1990 年第 3 期。

然引用《黃帝四經・十大經・五正》中關於「黃帝」之問，並不表示《十大經》早於《老子》，僅只是引證指出被依託所論述的這件事情，有一遠古的傳統，這一傳統重視「度」這件事情。

《文選・東京賦》中所言「規天矩地，受時順鄉」，李善注引《范子》之言，也保留了這一種「源始」所發展出的傳統，即「天者，陽也，規也。地者，陰也，矩也。」此范子當爲范蠡，據太史公《素王妙論》所載，范蠡是通曉「黃帝五法」者。「度」與天下治的關係，在《黃帝四經・經法・道法》中載有「故曰：度量已具，則治而制之矣。」此「故曰」顯然當是引用之說，其說表明「度」與天下之治理及制度有密切的關係。

這一關係，雖然無法直接徵諸於「黃帝時」（意指久遠傳承的原始資料）的文獻資料，但在《國語・周語下》記載靈王22年（公元前550年）太子晉諫壅穀水時說到：共工、鯀、大禹及輔佐大禹之共工之後的四岳，皆爲炎黃之後，但大禹及四岳並非因上帝的厚愛，他們與共工及鯀的不同在於：懂得度天地順四時，效法生物之法則，因此才能享有命姓受氏，享有令名。[60]這一則資料說明「度」與「物」、「命」、「名」等幾個觀念已具形成一網狀關係的雛型，而且可以遠溯這一思想淵源至炎黃時代。《國語・魯語》載「黃帝能成命百物」，韋昭注：「命，名也。」《禮記・祭法》載「黃帝正名百物。」這些資料說明「黃帝」依據左執規、右執矩的度量權衡方式，制定典章制度，確立了

---

[60]《國語・周語下》：「唯不帥天地之度，不順四時之序，不度民神之義，不儀生物之則，以殄滅無胤，至于今不祀。及其得之也，必有忠信之心閒之。度於天地而順於時動，和於民神而儀於物則，故高朗令終，顯融昭明，命姓受氏，而附之以令名。」

「度」與「名」、「物」之間的明確關係,但這並不是一高度思辨的關係說明,其達到一思辨高度是體現在《經法》的〈道法〉與〈論約〉中。在〈道法〉與〈論約〉中,我們可以發現「物－形－名」之間與「度」有一思辨的關係存在,[61]這之間的思辨發展關鍵就在《老子》提出「物－形－名」的哲學思辨。

《老子》中提出「物刑(形)之,勢(器)成之」、「無名天地之始,有名萬物之母」、「始制有名」三哲學命題,旨在探究「物」與「形」、「名」的始源關係。這一探究也將「度」轉化為一種思維方式,而不是作為一哲學觀念。換言之,今流傳下來的《老子》資料中,並無以「度」作為哲學觀念的說明,但是保留了「度」所涉及之天文之事的哲學說明,《老子》資料中所呈顯的哲學思辨高度在於「道」的提出,以及賦予「物」作為哲學思考的範域,「有－無」、「形－名」則是以不同的方式與方向說明「道」與「物」呈現、存在以及彼此的關聯,其中在這一網狀的關聯中,指出了「德」與「自然」在「道」為中心論的定位。《老子》資料作為轉化春秋有關黃帝史官文化的哲學典範以及《經法》中的〈道法〉、〈論約〉所顯示出的「黃老學」,呈顯對於遠古史官文化的保存與轉化,若以圖表顯示則為:

(1) 至春秋為止所展現的「黃帝」史官文化對於「度－物－名」的關聯:

---

[61]郭梨華,〈《經法》中形名思想探源〉,《哲學與文化》,25 卷第 1 期,1998 年 1 月,第 27-37 頁。

天文（涵括四時）←──黃帝「度」之──→⋯⋯⋯⋯╱令名（人的關係中）

╱儀⋯→成命（正名）百物（「名」源於「物」，同時也指出「名」指稱「物」）

物⋯⋯⋯物則（自然物呈現的法則）

　　至春秋時這一古史官文化之學，表現出依歸於「黃帝」作為第一認識者、或說確定者、觀察者、溝通者，這一種依歸於君、或帝、或王是因為官學並未在四夷之故，另外，這時也僅隱約將「物」作為哲學思考的範域，「物之名」的確立這件事是被指出來了，但是對於「物之名」作為一件事被思考，進而思考其「始源」的「哲學」探究，並未被「揭示──→說出」。

（2）《老子》中的「道──物」哲學關係，可以畫表如下：

自然　　　　　　　　　　　　　　　　　　自然

道（物，字之）⋯天⋯⋯地⋯⋯⋯人⋯⋯物（有，萬物）

　　　　　　　　　　　　　　　╲觀

╱德（玄德）⋯⋯⋯⋯⋯⋯⋯⋯⋯⋯⋯⋯物

無〔形－名〕　　　　　　　　有〔形－名〕

自　　　　　然（希言）

《老子》25章、32章、51章的資料中顯示出對於「物」、

「名」的「哲學」反省與思考，即：對於「物」的被認識，「名」
的起源等始源性探究。「物」的被認識，《老子》中指出「形─
名」作爲一哲學觀念群組，不但指出「名」的起源，也指出「名」
與「物」在哲學探究中的關係，這一種關係的建立在於「形」
這哲學觀念的被提出。首先，關於「名」的起源：「名」的發生
與「制」有關，所謂「始制有名」即說明了這種限象的存在。「制」
指一切被確立的舉措，因此既包含制度，也包含名號的確立，
而能被確立者，通稱爲「物」，「物」因「名」而成爲有限定者，
《老子》14 章：「繩繩不可名，復歸於無物。」即說明了「物」
與「名」之關係。對於這一混成之「物」，[62]雖不可「名」，但卻
可以「字」之者的方式被認知。「名」與「字」之關係，「字」
是藉「名」之孳乳而來，是可予以辨識被名者的一種方式。因
此被「字」之者呼之爲「道」，「名」的始源即建立在「道」觀
念的提出，「物」之始源的探究，因而也建立在「道」這一「字」
的關係上。

其次關於「物」之「形」的哲學探究，《老子》指出「物」
以「形」的方式呈現自己，並且確立「形」爲一哲學觀念，建
立了「物」與「名」之間的哲學橋樑，也「揭示→說出」了「物」
與「道」之間差異的關鍵。《老子》51 章：「物形之」。「形」原
作「刑」，[63]意爲「規範之使合典範。規範、模鑄之事則與「度

---

[62]竹簡本《老子》甲組作「㳓」，整理小組釋爲「疑作『道』」，裘錫圭認爲
「疑讀爲『狀』」。若據帛本及今舊注各本，皆作「物」，而與竹簡本整理
小組及裘錫圭的意見並參，或許「㳓」是指出何以可被「字之曰道」，而
不可被「名」的某種存在的呈現，它不是「有名」的萬「物」之一，而是
「無名」的「㳓」，它是存在的，因此或許能權且以「物」的方式被認知。
[63]郭梨華，〈尹文子中道名法思想的探究〉，《哲學與文化》，第 23 卷第 9 期，

量」之事相關，但《老子》不以「度量」作爲哲學觀念提出，而是「形」，這源自《老子》哲學探究，是以強調「物－道－自然」的「道」中心論思維方式，而不是源自對於「人」的關注，也不是對於「天文曆數之推衍」的關注所作的哲學說明。對於「道」之爲「物」，《老子》中是以「惟恍惟惚」說明「道」的無限定性而又是可能被認知的實在性。

（3）「黃老」學中若以《黃帝四經》中《經法》與《十大經》爲主，其對於「度」、「形」、「名」、「物」、「刑」的關係，可畫表如下：

無晦無明（未有陰陽之時）……陰陽定（柔剛相成）……時

（↑道……………………↑→）╲　天當（度、天刑、天德天時）

　　　　　　　物（陰陽備物）→名……事→名

　　　　　↑刑（形）　　　　　　↑刑（形）

《黃帝四經》中由於對於「度」的重視，發展出「物－形－名」與「事－形－名」的思想，前者強調「物」域的探究，後者強調「人倫、制度」等的規劃，兩者並行結合在陰陽未定，無晦無名的顯示中，但是確定了「天當」、「天時」、「度」、「時」等哲學觀念作爲「刑（形）名」的最後判準，這最後判準指出了順應自然的要求，同時也將「道」中心論與「人倫、制度」

1996 年 9 月，第 1975-1976 頁。

等規劃作了更完整的聯繫，因此提出「當」、「時」等觀念作爲「刑－德」的判準與依歸，另外也建立了「道」與「法」之間的聯繫，並且把過去關於「用兵」與「時」的掌握、「義」兵、「義」戰等想思結合起來。

3.探究「黃帝－老子」所顯現的「老子」與「黃老」之差異

由上面得知「黃帝」與「老子」可能聯繫的學術理由，除了史官文化之外，更在於「物－名」之學的哲學探究，其後發展的「黃老學」與「老子」之學的聯繫，除了「道」中心論的思想外，更在於「刑（形）－名」之學的傳承，司馬遷《史記》中論述的申、韓、慎到歸本黃老，喜刑名之術，可以發現「黃老學」與「老子」之學的共通在於「刑（形）－名」，但畢竟「黃老學」與「老子」之學是有別的，這一差別可由陸佃《鶡冠子‧注序》所言發現，即：「其道踏駁，著書初本黃老而末流迪于刑名。」陸佃之說強調、提醒了「黃老」的共通不只在於「刑名」，而是另一個因素，雖未明言，但從《鶡冠子》中可以發現：在於「黃－老」的聯繫上，即史官文化推衍而來的重陰陽、度數之學。陰陽、度數之學在「道家」的發展上有兩個方向，即：將之運用於「物域」之哲學探究及「人倫、制度」等規劃的哲學說明。這兩個方向正指出「老子」之學與「黃老學」的差異，即：「老子」之學提出「道－物」方向的探究，「黃老學」則提出「無晦無名」、「陰陽未定」之「道」、「天當」、「刑德」的探究。這兩種方向雖然所強調不同，但中心主旨皆在於順應「天道自然」之運行。

若以史的發展而言，其不同在於「老子」之學承繼古史官

之學，發展出高度哲學思辨的探究典範，因此保留在今本《老子》中的資料，並沒有將古史官之學中的陰陽、度數之學加以推衍；「黃老學」則在承繼「老子」哲學之餘，更強調了古史官之學中對於「天文曆數」之事的重視、及對於人倫制度、措施的不可逃脫之責任。因此凸顯了古史官之學中關於「度」的思想，將它哲學化爲一重要的哲學觀念，「度－權－稱－法」即是屬於同一系列的哲學觀念族群。換言之，「度」之哲學觀念化的提出，若追溯其源，自可推溯至「黃帝治天下」所顯示的古老思想，其中「度、量、權、衡」是重要而且原始的思維觀念，它既是觀測天文、也是生活日用中不可缺少的思維之實用化的提煉，但其「哲學化」若缺少《老子》中哲學思辨的啓發，也只是人倫日用等思維下的工具，更確切的說，這種體現爲工具實用的思維，其成爲「哲學」觀念，不是源自工具本身所呈現的思維，而是源自「哲學」探究中因時代之不同，所出現的不足與需要所使然。

六、結　論

　　道家資料所呈現的學術流別發展中，目前是以《老子》在文獻中所顯示的承傳與特質，說明《老子》在道家資料中的轉折關鍵性。換言之，從《老子》豐富的資料中，顯示出《老子》作爲史官之學的轉折，成爲哲學探究典範的重要與開創性，以及「老子」之學對於「生」、「形（刑）－名」、「有－無」問題的新方向的探究，開啓了「老子」後學的多樣性，既有承繼「老

子」的解經學內容，也有解《易》的內容，同時也有承繼「道」問題的源始性探究所開啓的莊學、黃老之學，另外也有因強調養生、全生之學所發展出來的神仙道家。

另外，與《老子》資料有相當關聯的「黃帝」資料，促使我們探究「黃－老」之學得以發展的學術聯繫是什麼，它讓我們重新發現應當有一古史官之學，爲後來的「老子」所承繼、發展，而戰國時發展的「黃老學」，則是在繼承「老子」之學、追溯「人倫制度」之「第一者」的同時，承繼並發展了古史官之學中，可爲人倫制度之始源的哲學觀念——「度」。這樣的一種探究，除了讓我們發現這是古學新探外，也似乎讓我們重新釐清這時期的學術史脈絡，讓我們真正瞭解，何以蒙文通主張「老學」相應於「古道家」是新學，以及重新釐清司馬談所言「道家」、班固漢志所列「道家者流」，不能單純以「黃老道家」這概念去理解。

司馬談《論六家要旨》中指陳：「道家使人精神專一，動合無形，贍足萬物。其爲術也，因陰陽之大順，采儒墨之善，撮名法之要，與時遷移，應物變化，立俗施事，無所不宜，指約而易操，事少而功多。」其中所論陰陽、儒墨、名法其善、其要，皆爲道家所吸納，如此「道家」豈不如同雜燴？或者說「黃老道家」豈不是東拼西湊之學？但顯然它們都不是。是以當我們理解司馬談之言，可能需要以另向的思考理解，那就是：「道家」思想，在司馬談的理解中，蘊涵了後來爲陰陽家、儒家、墨家、名家、法家所發展的質素，但這並不是說發展後的「道家」是一切學術之源，而是有一古老的學術思想淵源，爲後來的「黃老道家」所承繼並吸納進「老子」所開啓的道家哲學，

這樣所表現出的「道家」因應著時代，不免吸收了當時哲學探究下各家思想的論辯主題，但所謂的「道家」無論如何發展，都是旨歸「順應天道自然」，或說「與時遷移、應物變化」。更精確的說，司馬談的「道家」，是從「史」的發展所論述的道家，將「道家」在時間中的發展變化都論述了，而不是一動也不動的「道家」概念，定住在那兒。這也是提醒了我們在看待這些「諸家」時，應避免將概念定住所帶來的危機。同樣地，班固漢志的諸子略也包含了「時間」之發展因素在內。

第五章 先秦老子後學之學術流派與哲學問題探究[1]
——以出土簡帛道家資料為核心的討論

一、前　言

　　關於道家簡帛資料的出土，主要是 1973 年馬王堆的帛書《老子》、《黃帝四經》、河北定縣的竹簡《文子》，以及 1993 年的荊門郭店《老子》、《太一生水》，在這些資料中，《黃帝四經》資料的出土，打破了自漢代以後關於道家的論述，在魏晉的三玄之學，並未言及黃老之學，唐代的《隋書·經籍志·經籍三》的子部中所述道家諸子中並無《黃帝四經》一書，但在〈經籍四〉集部道經類中言及《黃帝》四篇，可見自唐代以來，關於道家論述雖仍然保留「黃老」之說，但對於「黃帝」與「老子」之學的聯繫、「黃老之學」與道家的聯繫，其究極如何，已不可詳，以致「黃老」似乎成了漢代政治前期的表徵，並且由於魏晉玄學的影響，讓我們遺忘了「黃老」作為老學發展重要支脈的聯繫，[2]這一聯繫主要是藉著《黃帝四經》與竹簡《文子》

---

[1]本文曾出版於《儒道學術國際研討會－先秦論文集》，（台北：台灣師範大學國文系，2002 年 11 月），第 27-50 頁。今則稍作文字、編排上的修改。
[2]民國以來郭沫若等學者曾對稷下的學術有過論辯，因此說遺忘黃老與道家之聯繫，並不盡然符應當時的狀況，但確實沒有成為當時哲學史著作的論述主題，以及沒有成為當時關於道家的哲學論述與研究上的主流。

的出土與整理而被重視。荊門郭店《老子》、《太一生水》的出土，則更直截的讓我們意識到《老子》的哲學問題，在歷來的整理中所出現的遺忘與分歧，這些揭示了老子後學的哲學發展概況。

二、哲學問題所顯示之分歧的必然性

老子之後，道家學術流派之發展，民國以來，最早提出者之一是蒙文通所言的：南方道家與北方道家之區分，其分歧點爲：北方道家強調仁義、南方道家毀棄仁義。這在荊門郭店《老子》甲組與通行本《老子》19 章的對校中可以發現這一分歧的出現，[3]同樣地這一分歧，有一說也認爲出現在郭店《老子》甲組與丙組之間，[4]通行本《老子》19 章與 38 章之間，[5]老子後學的著作中也反應這一學術現象，在竹簡《文子》中，則是強調「德、仁、義、禮」的重要性，此對應於今本《文子》，今本《文子》甚至指出此爲「四經」；《莊子》的〈胠篋〉、〈駢拇〉、〈在宥〉則反對仁義；《韓非子‧解老》中對於 38 章的詮釋，則看不出反對「仁、義、禮」的傾向，反倒是對於「禮者，所以貌

---

[3]郭店《老子》甲組對應於通行本《老子》的 19 章，目前仍爲值得爭議、或作爲《老子》不反對「仁義」之依據的文本，簡本甲組中無「絕仁棄義」一語。

[4]丁原植認爲郭店簡本甲組無「絕仁棄義」一語，而丙組有「大道廢安有仁義」一語，對於「安」字的理解之歧異，也成爲是否棄絕「仁義」的關鍵。對於這一種歧異的可能，陳鼓應對此一說法持疑。

[5]通行本 19 章有「絕仁棄義」一語，38 章則言「上仁、上義」之語。

情也。」之論述與當時儒者之思想著作有相類處。[6]這些說明在
《老子》這本書中已然蘊涵思想分歧的可能性在內，這一分歧
的可能性，一方面指出《老子》真正的思想不在於表述這些分
歧，而在於當時的時代問題——「文」——的哲學性解決，此
即「道」的哲學性論述，另一方面指出分歧的可能性，確實是
《老子》思想在發展中必然面臨的難題，這一難題即是：說明
「文」的不足，提出「道」，但面對「文」——「這件事」的必
然，該當如何的開展或說面對，這一直是《老子》思想中較弱
的一環，因此《老子》也只提出了「小國寡民……鄰國相望，
雞犬之聲相聞，民至老死，不相往來」（80 章）。關於「文不足」
及楚竹簡資料所引發「戰國道家學術論點的分歧」，說明如下：

（一）就簡本資料與通行本的對校說明

簡本《老子》：

> 㠯（絕）智（知）弃卞（辯），民利百伓（倍）。㠯（絕）
> 攷（巧）弃利，覜（盜）測（賊）亡又（有）。㠯（絕）
> 愇（偽）弃慮，民复（復）季〈孝〉子（慈）。三言以為
> 𠭥（辨）不足，或命（令）之或唬（乎）豆（屬）。視索
> （素）保僕（樸），少厶（私）須〈寡〉欲。

郭店楚竹簡《老子》甲組中，這幾支簡可對應通行本《老
子》19 章，並表現出三處比較重要的異文，分別是關於「絕聖
棄智」、「絕仁棄義」、「此三者以為文不足」，在郭店楚簡甲組中
則是「㠯智弃卞」、「㠯愇弃慮」、「三言以為𠭥不足」，其中最具

爭議性的在於《老子》有否反對「仁義」之說,何以竹簡中不是「絕仁棄義」?大抵有三種主張,一是認爲「㦷慮弃慮」與「絕仁棄義」無不同,兩者同義,此以高明爲代表;[7]第二種認爲簡本《老子》是後來之傳抄本,並主張這是稷下道家之作,或者有認爲這是鄒齊儒者之作;[8]第三種認爲這是較原始的《老子》傳抄本,主要是立基於整理者裘錫圭的主張,他認爲這不能用通假字的方式解決,[9]這也是目前學界普遍接受的看法。對於這較原始的傳本,陳鼓應提出「簡本之「㦷慮弃慮」崇尚樸質的主張,與孔老所處時代的風尚較爲相應,而「絕仁棄義」的觀點當是受到莊子後學影響所致。」[10]對於荆門郭店楚簡《老子》爲目前最早的傳抄本,是無疑義的,但是否爲原始《老子》的完整本,有不同意見,因此對於簡本《老子》是否即爲祖本是難以斷定的,如果我們把這個難以解決的難題,暫時擱置,我們或許能夠發現簡本所帶給我們思想上的啓發,這一啓發不僅源自簡本《老子》,也與簡本《文子》相關。

簡本《文子》:

591   踰節謂之无禮。毋德者則下怨,无

---

[7]王博,〈美國達慕思大學郭店老子國際學術討論會紀要〉,《道家文化研究》第 17 輯,(北京:三聯書店,1999 年),第 6 頁。

[8]黃釗持稷下道家之說,黃人二則持鄒齊儒者之說。黃釗,〈竹簡老子的版本歸屬及其文獻價值〉,第 484-492 頁。黃人二,〈讀郭簡老子並論其爲鄒齊魯者的版本〉,第 493-498 頁。武漢大學中國文化研究院編,《郭店楚簡國際學術研討會論文集》(武漢:湖北人民出版社,2000 年)。

[9]王博(1999),《道家文化研究》第 17 輯,第 6 頁。

[10]陳鼓應,〈從郭店簡本看老子尚仁及守中思想〉,《道家文化研究》第 17 輯,第 69 頁。

0895　0960　則下諍，无義則下暴，无禮則下亂。四

0811　　□立，謂之无道，而國不

　這一部分的資料，可與《文子‧道德》中的文句相對應，[11]
茲摘錄如下：

　　君子無德，即下怨，無仁即下爭，無義即下暴，無禮即
　　下亂，四經不立，謂之無道。無道不亡者，未之有也。

0591　瑜節謂之無禮。毋德者則下怨，无

0895/0960　則下諍，无義則下暴，无禮則下亂。四

0811　　□立，謂之无道，而國不

　《文子‧道德》中這一段是論述關於何者為「有道」、「無
道」，「有道」的關鍵在於能確立「四經」，若能確立「四經」，
則不但是「文之順」，[12]而且也是「聖人所以御萬物也。」「四
經」一詞雖沒有出現竹簡本《文子》中，但是也指出有「四」
者，攸關國家之事，且攸關「道」（此處指「人之道」）的確立，
這四者的內涵依通行本的對應及竹簡釋文的內容，大致可以確
定就是指「德、仁、義、禮」，換言之，文子的傳本中，不排斥

---

[11]丁原植，《文子新論》，（台北：萬卷樓，1999年），第38頁。
[12]據王利器《文子疏義》關於此文句注解到：「兩治要本無此四字，唐寫本、
文選辨命論李注引俱有此四字，與今本同。」（北京：中華書局，2000
年），第226頁。雖則如此，但從其所涉乃關乎「國」、「民」、「道」的問
題，則未嘗不是關乎與「文」——這件事——相當之「事」，因此仍援用
今本之語，以標顯其所論之特殊處。

為國之道的「德、仁、義、禮」,[13]甚至將之視為「文之順」。1973
年出土的《黃帝四經》,被認為是黃老道家之作,在這四篇著作
中,「德」[14]與「義」[15]也被強調,「仁」[16]僅一見,「禮」則被「理」
[17]所取而代之,因此可以確定老子的後學確實存在強調「仁、義」
之主張,但卻無法就甲組《老子》沒有「絕仁棄義」之說是較
原始的版本中,確定《老子》無「絕仁棄義」思想,進而斷言
「絕仁棄義」是後來被竄改,也不能如江寧在整理《文子》與
《老子》的對校中,認為是後來的「《文子》傳老的同時,還自
覺不自覺地影響、改變著《老子》。」[18]這主要是因為在簡本《老
子》丙組中可對應於通行本《老子》18 章,「古(故)大道癹
(廢),安有愳(仁)義。」這份資料引起分歧詮釋的除了簡本
「安」字或帛書本的「焉」字的不同理解外,主要還在於簡本、
帛書本與通行本的異文,竹簡本有「安」字,帛書本甲本為「案」,
乙本為「安」,通行本則無,其句為「大道廢,有仁義」,「安」
或作為「疑問詞」,理解為「哪裡」;或作「於是」解。前者傾

---

[13]竹簡《文子》釋文編號 0567 「□者奈何之?文子曰:仁絕義取者」與今
本「仁絕義滅」不同,此似與強調「仁、義、禮」有出入,但若就今本之
文義,是說明「以道德治國」之重要,但現實中,無道而無禍害在於仁未
絕義未滅,若仁絕義滅則諸侯背叛,何期無禍。可見「仁義」仍是重要的。
至於「取」與「滅」之異,何志華在〈出土文子新證〉一文中指出這是因
為「兩本互斠,今本《文子》有誤字及脫文。」何志華,〈出土文子新證〉,
《人文中國學報》第 5 期,第 156-157 頁。其說可採,乃因其可能性太多,
不失為一種較多考慮的設想。
[14]「德」字在《黃帝四經》中,除《道原》外,共 24 次。
[15]大抵出現於《十大經》與《稱》中,共七次。
[16]僅《十大經》一見。
[17]除《道原》外,「理」字共出現 19 次。
[18]江寧,〈再論老子〉。見於簡帛研究網 www.jianbo.org。

向詮釋爲「大道廢，哪還有仁義？」後者傾向詮釋爲「大道廢棄，才有所謂仁義。」另外在甲組簡本《老子》可對應於今本《老子》第5章的文句中，卻少了「天地不仁，以萬物爲芻狗。聖人不仁，以百姓爲芻狗。」因此很難確定原始《老子》傳本，對於「仁」的主張，究竟應該是哪一種？

（二）就通行本資料出現的分歧說明

　　通行本《老子》中第5章「天地不仁」、「聖人不仁」，與第19章「絕仁棄義」，就文字的意義，都不強調「仁」，都主張「不仁」，但在理解上則稍有不同，第5章所論在於揭示「自然」的本質性，第19章則側重在處世作爲的棄絕「仁義」。但是第8章卻是「與善仁」，[19]第38章則提出「上德無爲」、「下德無爲」、「上仁爲之」、「上義爲之」、「上禮爲之」，說出「德、仁、義、禮」仍是重要的，而且「道、德、仁、義、禮」儼然是一遞降的過程，但是其後文「故失道而後德，失德而後仁，失仁而後義，失義而後禮，禮者忠信之薄而亂之首也」，卻是後人斷言老子「反周文」理據。《老子》中的這一情況，在《莊子》中也有這種情形，《莊子·齊物論》有「大仁不仁」之語，〈大宗師〉亦云：「虀萬物而不爲義，澤及萬世而不爲仁」，甚至在「心齋、坐忘」的修持中，「仁義」是首先需要被破除的限制；《莊子·胠篋》：「攘棄仁義，而天下之德始玄同矣。」則是明確對「仁義」之說提出批判。

　　《莊子》中的這種不同，或理解爲莊子與莊子後學的不同

---

[19]帛書甲本無此句，乙本作「予善天」，簡本無相對應的文句。高明認爲應從「予善天」，今本「與善仁」，「仁」乃「天」字之誤，或爲後人所改。

使然，並以此說通行本《老子》19 章作於〈胠篋〉之後。[20] 但是〈人間世〉、〈應帝王〉的批判「仁義」也是事實，卻無法論證作於〈胠篋〉之後。面臨此一難以線性思考的狀況，或許我們不必急著對《老子》作出斷言，但是卻也啓發我們注意到《莊子》內篇出現的這一現象，是在攸關「處世」時提出的，或許可以詮釋爲《莊子》內篇中，面對「仁義」的依違情況，正是介於「修道之要求」與「處世之要求」的不同所致，若以此方式看待《莊子》內篇，則《莊子》內篇的情況與《老子》有類似處，即都遭遇「道」與「文」的調適，《莊子》內篇提出「寓諸庸」、「游心」的方式，將自身安置於人間世之中；《老子》則提出「民至老死，不相往來」的方式，避開人文關係的複雜所衍申的擧措。

（三）《老子》中關於「文」的說明

　　簡本《老子》甲組對應於通行本《老子》19 章資料，啓發我們對於《老子》的重新理解，除了異文中關於「仁義」的問題之外，最引人關注的是：竹簡本作「三言以爲叟（辨）不足」，通行本作「此三者，以爲文不足」，帛書甲本、乙本作「此三言也，以爲文未足」，設若不考慮《文子》，則此處之「文」，一般都以文字學所理解的「文」，詮釋此處之「文」，因此「文」被詮釋爲「法令、措施」，雖與《老子》可相呼應，但卻無法顯示此章的重要性，也無法理解老子、孔子遭遇共同的時代，其哲學性的時代問題是什麼？

---

[20]陳鼓應持此說，並以此斷言今本《老子》可能出於〈胠篋〉之後，與〈胠篋〉一派的思想有關。《道家文化研究》第 17 輯，第 74 頁。

　　《文子‧道德》中有一段關於「四經：德、仁、義、禮」的論述，與竹簡《文子》可相對應，是屬於古本《文子》的一部分。論述中指出「故德者民之所貴也，仁者民之所懷也，義者民之所畏也，禮者民之所敬也。此四者，文之順也，聖人之所以御萬物也。」簡本《文子》雖無「文之順」的句子，但前後文脈皆可與今本《文子‧道德》相對應。

　　《文子》中這一段話最引人注意的，不僅對於「德、仁、義、禮」的正面肯定，同時也指出這是「文之順」，對照於《老子》19章，可以發現「文」不是一般義的理解，而是真正的哲學問題的提出與說明，其所絕棄之事，是一種舉措，並希望藉此禁制的措施達到「文」，「文」在周初是指向「德」，是作爲能承「天命」的指標，因此以該三種禁制之事所完成的「文」，不能真正達到「文」之承「天」、敬「天」之事，《老子》以「見素抱樸，少私寡欲」以補「文」之未足。[21]老子真正要完成的不是「周文」，而是與「周文」相當之事，或說確立真正「文」的「本然」之事，這件事就是「道」的確立，關於「樸」與「道」的聯繫，《老子》32章、37章可以說明，這兩章恰好也出現在簡本《老子》中，確立「道」之首要，且爲「文之本然」是《老子》25章，簡本《老子》也有這部份的資料。

　　《老子》關注「文」的問題，並提出「道」作爲「文的本然」這回事，當我們正是這件事的存在時，則可知《老子》所論之「道」、所涉之事，相當的多元且複雜，既是與「萬物」相

---

[21]與老子約略同時而稍晚之孔子，有同樣的時代問題，《論語‧爲政》：「道之以政，齊之以刑，民免而無恥；道之以德，齊之以禮，有恥且格。」

關，又是與「國」相涉，同時也與「侯王」、「人」之處世、「用兵」等事相關，換言之，《老子》是以「道」爲「文之本然」，即「自」「然」。但是這樣的一種「自」「然」，雖然無法說清楚人與人之間的多元且複雜的關係，[22]但是確實以哲學探究的方式，提出什麼是「文的本然」―――「道」／「自」「然」。

三、哲學問題的傳承與轉化

《老子》19 章中所呈現的哲學問題，是說出「文不足」，「文」作哲學論題，也可以從孔子強調「郁郁乎文哉，吾從周」理解。《老子》指出「文不足」，同時也確立「道」爲「文的本然」。關於這一哲學思想的傳承，主要是就《老子》後學中，竹簡《文子》、《黃帝四經》及《莊子》內篇加以說明。

（一）竹簡《文子》對於「道」的說明與轉化

《老子》中的「道」大致可以從幾個方向上把握，即：1.「道」揭示「文的本然」――「自然」，但是「道」只是一種揭示的符號，具有指向性，是「言」的作用結果，而不在「名」的序列中。2.「道」是天下母、先天地生、象帝之先。因此，「道」是萬物的始源。3.「道」是治「國」的指標。4.人與萬物之復命的可能，是「至虛極守靜篤」。

竹簡《文子》，李學勤認爲這是先秦時期的作品，而且其大

---

[22]就《老子》而言，人與人之間的複雜多元關係，正是他要消解的。

量襲用《老子》，顯示這是道家學派傳承的反映，[23]其說可從。在此一基礎上對於竹簡《文子》資料的整理，我們可以發現對於《老子》「道」哲學觀念的承傳與轉化，這一轉化主要源自於「道」的提出及確立的哲學作用不同，同時也在於竹簡《文子》是平王與文子的問答輯錄，後者確立了文子所言之「道」關注於天下之「道」，前者確立了文子之「道」的哲學作用。換言之，《老子》之「道」的提出，其哲學創造性在於「文不足」這一問題的揭示與說明，是論述「文的本然」是什麼；竹簡《文子》則立基於「文之順」的哲學推衍，因此明確說出(0581)「…產於有，始於弱而成於強，始於柔而」。　竹簡《文子》對於《老子》哲學的轉化，試就下列幾個方向說明：

1.道產於有

簡本「〔道〕[24]產於有始，〔始〕[25]於弱而成於強，始於柔而」，今本作「夫道者，原產有始，始於柔弱，成於剛強，…」李學

---

[23]李學勤，〈老子與八角廊文子〉，原載《中國哲學史》1995 年第 3、4 期，今錄於《李學勤卷》。（合肥：安徽教育出版社，1999 年）第 587-593 頁。雖則近來有學者如張豐乾論辯「朝請」最早可僅可推溯至秦制，並以「諸侯倍反」一詞，說明竹簡《文子》成書上限爲秦始皇時期，下限爲漢宣帝元康年間（公元前 65-61 年），應爲漢初作品。就此而言的一盲點爲：此說的立論根據爲「朝請」爲一制度，但是「朝請」若不爲制度的連用詞，作爲狀況的出現之說明，則《左傳》已有，《左傳·成公·二年傳》：「詰朝請見」，是說「明晨再一見高下」。則竹簡《文子》2212 號簡文「朝請不恭」，則未必然將「朝請」視爲一制度；再者，「諸侯」一詞已於《左傳》中屢見，諸侯背叛之事在春秋末戰國時期也屢見。因此在哲學問題發展的角度上，傾向將竹簡《文子》視爲先秦時期戰國道家之作。
[24]據今本《文子·道德》相應的文句補。
[25]此處簡文，李學勤認爲疑脫重文號。李學勤（1999），注 5，第 593 頁。

勤認爲「「夫道者,原產有始」,出於老子第 52 章:「天下有始,以爲天下母。」[26]此說可從。簡本《文子》此處說明了「道」這一哲學觀念的提出,其作用是建立在《老子》52 章「天下之始、天下母」,除了把《老子》第 1 章中辨析「始、母」的問題消解,同時也指出「道」的哲學作用,是在「有」這一問題的探究中確立,是在「始——成」中確立的。「始」的哲學作用是揭示一種辨析,同時開展一種由始而來之持續的可能,「成」的哲學作用是對於「始」的持續作一種完成、結束,或者說將一種持續的可能,展現爲實現。因此「始——成」的哲學作用,是在「有」中揭示、確立「有」的各種情狀(包含規範、制度等各種措施)。

簡本《文子》將《老子》中關於「文的本然」的哲學探問,傳承《老子》對於「道」的說明,並且直接以「道」爲「文的本然」以「文之順」的方式等同於「有道」,不再對於「道」與「自然」作哲學的辨析,進而將之轉換爲「有」的探究,或說「始——成」的哲學分析與說明。「始——成」是一種「確立」,確立一哲學論述所建構之域——「道」,另一方面「始——成」的提出,也說明不是探究「始」如何可能,或說「始」是否另有使其開始之源,而是「成」限定了「始」,「始」也要求「成」,這就是「道」之爲「文」的建構。

2.道可學、可積

《老子》對於「學」並不採積極肯定的態度,有關「學」

---

[26]李學勤(1999),第 589 頁。

的說明，分別見於通行本第 20、48、64 三章。第 20 章提出「絕
學無憂」，顯然是對於「學」採取否定的態度；第 48 章：「爲學
日益，爲道日損，損之又損以至無爲」，這一章中，普遍認爲認
爲老子反對「爲學」，主張「爲道」，但是老子是就「損——益」
觀點論「道」與「學」的關係時，並不是全然否定「學」，這主
要源自「損——益」並不是一靜態、矛盾的兩個觀念，而是互
動中「虛」的要求所致；[27]第 64 章：「學不學，復眾人之所過，
以輔萬物之自然而不敢爲。」此處是將「不學」視爲一種「學」，
而且這種「學」可以「復」「過」，換言之，讓「過」這件事得
以有所「返回」，達到「復歸自然」。據此我們可以說《老子》
中對於「學」這件事，在否定中有所確定，「學」必須是有關「道」
之「學」，同時對於這種「學」的肯定中又保持一種「損」、「絕」
的方式，以此完成其所謂關於「道」這件事。

竹簡《文子》對於「學」這件事，在《老子》的辨析後，
對於「道之學」完全持積極、肯定的態度。

簡本《文子》：

（2482）〔脩德非一〕聽，故以耳聽〔者，學在〕皮膚；
以心聽

（0756） 學在肌月（肉）；以□聽者，

這兩支簡，可對應於《文子‧道德》：「文子問道。老子曰：
學問不精，聽道不深。凡聽者，將以達智也， 將以成行也，
將以致功名也，不精不明，不深不達。故上學以神聽，中學以

---

[27]參閱本書第三章〈《老子》中的「損－益」觀〉。

心聽，下學以耳聽；以耳聽者，學在皮膚，以心聽者，學在肌肉，以神聽者，學在骨髓。」

簡本《文子》中指出「道」是可「學」的，並且唯有藉由「學」與「問」之「精」，才能真正學到「道」，這種「學」的方式是以「聽」的方式完成的，「學」分三層級，「聽」因而也分三層級，三種「聽」分別是：藉由感官之耳知、藉由心之思而知、藉由「神會」，但無論是哪一種「聽」，都是建立在「心的虛靜」以及「專精積蓄」上，[28]如此才能「達智」，才能「積」。

簡本《文子》：

（0737）積德成王，積

（2315）天之道也，不積而成者寡矣。臣聞

「積」，是一種積累，但所積累的並不是隨便外加的東西，而是來自於其所「始」的規範，「道」之「始」是柔、弱，是虛，因此由「始」而「成」之積累，其所成者就是「道」的展現。簡本《文子》這種強調由「始——成」所展現的「道」的歷程，與《老子》及其它後學有不同，《老子》哲學中，「成」表示一種完成、結束，僅肯定「大成若缺」，以此說明「道」；《莊子·齊物論》除了對「成心」有所批判，關於「道」則說「道隱於小成」對照而言，簡本《文子》是一種正面且積極的肯定「成」，只是說出此「成」不是任何方式的「成」，而是順隨著「始」而來的「成」。

---

[28]《文子·道德》：「凡聽之理，虛心清靜，損氣無盛，無思無慮，目無妄視，耳無苟聽，**專精積蓄**，內意盈並，既以得之，必固守之，必長久之。」

3.「有道」：德、仁、義、禮

簡本《文子》最突出之處，是明確《老子》中所出現的依違於仁義禮之間的不確定性，同時採取積極肯定的思想上的推衍，主要表現在對於「德、仁、義、禮」四者的說明，這一部分的文句在竹簡《文子》中是殘文的形式，但可對應於今本《文子·道德》中關於「問德」的章節，[29]茲將可相應部份的文句，摘錄如下：

> 文子問德。老子曰：畜之養之，遂之長之，兼利無擇，與天地合，此之謂德。何謂仁？曰：為上不矜其功，為下不羞其病，於大不矜，於小不偷，兼愛無私，久而不衰，此之謂仁也。何謂義？曰：為上即輔弱，為下即守節，達不肆意，窮不易操（簡本作：□為下，則守節，循道寬緩，窮0582，）一度順理，不私枉撓，此之謂義也。何謂禮？曰：為上則恭嚴，為下則卑敬，退讓守柔，為天下雌，（簡本作：則敬愛、損退、辭讓、守□服之以0615）……………………………
>
> 君子無德，即下怨，無仁即下爭，無義即下暴，無禮即下亂，四經不立，謂之無道。無道不亡者，未之有也。（簡本作：踰節謂之無禮。毋德者，則下怨，無0591則下諍，無義則下暴，無禮則下亂，四0895/0960□立，謂之無道，而國不0811）

這一部分簡文雖無「仁」的相應字，但在簡文編號0575：

---

[29]丁原植（1999），第37-38頁。

「德，則下有仁義，下有仁義則治矣」，說明「仁義」攸關「治」的問題，同時「仁義」與「德」相關，「無德、無禮、無仁、無義」即是「無道」，換言之，「德、仁、義、禮」體現「道」，是「有道」的內涵，這基本上是對於《老子》之「道」，推展於「文」的實踐，同時也對於「德、仁、義、禮」重新提出詮釋，茲將《文子·道德》關於「問德」的說明，詮釋、分析如下：

在「問德」這一段中，「道、德、仁、義、禮」說明「物」的基礎與展現，此「物」並非只是個別之生物，而且包含人的關係中所形成的國、民等範域，簡言之，此一「物」所開展的即是「文」[30]的世界，就是「聖人－萬物」的世界。打破了周文以「人」作爲關注所在之「德－禮」爲「文」的「文」之形態，而是兼蓄並容《老子》19 章之「文」與「文不足」之「素樸」，並以之爲「文」，此時作爲「文」之內涵的「德、仁、義、禮」，也將「人爲中心的關係」回復到其爲「非－以人爲中心之要求」的關係中，因此在說明此一種狀況時，則對「人」所強調之規範，以積「反」的方式完成，此即要求「退讓」、「守柔」、「不矜」、「不羞」、「兼利」、「守節」，並以此爲兼蓄「聖人──萬物」的「文」。

「德」，不是一種表現恩惠、恩澤的舉止或措施，而是一種合於天地，無所揀擇之「兼利」，這種「兼利」是物之生長、養

---

[30]這一「文」，不是「周文」之「文」，而是兼容並蓄《老子》19 章「文不足」之「文」（此「文」以「人」爲主，制定秩序與規範。）及《老子》之「文不足」的「素樸」，以「道」開展真正將「物」納入真正的「文」，或說將以「人」爲主之「文」，開展出《老子》第 5 章「天地不仁，以萬物爲芻狗；聖人不仁，以百姓爲芻狗」之以「萬物」爲主之「文」。

成之所需，是一種事實的必需與獲得，因此消解由「心」而來的要求，自然也無怨，當這種必需不被滿足，則「心之望」也必然出現，此即「無德則下怨」。

「仁」，是一種「愛」的表現，但這種「愛」不來自於「私」，而是源自「存在之事實」所展現的溫潤，「爲上」與「爲下」只是一種事實的存在樣式，無所謂「矜」，也無所謂「羞」，因此也無所謂「爭」的出現。

「義」，在竹簡殘文中，指出「□爲下則守節，循道寬緩，窮」對應今本則爲「爲下即守節，達不肆意，窮不易操，一度循理，不私枉撓，此之謂義。」此處說明「義」是確立一種準則，這種準則無論是「爲上」或「爲下」，「達」或者是「窮」都必然要回歸的「正」。「正」作爲一種準則被遵循，所要體現的是「道」或者是「理」，是「物」之自然的客觀性，這種「正」自然可長可久，而不會陷入欺凌或糟蹋的短促中。

「禮」，是以「退讓」、「守柔」的舉措表現規範，這種規範是立基於「不敢」與「不能」的要求、設想而被制定，因此所展現的是一種「尊重」的態度，「爲上」與「爲下」則基於「尊重」表現「分際」，而不至成爲一種「擾亂」、「干擾」，把原有自然所呈現的規律弄擰了。

上述三點說明與分析，大致可見簡本《文子》的哲學思路與取向，雖然承繼《老子》「道」的開展，但是與《老子》的哲學問題已有所不同，簡本《文子》所發展的關於「道」之於「國」、之於「民」這件事，但在關心「這件事——文」時，仍不忘將之納入「物」的世界，並且以其所理解的「物」的存在，詮釋

地開展「自然性之人文」的世界，以「物」的自然性特質，詮
釋真正的「文」是什麼，但此也已然蘊涵一種法則——「理」
——的要求，此即今本「一度循理，不私枉撓」；同時簡本《文
子》對於「爲上」、「爲下」這種狀態並不要求改變，而是視之
爲當然的方式，因此，簡本《文子》「文」的方式，只是爲已存
在的社會、人文等現況，視之爲「自然」，並予以分析、詮釋地
開展，並不是完全改造爲「自然」，也因而在簡本《文子》中，
既不存在「隱逸」的思維，也不存在「隱逸」這件事。

（二）《黃帝四經》對於「道」的說明與轉化

　《黃帝四經》[31]作爲黃老學的代表，對於老學有一定程度
的繼承與發展，但也明確地有所轉化。首先是對於「文」這問
題，一定程度的減弱了「文」的要求與探究，既不是老子創造
性的哲學發問與要求，也不是文子那種將「周文」之「文」納
入「物」的世界，以「物的自然」看待「文」這件事，開啓另
外一種有別於「周文」的「人文」，而是將「文」的問題，從文
子那種「文」——這件事——的意指中，轉化爲攸關死生之自
然性說明的哲學範疇，其生其養稱之爲「文」，其殺其死稱之爲
「武」。[32]換言之，在《黃帝四經》中「文」不再是時代問題，
也不再是哲學發問的問題，「文」只是作爲一種哲學範疇的界定

---

[31]此書名爲《黃帝四經》是有過爭論的，但是就其所述，學界大致同意以
此爲名；至於四篇之作者是否爲同一人，班固並未言及。就所述內容而言，
論述主題有別，但在思想上可歸爲同一學派。此處之論，我是將四篇之內
容並置而論，這四篇是：《經法》、《十大經》、《稱》、《道原》。
[32]《經法・君正》：「天有死生之時，國有死生之正。因天之生也以養生，
胃之文；因天之殺也以伐死，胃之武；〔文〕武并行，則天下從矣。………
審行於文武之道，則天下賓矣。」

與說明，是與「武」這一哲學範疇相對應，二者並行，共同完成所謂「天下」之事。「文－武」[33]這種作爲自然性的表徵，同時又攸關「天下」之事的詮釋，有如「天德－天刑」，其作爲一種自然的表徵與說明，同時又關涉「天道環周，於人反爲之客」[34]的「自然性人文」，《黃帝四經・十大經・觀》：「春夏爲德，秋冬爲刑。先德後刑以養生。……凡諶（甚）之極，在刑與德。刑德皇皇，日月相望，以明其當，而盈〔絀〕無匡。」在這裡不但說出了天地自然的規律，同時也說出人事之取法乎自然，「當」就是這種規律之「時」的準確，「天當」則是此一說明的哲學化範疇。

「天當」與「天時」意義相類，但哲學作用不同，「天時」強調自然的規律，以及時機，「天當」則是在自然的規律中，更強化「時」的準確，因此有「準則」的意涵。「天當」的提出，在黃老哲學思考中，不但說出了天地自然的法則，同時也是人所當遵循的自然法則，更且是「道」的規律運行方式，《經法・四度》：「當者有〔數〕，極而反，盛而衰：天地之道也，人之理也。逆順同道而異理，審知逆順，是謂道紀。」

其次是關於「道」的說明，雖承繼老子之學的發展，但也有一定程度的轉化，這種轉化，在哲學問題的思考上，似乎比竹簡《文子》還稍微晚些，其中最特殊的是對提出「道生法」

---

[33]「文－武」作爲一對概念語詞之使用，在西周時已有，但是將之與天地自然之四時相比附之「德－刑」相關聯，則是在《黃帝四經》中首出，而且在該書中，不只是一般的概念語詞，也不純然是西周文化背景下理解的概念，而是作爲與「天下」之事相關涉的哲學範疇。

[34]見於《黃帝四經・十大經・姓爭》。

的哲學命題，對於戰國中後期的道法家是有一定程度的影響。
關於「道」的轉化說明，大致可以分三個部份論述，分別是關
於「道之始、原」、「道生法」、「執道」。

1.「道之始、原」的探究

「始」，就文字的意義而言，是指起源、開端，哲學上的作
用則就此引向兩個向度，一是「始」發生之前，可能是讓「始」
得以開始的指向；另一個指向是就「始」而有的開展。《老子》
哲學中這兩種指向的意義都有，一是「無名天地之始」，一是「始
制有名」，在與「道」關聯的說明上，就「道生一」以至於「萬
物」的序列而言，「道」是序列性開展的「始」，但就讓「始」
得以發生的指向而言，《老子》是以「自然」來揭示，因此「道」
究竟是否為「始」這一問題，在老子後學的發展中，是個問題，
也是亟待說明的困惑。竹簡《文子》對於這一問題，是直接就
「始」的開展序列說明，並指出「道」就是「始」，但另一方面
又說：「一者萬物之始」，似乎對於「道」之為序列之「始」有
另外的指向，因此最後對於「道」的說明，有時用「一道」[35]的
方式說明「道」。《黃帝四經》對於這個問題，則是就兩個概念
說明，一是對於起源的指向問題，仍然是用「始」說明；另外，
對於由「始」而來的序列開展則是以「原」這一概念說明。

「原」，就文字的意義而言，是指推求本源，開始發生，因

---

[35]在道家資料中，很少「一道」連用的情況，竹簡《文子》有四處連用，
編號分別是：0573、2210、2385、2419，這種情況可能與強調「執一」有
關，同時也意味簡本《文子》已經「道」與「一」的關係，不再如同《老
子》視為「道生一」的關係。

此是序列中所追究的起源、本源、開端，由它而開始發生，因
此其哲學作用與「始」不同，它是在探問序列中的「始」，但不
是起源的指向之說明。

　　《黃帝四經》中對於「道」的「始」、「原」的哲學說明，
大致可以從兩個方向理解，第一個方向是藉著探究「道」究竟
是什麼，揭示「道」的始源性[36]情狀；第二個方向是就「道」
是「一」的方式說明。這兩個方向的理解，都可藉由《道原》
的論述得到啟發，茲摘錄如下：

> 恆先[37]之初，迴同大虛。虛同為一，恆一而止。濕濕夢夢，
> 未有明晦。神微周盈，精靜不熙。故未有以，萬物莫以。
> 故無有形，大迴無名。……萬物得之以生，百事得之以

---

[36]關於「始源」一詞，是藉助於希臘哲學家對於 arche 的說明，arche 這個
詞有兩個涵義，一是開始、發端、起源，另一是政治上的權力、統治和政
府官員。亞理斯多德在《形而上學》第五卷首先就對這個哲學範疇作分析，
並認為所有的 arche 有個共同點，它們是事物的存在、產生、以及被認知
和說明的起點；但他們有的是在事物以內，有的卻是在事物以外的。汪子
嵩・范明生・陳村富・姚介厚，《希臘哲學史一》（北京：人民出版社・ 1997
年），第 153-154 頁。此一版本將 arche 譯成「本原」，並稱舊譯為「始基」，
此處我為強調開始、起源，暫譯為「始源」，以區別前面論「文之本然」
的強調基礎、底基以及本質。

[37]馬王堆帛書1980年版作「无」，李學勤在〈帛書《道原》研究〉一文中，
則作「先」。魏啟鵬在《道原》箋證中，以為當作「先」為是，今從之。
魏啟鵬，《馬王堆漢墓帛書黃帝書箋證》，（北京：中華書局，2004年），第
237-238頁。作「无」或作「先」，在哲學思考上皆有其意義，但作「先」，
在哲學思考上可聯繫到《老子》第4章「道沖而用之，或不盈……象帝之
先。」與《道原》中所述主旨較相類，所謂「恆先之初」，即是「窮究先
之初」，意指向於「道」，但並未說出這就是「道」，呼應於《老子》：「吾
不知其名，字之曰道。」

成。人皆以之，莫知其名。人皆用之，莫見其形。……
一者其號也。

上述這段話，大致說明幾個哲學問題，首先是探究「先之
初」的問題，其次是說明「先之初」是一種濕濕夢夢，未有明
晦的情狀，再次是說明其「虛」「同」的本然屬性，而此本然屬
性可稱之爲「一」，「一」同時也是探究的終極，這樣的一種情
狀，由於無形而不知其名，但萬物萬事由之以生、以成，人亦
在「用」中完成一種把握、體悟、實踐。前兩個哲學問題是《道
原》對於「始」的描繪，但是對於這種「始」也只能以「迥同
大虛」的方式歸結爲「一」，「一」才是這篇論述的主旨，也是
探究中可以論述的終極，這就是「原」的探究。《黃帝四經》中
這種對於「始」、「原」的哲學辨析，在《稱》及《十大經》都
有明確的論述，《稱》：「道無始而有應。其未來也，無之；其已
來，如之。」說明「道」是無所謂「始」的問題，是「無始」，
也就是對於「道」的揭示，不可能以追究的方式探問其起源指
向的問題，但它是有「應」的，陳鼓應釋之爲「當」、「實」，其
說可從。換言之，「應」是不在序列的探究中的說明，就此而言，
《道原》的論述近於《老子》，而與竹簡《文子》不同。但是就
竹簡《文子》對於「始」的說明，在《十大經》中則稱之爲「原」，
《十大經・前道》：「道有原而無端，用者實，弗用者蓳。」說
出「道」是序列探究中的那個本原，但此一本原卻是無所謂「端」
的問題，「端」是端點，涉及邊際、開始，同時也是一種指實的
作用；而當無所謂「端」的問題，即表明「原」不是起源的指
向，也不是可以指實而被端詳審視的，其爲「原」是在「用」
與「弗用」中顯現。

2.「道生法」

　　「道」之爲「原」，其要在於「用」，因此對於「道」的執持與把握，確實是《黃帝四經》對於「道」論述的方向之一，但對於在「用」中把握、體驗「道」的實在，在哲學的發展上大致可有三個方向，一是純粹思辨的哲學論述，強調精神的領會與把握；一是走向隱逸修爲的神仙家；另一則是走向積極的執持。《黃帝四經》中所謂的「用」的體悟與實踐，個人以爲是採取第三個方式，但是這種積極的執持，與《老子》強調「無執」、「無爲」有別，顯然在理論的論述中已然有轉化且轉向的因子存在，這一轉化的陳述，與「道」之內容的實質界定相關，茲將相關文獻摘錄如下：

> 道者，神明之原也。神明者，處於度之內而見於度之外者也。(《經法·名理》)

> 稱以權衡，參以天當，天下有事，必有巧驗。……故曰：度量已具，則治而制之矣。……應化之道，平衡而止。輕重不稱，是謂失道。(《經法·道法》)

> 始於文而卒於武，天地之道也。四時有度，天地之李（理）也。日月星辰有數，天地之紀也。(《經法·論約》)

> 當者有〔數〕，極而反，盛而衰：天地之道也，人之理也。逆順同道而異理，審知逆順，是謂道紀。(《經法·四度》)

　　從上述所引文獻中，「道」的內涵被實質的界定爲與四時、日月星辰運行相聯繫，「道」從《老子》哲學中作爲與「自然」辨析而指向於「自然」的思辨論述，轉向爲實指天體運行及四

時變化之規律的「道」，這樣的一種「道」所蘊涵的即是符應於日月星辰、四時變化的「時」的剛剛好，才算「有道」，換言之，符應於規律的運行的「有道」，也就是由「度」而有之「當」。「度」其本意即是測量並以之為法，引申為「權衡」、「法」的意義，「當」即是此「法」的依準、憑藉，並以之為斷。但是這種「度」、「當」，並不是另立一個符應的準則，而是源自其本身出現的準則，「度」與「當」只是強調準則之恰當，因此有所謂「天當」與「天度」的提出，以表明其自然、本有的特質。

「道」與「天度」、「天當」的相關聯，諭示了「法」之提出的必然，「法」的字義而言，有「以…為平」[38]之義，因此引申為準則、人所依憑之準則等意義。關於「道」與「法」的聯繫，《十大經・觀》：「黃帝曰：群群□□□□□□為一囷。無晦無明，未有陰陽，吾未有以名。今始判為兩，分為陰陽…………因以為常。其明者以為法，而微道是行。行法循〔道〕……」這一段指出自然的變化，這種變化是有規律的，其所彰顯而能讓人明白知曉的方式稱之為「法」，至於運行於其間而隱微於其間的稱之為「道」。「道」與「法」其實是一顯一隱，一揭示一隱蔽的方式，但是「道」與「法」也有所不同，「法」的提出指是說明「天當」可為人所依循，「道」所揭示的是涵蓋天當、天度、天時，可為天地之道，也可為人之理、物之理的那個「一囷」，「法」除了與道互為顯隱的「天當」之「法」以外，「法」也衍申出制度中之「法」的規範，因此「道」與「法」的關係，可以分兩個層次辨明，一是由「道」的運行規律，彰顯出「法」，

---

[38]《說文》：「灋，刑也。平之如水，从水。廌所以觸不直者，去之，从去。法，今文省。」

另一是由「執道者」之體道，所衍申的制度中之「法」的規定，這兩種層次的「道」與「法」的關係，都可說是「道生法」（《經法·道法》），其者之「生」的意義是指向「生」之本義——「生長」，引申爲彰顯，後者之「生」的意義，是產生、製造，衍申爲「制定」。《黃帝四經》中這樣一種對於「道」的說明，已然從竹簡《文子》中對於「文」的重新界定中，轉向「道法」的思想。

3.「執道」

關於人如何把握「道」的問題，《老子》提出「守」的問題，《老子》32 章、37 章都指出侯王若能守「道」之無爲、無名，萬物將自化、自賓，對於由「道」而生之「一」，則提出「得一」、「抱一」，《老子》所用的語詞都強調「無執」、「無爲」；竹簡《文子》，對於「道」仍強調「守」，但是對於「一」，則提出「執一無爲」；《黃帝四經》中「守道」、「守一」各一見，「執道」則共有 7 次，「執一」則 2 次，這一方面說明成書的可能次序，另一方則顯示哲學問題發展的轉向。

《黃帝四經》對於「道」仍然依循《老子》，強調柔弱、虛靜，但在「道」的把握、執持中，則依循竹簡《文子》強調「積」的方式，但與竹簡《文子》不同，簡本《文子》強調「積」柔、積「弱」，以達於剛、強，《黃帝四經》則是藉著「積」的方式，觀其「當」與否，《十大經·雌雄節》：「德積者昌，〔殃〕積者亡。觀其所積，乃知〔禍福〕之嚮。」同時對於「雌節」、「德」

之「積」，仍須待「時」得「當」，才得「大祿」。[39]

（三）《莊子》內篇對於「道」的說明與轉化

　　《莊子》一書，目前學界對於內篇爲莊周自著，大抵成爲定見，因此，本文之論述也僅以內篇主，但這並不表示外雜篇無莊周的思想，只是這一問題較爲複雜，暫且擱置。

　　《莊子》內篇中對於「道」的說明，較近於《老子》，仍然認爲「大道不稱」。[40]換言之，「道」不在「言」的序列中，「道」是以「行」[41]的方式顯現，但也因爲這種情況，《莊子》內篇也對「道」的探究方式有所轉換，亦即：《老子》對於「道」的論述，並不那麼強調「行」的顯現，但自《黃帝四經・十大經》提出「微道是行」後，將「道」與「行」作本質性的聯繫後，「道」成爲一種「行」的顯現被彰顯出來，莊子承繼這種對於「道是行」的說明，並且強化了這種本質性的聯繫，將「道」的探究或說明，分爲兩種方式：一是在序列中探究的始原問題，以及落入彼是、是非之「言」的對待關係；另一是實踐、體悟所把握與領會的「道」。這兩種方式最後都歸結爲「人」與「道」之間的聯繫說明，這也是莊子不同於老子、文子及黃老哲學的思想所在，莊子更強調一種心靈境界的持守，以及神仙家的「真

---

[39]《十大經・雌雄節》：「夫雄節者，涅（盈）之徒也。雌節者，兼（謙）之徒也。夫雄節以得，乃不爲福；雌節以亡，必將有賞。夫雄節而數得，是謂積殃；凶憂重至，幾於死亡。雌節而數亡，是謂積德，慎戒毋法，大祿將極。」

[40]《莊子・齊物論》：「大道不稱，………道昭而不道。」

[41]《莊子・齊物論》：「道隱於小成，………道行之而成。」這些說明「道」的顯現即是一「成」的方式展現，展現本身即是「道」的運行。

人」思想，對於天下之治的問題，不在於「文」的重新界定，也不在於「道法」的「天當」之提出，而在於而在於心靈的境界提昇，以及人本根之結構即有「氣」，以此與「道」可通爲一，如此則天下治，此即〈應帝王〉中所言：「無名人曰：「汝遊心於淡，合氣於漠，順物自然而無容私焉，而天下治矣。」茲將上述兩種方式分述如下：

1.在「言」之序列中的「道」

　　「道」落入「言」的論述中，首先是關於「道」的「有始」、「無始」的問題，莊子提出這是不能以思辨的探究求得真解，在思辨的序列中，這是一無窮盡的問題，因此莊子將有始、無始的問題轉化爲「俄而有無矣」，並認爲這種論述已然落入「言」的序列中，在「言」的序列中論述其有無，無法真解，在此莊子以三種方式陳述他的轉換：首先，就「言」序列，莊子提出「因是已」的方式；其次，就消除「言」的序列之探究，則提出「莫若以明」；再次，就不在「言」中的「道」而言，莊子指出「若有真宰」的方式，提出「天鈞」、「天府」、「葆光」。上述這三種轉換式的說明，都將「道」的內涵指向「道」有情有信，無爲無形」的「行」的顯現，換言之，就「道」而言，它的實存是肯定的，但不能以「言」的方式揭示出來，只能以「行」的方式揭示，對於這樣一種「行」，就不能以「學」的方式接近、體會，而是回歸《老子》「損」的方式所完成，這就是一種「持守」，[42]這種「持守」在《莊子》內篇中有三種，一種是「心靈

---

[42]丁原植關於道家這種無爲方式的實踐，通常稱爲「操持」，目的即在於區別於儒家德行的修養，此處我用「持守」，只想保留道家對於「道」之「守」

境界」的達致「通而爲一」；一種是人間世中的「安時而處順」；另一種是「真人」的神仙家，在自然中而又不受自然的任何影響，所謂「大澤焚而不能熱，河漢冱而不能寒，疾雷破山而不能傷，飄風振海而不能驚。…乘雲氣，騎日月，而遊乎四海之外。死生無變於己。」[43]

2.「人」之於「道之行」

就「人」而言，對於「道之行」的把握、體悟、領會、實踐，莊子分別就幾個方向說明：（1）就人的結構說明「人」與「道」之「通」在於「氣」；（2）就「人」與「道」不通的癥結在於「心」；（3）就「人間世」中，「人」如何體現「道」；（4）就「人」體現「道」的「人格典範」。茲分述如下：

（1）就人的結構分析而言，人可分析爲形、心、氣，人對於「道」的領會、體悟，可建立在一連串的持守中，首先是墮肢體、黜聰明的「心齋」、「坐忘」，然後在仰天而噓中，將自身中之「氣」與「道」之「氣」通而爲「一」，這樣一種「道通爲一」是本根性的把握與實踐。

（2）就人的結構中很重要的一個特點是「人之心」，這一重要性是莊子所身處的時代哲學論述核心，莊子認爲「心」是「是－非」形成的原因之一，人皆有「成心」，有成心則有「是－非」，有「是－非」則無見於「彼」的顯現，因此要破除「成心」的侷限，在於「心齋」，「齋」是一種虛、靜的方式，有虛靜的可

與「抱」的使用方式，用「持」只在於說明時間的持續，而非對於「道」之「持」。
[43]語見《莊子・齊物論》。

能，才有容受他者的空間，才能發現「彼」，但這並不是莊子對於「心」的最終說明，因為「心」的「成」是個既存的事實，是以藉著「齋」的消極方式，展現「遊」的積極可能，「遊」是無限定居所，引申出一種正面的「心靈自由」，這種「自由」意在讓「彼」顯現自身，而不是以「此」之觀點所見之「彼」，也不是不受「彼」所侷限之倫理性的自由，這樣一種「心靈自由」的揭示，是「道通為一」的「美學性」的領會與體悟，是一種「逍遙」。

（3）人身處於人間世，這是一事實，也是必然的，在人間世中，人自一出生，就有不能遁逃的境遇，一個是「命」，一個是「義」，這是人出生的必然，而在這種必然中，這就是一「庸」的世界，除了「心齋」讓一切名利之紛爭止息外，莊子提出面對「庸」的處世之道，或者是以「無用之大用」的「全生」方式面對，或者是以「因是已，已而不知其然」的方式面對，這兩者，其實就是「寓諸庸」，同時也是「寓諸無竟」，一切皆在「用」中彰顯，在「用」中「通」而為「一」。

（4）「真人」的典範。莊子哲學中，並不是只言及聖人，還提出至人、神人、真人，這一方面顯示莊子與道家傳承這一些學術流派的不同外，也呈現出「人」的問題是他所關注的，但是這一種對於「人」的關注，並不是論述人與人之間的關係，而是仍然將人置於「物」的序列中，只是「人」畢竟有別於「物」，「人」具有體悟、實踐、彰顯「道」的可能；從另個方向說，是將「人」置於「自然」之中，那麼一切也只是自然的變化，人只要順應自然，其極致就在於不受自然影響的心，也是真正能夠彰顯「道」的「真正的人」，是「天」與「人」不相勝，不

以心損道、不以人助天的「真人」。

四、轉化後之哲學探究所呈現的學術派別

　　關於春秋、戰國時期道家諸子的學術流派問題，我想首先必須被確定的是區分的判準，在漢代從司馬談的〈論六家要旨〉中以指出六家的同與異，其同在於「務爲治」，其異在於「治之方」的不同，這是結合思想與治國理念之不同所作的區分，到東漢時班固承襲劉歆《七略》，在《漢書·藝文志》所區分的諸子略十家，則是以諸子的出現在於官學轉爲私學的依據上而立論，旨在陳述學術的分類的起源，並結合書籍的分類方式與學術思想之宗旨。民國以來或結合地域而陳述學術思想的不同，對於這些立論依據都是可敬的，但這些立論依據無法說出春秋、戰國時期學術思想互動的情況，作爲一種圖表它們只呈現出「差異性」與「同一性」，但是讓圖表得以顯現的那個「延異互動性」，卻隱含其中，未被揭示出來。以下所作的努力其實是擺盪在漢代以來的分「家」方式，與嘗試重新理解詮釋活動中所展現的思想互動，另一方面也可說是擺盪在學術的同一與差異中，以期重新詮釋「延異互動」中的存在。

　　基於這種信念，對於哲學問題轉化後的道家諸子，所涵括的內容項就不再侷限於《漢書·藝文志》所列的道家諸子，而是將《史記》記載學本於黃老刑名之術的諸子或說「道法家」，也列入探究道家學術流派的行列中，以期勾勒出戰國時期道家諸子，在學術互動中的哲學探究。

（一）從活動的年代中，鉤勒彼此的互動與關係：

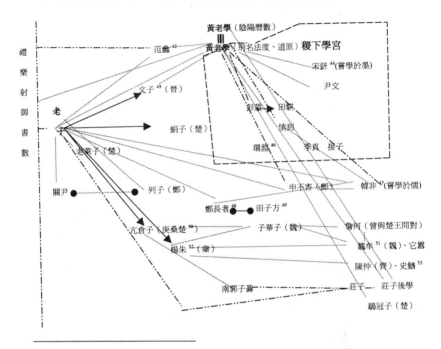

44其師承難明，但從《國語‧越語》之載，其天道環周之思想與《黃帝四經》有可相呼應之處。
45　漢志中言及尹文時，師古注曰劉向云與宋鈃俱遊稷下。班固在小說家《宋子》18篇下自注：「孫卿道宋子，其言黃老意。」王應麟考證：荀子云，宋子有見於少，無見於多。注：宋鈃，宋人也，與孟子同時，孟子作宋牼。
46據魏啓鵬考辨，可能爲晉人。
47環淵一說爲關尹，或說即「蜎子」，其爲老子弟子乃是再傳或三傳之弟子。
48史載韓非學黃老刑名法術，其師承明確史有記載的是荀子。
49班固自注先韓子，韓子稱之。
50戰國初期人，魏文侯曾以師禮待之。
51據《莊子》，庚桑楚爲老子弟子。
52與公孫龍善。班固自注稱其先莊子，莊子稱之。錢穆考辨班固誤注。
53楊朱，其年不詳，漢志中未載其人亦未載其書，但《孟子》稱天下不歸楊則歸墨，顯然楊子是一重要學者。世以爲即陽子居，《莊子‧應帝王》

———————— 表示在思想上有一關聯

—·—··—··— 表示有所學於前者

———————— 表稷下學宮

——————▶ 表後者爲其弟子

●·········· 表兩者之間有問學或論辯之關係

（二）哲學問題的探究中所呈現的學術派別

在道家的學術分類中，或者以「子」的方式論述其哲學思想的不同，但這有侷限性，其困難之處在於這些諸子中的資料不是很完備，有時也很難明確斷定，或以「書」的形式確定「子」之思想，但這也有困難之處，即一「書」非一「子」之著作，有時是一集結之資料，因此嘗試打破以「書」或「子」的方式論述《老子》後學，採取以哲學問題的發展方式論述，這一論述是打破《漢書‧藝文志》所歸類的道家，嘗試呈現與老學發展相關之諸子對哲學問題之關注所主張的論點，另一方面是藉著「子」之分際的消弭與割裂，再現「子」之爲一哲學家的複雜性與多面性，同時也照顧了「書」之爲集結資料的多樣性之

載：「陽子居見老聃」，且《呂氏春秋》稱陽生貴己，《淮南子‧氾論訓》稱楊子「全性保眞，不以物累形。」

[54] 史䲡即莊子書中所言之「曾、史」，爲一春秋時期儒者，在莊子書中，因提倡仁德被批評。

可能，再者也讓目前既無師承關係，而又被歸爲同一學派的諸子之間的聯繫呈現出來。雖然此一方式不能立即將某子的哲學觀點完整的呈現，也不能立即說出哲學家的創造性，但或可藉此一分析、說明，揭示哲學家在時代中延異性存在之生命力與影響。

　　春秋時期的時代性是「文」的問題，孔子說出了承繼「周文」之志，《老子》19 章則指出「文不足」，「視素抱樸」是重要的，在《老子》一書內很重要的是指出了「道」，郭沫若提出老子以「道」取代了「天」，揭示了所有周文中「天」所涉之事，老子以「道」的方式說出，換言之，「天」所涉之事，老子將之轉化爲「道」所涉之事，因此在整理道家諸子思想時，「道」成了歸屬所在，論述諸子哲學論辯的不同，也是以此爲核心開展出來。「道」所涉之事，有三方向，即 1.以「道」之爲始源所開展的追問，2.以「物」爲核心所開展的探究，3.以「人」之關係所開展的處世態度。茲先將各系列問題表列如下：

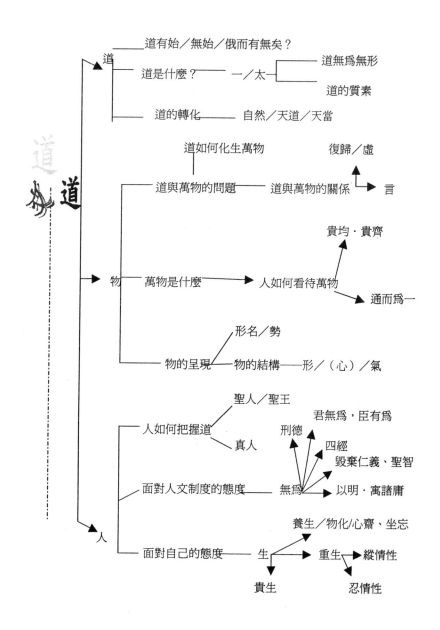

1.「道」之爲始源所開展的追問

《老子》中明確了有一「象帝之先」、「衆眇之門」，並以「道」揭示哲學追問的那個「本然」，但是《老子》25 章又說「道法自然」，那麼《老子》所言之「道」究竟是否爲「文之本然」？若是，「自然」的提出說明什麼？若不是，則提出「自然」的必要又在哪裡？其次，「道」就其爲一「本然」，「道」是什麼？換言之「道」的屬性、固有特質是什麼？再其次，若道法自然，則「道」是否即爲「天道」？「天道」的特質是什麼？

關於「道法自然」的哲學追問有否「始源」，在道家諸子中有不同的論點。竹簡《文子》提出「道產於有始」，說明「道」的被確定，是在追問「始」的問題中被確定的；《黃帝四經·道原》則對「始」提出不同的主張，認爲當辨析「始」與「原」的不同，「始」與「原」雖然都說明開始，但是承認有一「先之初」，但卻是一濕濕夢夢的狀態，是未有明晦的，因此提出兩命題：「有原而無端」、「無始而有應」，但究竟是「有始」還是「無始」，或許可以說是同時承續《老子》與竹簡《文子》的主張，認爲那個若說「有始」，那個「始」所說明的，更恰當的說是「原」的問題，若說「無始」，但是又有一個讓「原」顯現的情狀可相對應，及有「先之初」的情狀；對於這樣的「有始」、「無始」的探究，《莊子·齊物論》則結合「有」「無」之辨析與「始」的問題，認爲從「有始」的追問，是一無止境的追尋，因爲「有始」確立了「始」，就說明了有一尚未被確立時的狀態——「未有始」，「未有始」又是一種「始」，因此又有一「未始夫未始有始」，以此推衍，對這樣一種情況，它是有始抑或是無始，是一哲學窮究是的探問中不可解決的問題，因爲「追問」本身已被

限定在一種思維的兩端中，爲跳脫此一限制，才真正領會「道」之爲始源或說本然的意義。

在肯定「道」之「有始」、「無始」、「或有真宰」的論題中，其實已然指出了「道」的確定性，只是安置的位置容或有所不同。對於「道」的確定爲指標，隨之而來的問題是「道」是什麼？就其爲「物」，它的內涵或說質素也是探究的主題。

2.以「物」爲核心所開展的探究

關於「物」的探究，《老子》大致分兩個方向說明，一是關於「物」的來源，另一則是關於「物」的呈現如何可能。前者是「物」與「道」之間聯繫的問題，《老子》提出「道生……萬物」，但這樣一種「生」是一種「生長」的彰顯，抑或是「產生」，很難斷言，竹簡《文子》對於「萬物」與「道」的聯繫，在斷簡殘文中並不是有明確的界說，但其聯繫應該是存在的，在這些殘文中比較值得重視的相關論題是「何謂萬物？」「何謂天地？」的提問，以及「萬物者天地之謂也」，「一者萬物之始也」的論述，這些說明關於「萬物」一詞的使用，有其規範的要求，當說出「萬物者天地之謂也」，意在表明「萬物」不只是「物之總」的稱呼，也是一種自然整體的指涉，這說明了「物」與「自然」具有本質性聯繫。

《莊子》內篇雖然沒有「道生萬物」的命題，但在整個陳述中，可以發現道與人、萬物的關係是建立在「氣」，道與人、萬物可以透過不同的進路「通而爲一」，因此「物」的來源，在本根上是源自於「道」。關於後者，「物」的呈現如何可能，自《老子》以來，提出了「形」與「名」、「勢」說明「物」的呈

現,「形-名」的說明,(1)一方面成了自《老子》以來對於「物」的認識,竹簡《文子》的殘簡中對於這一問題的論述,大抵上仍然承襲《老子》的主張,如:編號2371「　□,故天刑(形)其物各不同,能〔文〕其□」。《黃帝四經》在這一方面也是承襲《老子》的論述,但是《黃帝四經·經法》已然將物的形名問題,推展至天下之事,並論及「名-實」是否相應的問題。《莊子》內篇在這方面也是承襲《老子》的主張,但是較為突出的是對於人的結構分析之說明,指出人有「形-心-氣」。

(2)另一方面則是擺脫以人為中心之文所形成的「禮制之名」的社會。這一方面《老子》少論及,只是在論述物之形名時,消極性的呈現這種情境,竹簡《文子》則是重新界定「文」的意義,因此在這一方面,它不是擺脫,而是對於既存的社會性關係的承認;《黃帝四經》在這一方面則是在既存現狀中,指出自然、天道為其根源,而在制度上將陰陽四時與刑德相配合,作為處事與處世之道。《莊子》內篇在這一方面的論述,則比《老子》更強化擺脫之道,擺脫的方式是「遊心」、「寓諸庸」的心靈境界之逍遙。

3.以「人」為核心所開展的「守道」方式

對於「道」之「守」,在《老子》是強調虛靜、柔弱、無為,而其所展現的是「復歸」,能把握道、守道者是「聖人」;竹簡《文子》仍然是聖人可聽天道、守道,但對於王則要求「執一」,這與《老子》不同,《老子》強調侯王「無執」、「得一」,因此可以發現:竹簡《文子》在「道」的把握上是「積」的要求;《黃帝四經》更強化竹簡《文子》的「文」之內涵,強調「積」、強

調「執」，而能完成者仍然是聖人；《莊子》內篇對於「道」的
體悟與實踐上，回歸《老子》的精神，但是較《老子》更爲務
實的承認人間世的存在，因此不是改變人間世，而是讓人真正
得以復歸自然的心靈之自由，因此提出「莫若以明」，並「照」
之於「天」，這種人才是「真正的人」──真人，才彰顯「人」
爲「道」的領會與實踐者，也才真正將「人」與「道」通爲「一」
的方式也彰顯了。

五、結　論

　　《老子》後學的學術流派的發展相當的複雜，目前我們也
僅只以竹簡《文子》、《黃帝四經》及《莊子》內篇，作一些簡單的
說明，在哲學問題的論述上，雖然還不夠全面，但也約略指出了《老
子》後學不同的學術流派，那就是《老子》之後的黃老與道法家的
源流探究，以及《莊子》內篇中所指向的心靈自由的隱逸、及神仙
家思想，《莊子》內篇的這種思想，似乎也諭示了後來道家養生的思
想，以及道教神仙家的培育。

　　在這一戰國道家學術流派的區分中，判準在於對於「文」
的理解不同，時代不同，在《老子》時，確實是一時代的問題，
但《老子》是以哲學的方式探究，所提出的是「道」，因此對於
「文」反而沒有多所著墨的論述，重點在於論述文不足，並且
隱然指出真正的「文」應該是什麼；竹簡《文子》則是重新界
定「文」的意義，對於「文」中之制與事，多所著墨、論述，

對於德、仁、義、禮都依循老子的哲學精神，予以新的詮釋；《黃帝四經》則在此中加進了「當」與「法」的質素，補足這種「文」的制度、規範上的不足；《莊子》內篇則對既存之人間世的必然，無所著墨，反而在「人」如何處於「人間世」而又能與「道」「通」，發展出一種新的方向。

第六章 《亙先》及戰國道家哲學論題探究[1]

一、《亙先》一文的簡序與理解

（一）簡序

　　《亙先》乃上海博物館藏之戰國楚竹簡道家資料。目前學界對於它的論述相當多，主要是在簡序與字詞的意義上，以及由此生發的《亙先》一篇的思想理解與詮釋。在簡序的排列上，目前共有四種排列方式，一是原簡釋文的整理者李零所安置的簡序（後文我們使用的簡序編碼也是依此而來），目前持此說者眾；二、由顧史考提出，他認為第 3、4 簡應該互換為宜，且「之生」二字為衍文，學界對於衍文一說，採保留態度；三、由龐樸所提出的新簡序，認為應該是 1-2-3-4-8-9-5-6-7-10-11-12-13，丁四新、劉信芳、黃人二・林志鵬、季旭昇從之，但是在斷句上有差異；[2]四、由曹峰提出的另一種簡序，他認為應該是

---

[1]本文為國科會專題計畫補助相關研究，編號 NSC94-2411-H-031-009，曾發表於政治大學中國文學系.中央研究院文哲所.簡帛資料文哲研讀會共同主辦，「出土簡帛文獻與古代學術國際研討會」，2005.12.2-3。經修改，曾出版於《中國哲學史》2008 年第 2 期。第 34-45 頁。今除將原先之簡序說明加入外，僅稍作文字修正。
[2]丁四新等雖依從龐樸的簡序，但黃人二・林志鵬、季旭昇的斷句與龐樸及丁四新有異，前三者在簡 8「多采物」處斷句，龐樸與丁四新者在「多采」斷句，將「物先」連為一詞，雖如此，但丁四新也與龐樸在斷句上有異，

1-2-3-4-5-6-7-10-8-9-11-12-13。曹峰的理由在於強調「因」是作
為一哲學術語與觀念。

關於簡文的排序，目前學界一致認同不可更易的接續次序
是簡 1-2-3-4，簡 5-6-7，簡 8-9，簡 11-12-13，差異在於①簡 4
所接為簡 5？抑或是簡 8？②簡 7 所接為簡 8？抑或是簡 10？③
簡 9 所接為簡 10？抑或是簡 5？或是簡 11？④簡 10 所接為簡
11？抑或是簡 8？其中最為關鍵的即是第 10 簡的接續，以及簡
4 的接續，其他則因這兩支簡的簡序貞定，而安排就緒。

首先關於簡 10：簡 10 中有一墨丁，李零考釋之注文中，
說其為表示專有名詞的符號，[3]劉信芳認為作為句讀亦不無可
能，[4]季旭昇則更進一步懷疑其為句讀的可能，認為可能只是污
點。[5]對於這一問題，我們可以發現《亙先》一文中，其墨丁的
使用並不嚴謹，很難作為明確的斷章或斷句的符號，若就其為
句讀符號，其使用是相當隨意的，簡 7 出現兩次，簡 11 也出現
兩次，簡 10 出現一次但有異議。墨丁在《亙先》一文中，除了
可作為句讀，究竟代表何種意義，至今仍然不清晰。因此，思

如簡 7「詳宜(義)利主采物出於作」，龐樸斷為「詳義利，主采物，出於作」，
丁四新則從李零斷為「詳義利主，采物出於作」。斷句上之差異仍有幾處，
此處不再列舉，請參見簡帛網站龐樸〈《恆先》試讀〉、丁四新〈楚簡《恆
先》章句釋義〉、劉信芳〈上博藏竹書《恆先》試讀〉、黃人二‧林志鵬〈上
海藏簡第三冊《恆先》試探〉、季旭昇〈《恆先》譯釋〉，《上海博物館藏戰
國楚竹書（三）讀本》，（台北：萬卷樓，2005 年），第 197-243 頁。
[3]馬承源主編，《上海博物館藏楚竹書》（四），（上海：上海古籍出版社，2004
年），第 296 頁。
[4]劉信芳，〈上博藏竹書《恆先》試解〉，簡帛研究網（2004.5.16），
www.jianbo.org。
[5]季旭昇（2005），235 頁。

考《亙先》一文時，若思考簡 10 之前所應接續之簡應為簡 7
或簡 9 時，其中的關鍵在於「先」這一詞是否是哲學的關鍵術
語？依季旭昇之斷句，認為是「凡言名，先者有疑」，但多數學
者之斷句為「X 言名先」，「X」表示前所接續之詞或為簡 9 之
「因」，或為簡 7 之「凡」，這一問題又牽涉簡 9 是接簡 5 抑或
是簡 10？抑或是簡 11？即「因」此一詞，是否作在《亙先》中，
已作為一重要的哲學觀念？我以為在《亙先》一文中，「因」還
沒有出現如同慎到、莊子中所具有的哲學作用，作為哲學觀念
之「因」，是說明其因順著道的特質，而若簡 9 接續簡 11，則
成為「恆氣之生，因之大作」，在理解上「因」是「因順」，既
為「因順」又有「大作」，較難理解，其關鍵在於「作」是此篇
的論述重點之一，「作」之所指，已指向自然之為，此同於《老
子》所言「萬物並作」；再者，「恆氣之生」已是「作」，此「作」
是由「或」使然，若又強調「因之」才「大作」，似有衝突，「因」
與「作」是不同的方向論述與始源的關係，「因」強調由人的方
式去把握，「作」是針對始源而有的衍生狀態之描述。

　　依此，再返回有關「先」之問題，李零與龐樸皆重視「先」
這一觀念，兩種簡序各有勝處與難理解之處。李零之簡序，突
出了「恆氣之生，因言名先」，優點是將「恆氣」與「先」的聯
繫指出來，在這一種排序中，集中了關於「先」的論述。龐樸
之排序中則是「凡言名，先者…」以及「恆氣之生，因復其所
欲」，強調了「復」的觀念。就哲學思考而言，很難斷定，也因
而將問題推向了簡 4 的接續應該是簡 8 或簡 5 的問題。

　　其次，關於簡 4 的問題。簡 4 之癥結在於「紛紛而」應接
續「多采物」或是「復其所欲」。茲將幾個重要關鍵處說明如下：

①關於「采物」。考察先秦時「采物」之用法,已將它視爲一專
有名詞使用,指的是作爲區別名位尊卑等級的旌旗、衣物等,[6]
可引申爲有條理、秩序、等級區別的相關人文規劃。若將「采
物」視爲指向於各種物,或將「采」與「物」斷開,就無法理
解第7簡的「采物」一詞。②關於「紛紛」之義。「紛紛」一詞
在先秦時是作爲「亂」之義,如《管子·樞言》之「紛紛乎若
亂絲」,又如《孟子·滕文公》:「何爲紛紛然與百工交易?」依
此,「紛紛」可引申爲「雜多」之貌。「紛紛而」接續「復其所
欲」,或接續「多采物」似乎都可通。③考慮簡7接續簡8,則
是「凡多采物」,但是考諸古籍,則無「凡多」之用例,以此反
推,則簡8 不接於簡7之後。在上述諸多考慮中,則依從龐樸
之簡序理解《互先》。

(二)理解與詮釋

　　依龐樸之簡序,在理解上大致可以區分幾個段落:

1. 關於恆先之爲根源的描述與「氣」的出現

　　　　恆[7]先無有,質、[8]靜、虛。質、大質,靜、大靜,虛、

---

[6]見於《左傳·文公六年》:「分之采物」,孔穎達疏:「采物,謂采章物色,
旌旗衣服,尊卑不同,名位高下,各有品制。」廖名春在〈上博楚竹書《恆
先》新釋〉一文中,已指出,並詳細引證「采物」與禮義之相關。
[7]裘錫圭認爲此應釋讀爲「極」。見氏所著〈是恆先還是極先?〉,(發表於
2007中國簡帛學國際論壇,主題演講,2007.11.10,地點:台大中文系)。
其說在文字上皆可作「極」、「恆」。但個人以爲這在漢代時甚至戰國時解
讀上已然有並行之可能,雖然莊子有「太極」一詞,但在馬王堆帛書《周
易》卻有「大恆」,或帛書《老子》第二章無論甲本或乙本,都在「有無
相生,…前後相隨」之後,加上「恆也」一詞,此爲今通行本所無。我以

大虛。自厭不自忍，或乍。有或焉有氣，有氣焉有有，有有焉有始，有始焉有往者。

未有天地，未有乍行，出生虛靜，為一若寂寂，[9]夢夢靜同，而未或明，未或滋生。氣是自生，恆莫生氣。氣是自生自作。

在這一部分中，主要論述「恆先」這一始源的狀態，是以「無有」的方式呈現，這一「無有」是質、靜、虛的狀態。這一始源就自身而言是一完滿，但是它有一種「發生」，這種「發生」是在「不自忍」的情況下，自然而然出現的，所出現者稱之爲「或」，「或」是一還未有「氣」的狀態，是一與「恆」相同者，此即下文所謂「或，恆焉。生或者同焉」，此一「同」是本質之同，「或」與「恆」是同一的。然而「或」畢竟由「恆」而出現，作爲始源者仍稱之爲「恆」，「或」則是說明「作」的發生及以此推衍之生發者的原因。因此，「或」具有雙重之特質，一是指向與恆爲「同一」之相對者：「恆－或」；一是作爲一原因性的存在「域」。這雙重義之「或」，即龐樸所理解之「忽有某個區域」，[10]只是這一區域說並非天地之空間說明，而是比天

爲袤之說雖有據，但在此作「恆」也有其意義，因此仍依原整理者之釋文。

[8]此字，原整理者李零已指出字形隸定還值得研究，疑讀爲「質」。李學勤在〈楚簡恆先首句釋義〉中，釋讀爲「全」。龐樸在〈《恆先》釋讀〉一文中，讀爲「樸」。學者們已指出，從字義言，讀爲「樸」，與《老子》思想相同，但字形不合。字形的考釋，見季旭昇（2005），第207-208頁。

[9]曹峰，《上博楚簡思想研究》，（台北：萬卷樓，2006年），第114頁。「寂＝」，李銳釋爲合文，讀爲「寂水」，曹峰釋爲重文，今從之。

[10]龐樸，〈《恆先》釋讀〉，2004.4.22，簡帛研究網 www.jianbo.org。整理者李零在注文中也已表明「或」兼具兩種特質。見馬承源編《上海博物館藏

地更爲早的場域，如廖名春所言之「域」是一相當抽象之空間，
我以爲此應類似《淮南子・天文訓》中之「虛廓」。[11]「恆－或」
基本上藉由「或」說明了一「場域」的存在，「氣」充滿此一場
域，「氣」的存在本身就顯示一「場域」的存在，即「有或爲有
氣」。

　「氣是自生」，「氣」在前一小段似乎說其出現在第三個階
段，但因爲「或作」是一種場域與作用的說明，一種發生狀態
的描述，就如同「恆先」之對於始源的說明，「氣」基本上與「恆
－或」之「虛」極爲相關，「氣」所表明的即是「恆」之質素，
是一「虛」的呈現，本身無形無狀，但又呈現在場域中。「恆」、
「或」、「氣」正如陳麗桂所言：[12]

> 有先後關係、相與關係，而沒有母子相生關係。作為空
> 間概念的「或」與創生質素的「氣」，都是「自生自作」，
> 都沒有外在動力、……自然而然的顯現興生。

　「恆」、「或」、「氣」作爲一種相與關係，基本上說明三者
爲「一」，但是其出現仍有先後，「恆」說明發生之始源，「或」
說明「場域」的出現，「氣」說明一切發生的共同質素。如果直
接就指出那作爲始源者就是「氣」，就落入《老子》之「道」的

戰國楚竹書》(三)，（上海：上海古籍，2003 年），第 288 頁。
[11]廖名春在〈上博藏楚竹書《恒先》簡釋〉一文中，將「或」釋讀爲「域」，
可從。但他是將「恒」比擬爲《淮南子・天文訓》之「虛廓」，「域」比擬
爲「宇宙」。
[12]陳麗桂，〈從出土簡帛文獻看戰國楚道家的道論及其相關問題——以帛書
《道原》、《太一生水》與《互先》爲核心〉。《中國文哲研究集刊》，第 29
期，2006.9。第 132 頁。

困境，必需再指出「自然」以消解「道」被限定的危機。[13]因此，《亙先》一文是先說明那始源者的屬性是「先」，而且是以「恆」的方式呈現，即在時間中的持存狀態，但是又指出它也是一「或」的呈現，而其中稱滿了「氣」。

2. 關於恆氣之生與天地萬物的關係之說明

> 恆氣之生，不獨有與也。或，恆焉，生或者同焉。昏昏不寧，求其所生。異生異，鬼生鬼，韋生韋，悲生悲，[14]哀[15]生哀，求欲自復，復生之生行。

> 濁氣生地，清氣生天。氣信神哉，云云相生。信盈天地，同出而異生，因生其所欲。

這一段中「氣」由「恆之莫生」與「自生」中，氣即為恆氣，或與恆是「同」，「同」指出「有與」、有二的狀態。「或」與「生或者」同，「或」即是「恆」，這已是「乍行」，已是「有氣」的狀態。「或」與「氣」在存在上是並時的，但在理智思維上，則是先有「或」才有「氣」。恆、或、氣，既是「一」，也是「二」，也是「三」，三者之意指實為「一」。這或許是一種詮釋《老子》「一、二、三」的方式。

恆氣並不止定於既存的狀態，它具有活潑不定的屬性，因

---

[13]此即「道法自然」之說的出現，「道」與「自然」並非「自然」是「道」之根源，而是兼及「道可道，非常道」，指出「道」在名言之困境中的消融之可能。

[14]原作「韋生非，非生韋」，從廖名春〈上博楚竹書《恆先》新釋〉注23改。

[15]李零釋讀為「哀」，馬承源編（2003），第290頁。

此而又有「生」，其所生者是因「欲」而有「自復」的方式，生
其所生。換言之，是同類之相衍，是在「復生」的情況下「生」，
即不斷的返歸於生而又有生，此猶如《太一生水》中論述太一
與水，水與天、地的關係，是反補(輔)、相補(輔)的情況下而有
天地、神明、陰陽、四時、萬物。此處恆氣之於天地、萬物，
都是氣的變化，濁氣凝於下而為地，清氣上揚而為天，天地間
充滿了氣，氣之奧妙變化而有了萬物。天地、萬物都同出於氣，
但是其生則有不同，相應於「昏昏不寧，求其所生」，則天地萬
物之生，都是因為「欲求」之故，都是因為氣本身屬性之不定，
故而有欲、有求。這一種「欲」、「求」所說明的即是不滿足於
既存的狀態，或說是由於自身之匱乏而有所追求。

3.論述天地萬物與人文制度，是依先者而行，即以「一」與「復」
的方式，遵行、把握。

> 察察天地，紛紛而多采物。先者有善、有治無亂，有人
> 焉有不善，亂出於人。

> 先有中焉有外，先有小焉有大，先有柔焉有剛，先有圓
> 焉又有方，先有晦焉有明，先有短焉有長。天道既載，
> 唯一以猶一，唯復以猶復。恆氣之生，因復其所慾。明
> 明天行，唯復以不廢，知既而荒思不殄。

這一部分之論述，除了提出「先者」外，也說明「先者」
之於「人」，是善、治、無亂，亂的根源是「人」的加入而有。
人相較於「先者」，並不是與先者相應的「後者」。

「先」指始發、始制，在天地之間的人文規範，由始發、

始制而來者，其目的在於善、在於治、在於無亂。有先者，則有由先者衍生而來的相應者，兩者構成一之兩端。這些都是天道之所承載，是以一而如一，以復而如復，即在二之中，又返歸於一，呈現爲「一」；在有生之返歸中，呈現爲「返歸」。這猶如《莊子・庚桑楚》中言「無有」之於萬物時，指出「無有一無有，聖人藏乎是」。所謂「唯一以猶一，爲復以猶復」，說明了天道所載之云云相生、采物，在有二的情況中，以「一」的方式視之，在由復而有之生行中，以「復」的方式視之。恆氣之生，在「有與」中，返歸其所慾。在這昭然若揭之自然之行中，「復」是其運行的法則。了解這天道既載的「猶一」、「猶復」的原理、原則，則由此而有之大思不滅絕，亦即人文之規範依循於天道、天行，則可持續。[16]

4.關於自然與人文的聯繫之道

> 有出於或，生出於有，音出於生，[17]言出於音，名出於言，事出於名。

> 或非或，無謂或。有非有，無謂有。生非生，無謂生。音非音，無謂音。言非言，無謂言。名非名，無謂名■。事非事，無謂事。

---

[16]此處關於「知既而荒思不殄」句之義理，請參考丁四新〈楚簡《互先》章句釋義〉。見簡帛研究網，www.jianbo.org。

[17]有學者將「生」釋讀爲「性」，「音」據《管子》校改爲「意」，此處仍維持原整理者之釋文。因爲「生」之所指，乃蓋成由「有」而有之「生」，雖與性相當接近，但此處未必需要論及「性」。「生」可謂「性」，但比「性」涵括更爲普泛。「音」改爲「意」雖可從，但就「音」而言，更呼應於自然之「聲」，故未更改。

　　這段論述人文之源出於自然，建構了一發生、推衍之過程，即由「或」←「有」←「生」←「音」←「言」←「名」←「事」。這是為人文社會中所言之「事」、「名」，尋其所以然、所以成立的基礎。這基礎一方面說明了其所源出者即是自然，即是天行，另一方面也建構人文中的所蘊涵的自然性。

　　關於「x非x，無謂x」的句式，大抵或解釋為「x是它自作為，而不是人作為，那麼可以不叫做所謂的x」，[18]或解釋為「若無x之實，則無所謂x之名」。[19]此二說皆有其可理解處。但前文之語意脈絡，主旨在說明人文與自然有一所源出的根源。因此，若結合此語意脈絡，或許可理解為：由此而出者，若不能回應於所源出者，則不能稱之為與所源出者之間有根源上之連繫。換言之，這說明人文與自然的聯繫，在於人文中的事、名、言的回應於所源出者，層層返歸，最終回應於恆先之無有，才是真正的人文之事、名、言。

5.關於人文之規劃與作為，在「名」與「先」，後者校比焉，其終在於「復」

　　　詳宜利主，[20]采物出於作，作[21]焉有事，不作無事。

　　　舉天之事，自作為事，庸以不可更也。

---

[18]丁四新，〈楚簡《亙先》章句釋義〉，簡帛研究網 www.jianbo.org。
[19]董珊，〈《亙先》初釋〉，簡帛網站。季旭昇同意此說，《上博館藏戰國楚竹書三讀本》，第229頁。
[20]董珊與季旭昇從字形釋讀為「利巧」，這種釋讀是將「利巧」當作人文巧作，有貶意。但考諸《亙先》一文，對於人文之事是採取肯定，一切皆由恆氣之生而有，因此仍從李零之釋讀。
[21]據廖名春改句讀為重文符號。

凡言名先■者，有疑，荒言之，後者校比焉。

舉天下之名，虛樹，習以不可改也。

舉天下之作，強者果。

天下之大作■，其䵺尨不自若作■，庸有果與不果，兩者不廢。

舉天下之為也，無夜（舍）也，無與也，而能自為也。

舉天下之生，同也，其事無不復。

天下之作也，無忓極，[22]無非其所。

舉天下之作也，無不得其極而果遂。庸或得之，庸或失之。

舉天下之名，無有廢者。

舉天下之明王、明君、明士，庸有求而不慮。

　　這一段有其難解之處，即需要貞定它對於人文之事、名、作等的主張。換言之，《亙先》是否反對人之作為，將人之作為一切視為非自然？

　　在《老子》中對於人文之自然之為與返歸原始歷史觀，也顯然是一非常難解之處，因為在《老子》強調復歸嬰兒中，顯然人文的一切成果是否必需放棄，是一爭論中的問題。《老子》中曾強調「治大國若烹小鮮」、「侯王得一以為天下貞」等面對現實之道，是肯定現實中之存在，但必須依歸於道之把握。換

---

[22]「忓」字從廖名春〈上博藏楚竹書《亙先》新釋〉。「極」，從李銳〈《恆先》淺釋〉。

言之，是人文中的自然之爲。但是《老子》中也有第 80 章之「使民復結繩而用之，⋯⋯民至老死而不相往來」的小國寡民之說，在於放棄現實之存在，肯定原始的歷史觀。這兩種觀點皆存在於《老子》中，這兩者的一致處在於肯定「道之自然」，但仍有差異，返歸原始與保持人文中之自然（或說現實處境中之自然），是不同的兩個方向。

《亙先》此處，究竟對於人文制度採取何種主張？若回顧前文第三段落，顯然認爲「亂出於人」，但此段又言明王、明君、明士，似乎是對於人格典範的存在持正面態度。關於「明王」一辭，考諸戰國時的道家資料，如《莊子・應帝王》、竹簡《文子》、《管子》，可以知道對於「明王」常常是正面論說，認爲明王可以依循於道，或說明王仍戒懼、謹慎於如何體現道於天下。以此綜觀《亙先》對於「人」及「明王」等的說明與使用，顯然意不在指出對於人與期待之典範間的落差，而在指出其最終在於「求」、「復」。

采物等之「作」，乃是現實的存在，此如同天之事，是自作爲事的，是不可更改的存在。名之爲「先者」，由於後者之效法比附，名之立，成爲了不可改之習，名無所謂廢這件事，同樣地，天下之作，常有果與不果，⋯⋯這一切都在表明天下之作、天下之爲，以終於其「復」而言，是無不同的，皆是自爲，重要在於「先者」，此一「先者」最終指向了「恆先」。

二、《互先》所顯示的戰國道家哲學論題

關於《互先》的所顯示的道家哲學論題，主要是針對《互先》一文中所說明的哲學論題，以及《互先》所引發的討論，探究道家哲學在《老子》之後論題的推衍與發展所進行的探究與說明。

(一)關於「恆」與「先」的哲學探究

《互先》作爲篇題，乃原簡所有，相參較於馬王堆帛書《道原》，可以知道戰國時期學術界，曾對「恆」這一哲學用語進行說明，這一用語主要是出現在今本《老子》第一章「道可道，非常道」，帛書本作「道可道，非恒道」。其中「可」與「常（恒）」是作爲一對哲學用語出現，這一哲學用語所發揮的作用是：表達了「道」處於言說之邊際的非對象性存在，同時又是作爲一可被取法的萬物之始源。若以《老子》第 25 章言，「可道之道」與「常(恒)道」的關係，可以理解爲「道法自然」中「道」與「自然」的關係。這種存在關係的主要分辨是源自於「可」與「常(恒)」在哲學上所發揮的作用。當釐清了這層存在關係與哲學作用之後，「常」或說「恒」的哲學作用與意指也因而被確定了，「常」、「恒」之所指，基本上是指向不被言說所確定與對象化的持存，而且更爲積極地表達了這一作爲根源者的一直持續存在狀態，此即《老子》中的「復命曰常」。「恆」與其說指向於「道」，爲「道」的別名，更好說它指向於「道法自然」之「自然」。

在《互先》一文中，出現「恆先」之處有二，一爲篇題，一爲首句「恆先無有」；出現「恆」之處，則有「恆莫生氣」、

兩次「恆氣之生」、「或，恆焉，生或者同焉」等共四處。「恆先」與「恆」的關係，基本上除了與「恆」一詞的表達與用法相關外，也與「先」的理解有關。「恆」一詞的意旨，基本上既是「常」的表達，也是指向「自然」之本源。作為「常」的表達，在《老子》中，往往是與「名」、「道」等合用，是作為一形容詞出現，所表示的是在時間中一直持續存在的狀態，在《老子》中，「常」還表示一種持存中的復歸。作為「自然」之表達，則是彰顯自身一直是如此的狀態，同時也是不被名言所限的始源。

　　「先」的問題，在《老子》中可分兩個層次說明，一是指向作為始源的第一性，如《老子》第 4 章「象帝之先」、第 25 章的「先天地生」；一是在人事作為所擇取的方式，並以此完成與「道」相關的把握。《老子》第 67 章中曾言有三寶，其中一項即「不敢為天下先」，並申之以「不敢為天下先，故能成器長。……舍後且先，死矣」。這一種「先」是與「後」相對之「先」，其目的在於不以「先」的方式，完成「先」所應為之事，但這不是為了達成機心之所欲，而是藉著消除由「自」所衍生的作為，效法「天地以其不自生，故能長生」的作為，在這一層意義中，強調以「後」完成「先」。

　　「先」在《互先》一文中，一是作為與「恆」連用之「先」，是與「有有、有始、有往者」相對的始源；另一則是作為一組相對概念存在之「先－後」的「先」，是與「後」相對而言。相應於《老子》，顯然《互先》的作者在此完全不討論「後」的問題，而是貴「先」。換言之，《互先》之作者主旨在於將「先」置於那指向始源存在者的第一性層次論述，並不以人事作為的

取擇方式及如何完成與「道」相關的把握之層次論述。這一「貴先」之說，雖然無法確知是否與《呂氏春秋‧審分覽‧不二篇》所言之「王廖貴先」相關，但是也顯示出《亙先》這一論述，絕非「兒良貴後」。王廖與兒良[23]的學說究竟如何目前已不可得知，但是關於「先－後」之討論，既被後世學者指出，可見其在學術理論上的重要性，並可推知在當時哲學探究中，曾經是一思想理論論述的標幟。

　　考察戰國道家哲學資料，可以發現在《列子‧說符》中，有關於「持後」之說，其目的在於「治身」。記載中說到子列子學於壺丘子林，壺丘子林認為只要能「持後」則可以「治身」，「持後」則可以「處先」，其理在於「顧若影」，子列子因此推衍出「枉直隨形而不在影，屈伸任物而不在我」的「持後」說。[24]《亙先》之貴「先」與壺丘子林之「持後處先」乍看似矛盾，但若考諸《老子》之說，可見二者皆有其理據，一言作為始源的第一性，一言處身的持後。

　　若再考察《莊子.天下》所描述的老聃，即認為老聃主張「人皆取先，己獨取後」說，而在《莊子》一書中對於「先、後」的問題，則有三種主張：首先是，在內篇中主要是在說明有關「道」時，則是「不知孰先，不知孰後」，對於「道」的描述是「始卒若環」，對於道的體會與把握，以及人如何處身的問題，則是「因是已」、「以明」的方式，顯然是將「先、後」問題消解於「因」。其次是，在〈天道〉中對於先後問題，認為那是自

---

[23]據高誘的註解與班固的漢志王廖與兒良都屬於兵家。
[24]楊伯峻，《列子集釋‧說符》，（北京：中華書局，1991年），第239頁。

然的次序、人倫的次序之本然，並主張先後之序的把握，是「道」的把握的必然，此即「語道而非其序者，非其道也，語道而非其道者，安取道！」。第三是，〈刻意〉中所採取的「感而後應，迫而後動，不得已而後起。去知與故，循天之理。」這一種主張近於列子的「持後」說。再考諸《管子》，則可發現《管子》中大致有兩種主張，一是《管子・心術》中所言之「毋先物動」及「靜因之道」，這是攸關人對於道之把握與遵行時主觀意志應處於順隨物勢之變化而變化；另一是〈小問〉中所言之「先之為德」的主張，以及〈樞言〉中「德莫如先，應適莫如後」，這是說明為政重在先於人民需求之前已思及之並推行之，然後才是攸關政事的思考，換言之，施德重在「先，」為德重在「先」為表率。

　　這些戰國時期道家哲學的論述說明了「先」、「後」作為一哲學用語，不是時間的說明而已，也不是存在的說明而已，而是攸關始源第一性，與該如何將「道」之行推展於人身處事、作為之中。有了「先、後」的問題討論概況的理解後，重新審視《亙先》中所謂「先者」的問題，就可以知道「先」在此除了作為指向始源的第一性之外，同時也是作為第一者的說明。所謂「凡言名先者」、「先者，有善、有治、無亂」，即說明了在「先者」的第一性與重要。「名」的作用在西周至戰國時期，即作為「物」之指稱的必需，有時甚至是作為「物」被指認、區分的標誌。因此，凡能「名」者，是可被指稱的存在，「名先者」是指向作為對象之先者，它與使對象得以成立之「先」相關，此一「先」指向於「恆」之持存狀態。依此，重新審視「恆先」

與「恆」之說,這二者實爲一,[25]其理在於「恆」與「先」及「恆先」之所指,都是指向了那作爲始源的第一性存在與持存之狀態。雖然這種說理無法真正達致《老子》中「道法自然」之哲學辨析性,卻也消除了「可道之道」與「常道」之間的不容易被理解的困境。「恆」、「恆先」、「先」基本上雖然指向始源之第一性,可以作爲如同「道／自然」般的理解,而且也與道家相關,「恆先」並不是作爲「道」的代換詞而已,而是對於「道」所產生的易混淆性,所提出的哲學始源概念,並發揮此一概念的哲學作用。

(二)「無有」與「有始」的哲學探究

「無有」這一問題的發生,基本上是與《老子》中「有」、「無」的問題相關。在《老子》中「有－無」的問題,主要是有關「天下萬物生於有,有生於無」(通行本《老子》)或「天下萬物,生於有,生於無」(楚簡本《老子》)的問題,即有關萬物由何而來的問題,在通行本認爲是「無→有→萬物」,竹簡本認爲是「有、無→萬物」,前者是以「無」爲「生之根源」,後者是以「有」與「無」共爲「生之根源」。對於這兩種文本之差異,有學者主張竹簡本少了重文符號,這是主張原本之《老子》就只有一種文本,但也有學者主張卻有兩種不同傳本。就《老子》第 42 章而言,「道生一,一生二,二生三,三生萬物」,「一」是否已是「有」,而「道」是「無」?或者說「道」也是

---

[25]廖名春在〈上博館藏楚竹書《恆先》簡釋一文之註釋①中說:「恒先並非恒之先,而是恒與先,恒即先,先即恒。恒、先並爲道之同義辭。」對於此說,雖已指出恒、先之同義,但未論述如何可能。是以在此備註。

「有」？若以《老子》第 1 章中所言「無，名天地之始，有，名萬物之母。……二者同出而異名」，則可知「有－無」是並時出現，只是發揮的作用不同，這就猶如「始」與「母」在《老子》中所發揮的哲學作用，這一哲學作用是：就其道之於天地萬物這件事而言，道之為始、為母，是同一回事。但若就「始」是說明「即將」有一序列之發生與推衍之可能的那一臨界處，它更多的是說明能撐起一序列發展之可能的那個臨界處之「前」的存在狀態；「母」基本上則是在一「明確既有」的關係中，作為端始的那個存在，這一端始是相應於關係中已被確定的另一端而言。因此，「道」在此作為天地萬物之源，是在「有」、「無」一源的狀態中，萬物也因此可以說是「生於有，生於無」。但是若以《老子》第 32 章、37 章、第 14 章，則顯然強調「道常無名」、「無為」，說明道是以「無」的方式呈現，而不是「有」的方式，是「無物之象」、「無狀之狀」，萬物是「生於無」，而非「生於有」。

其次，「有－無」的問題，還關係「有始」或「無始」的問題，因為在《老子》中第 52 章言「天下有始，以為天下母」，說明天下是有一開始的，這一開始同時也是「天下母」，相應於第 1 章，則指向「道」是那天地之始，萬物之母；另外，在《老子》第 4 章也指出「道」是「象帝之先」，是以「先」的方式存在，而且是「帝之先」，以此消除「道」的主宰性，並說明它就是第一者。這第一者是就天地、天下、萬物的觀點而言的，但若就「道」自身而言，是否就是那最先的存在？在《老子》第 25 章，指出「域中有四大，…人法地，地法天，天法道，道法自然」，這是在「道」之為「第一者」的理解之外，又多出了為

「道」所法的「自然」。「自然」一詞的理解，事實上牽繫著「道」
是否就是第一者？也牽繫著道之為始，抑或是道之外別有所
始？同樣地，《老子》第1章，也說「道可道，非常道」。那麼，
「道」是「有始」？還是「無始」？

由上述《老子》中「有」、「無」問題，可以得知：「有」、「無」
所涉的問題，既關乎始源的特質屬性，也攸關乎此始源之為「始
－母」的問題。茲將老子後學對這類問題的論述，說明如下：

1.關於始源的特質屬性，主要是這一屬性是「有」？或是「無」？

在《老子》第4章中所說明的是似有若無，此即「似」萬
物之宗，「似或」存；而當說其為「有」，又不是一般的「有」
的狀態的呈現，此即「沖而用之或不盈」，甚至在《老子》第
43章嘗言「無有入無間，吾是以知無為之有益。」這是以「無
有」一詞說明「無」的狀態，這一狀態之說明是針對「有」而
言。在老子後學中對於這種始源之狀態、屬性的說明，大致有
五種論述：一是直接如同《老子》般描繪其「混」的狀態，如
《黃帝四經・道原》中所言「濕濕夢夢，未有明晦」。第二是以
「有無」說之，《莊子・天地》：「泰初有無」，說明始源之狀態
為「無」，但這一種「無」是「無有無名」的，此處強調的是「無」，
此「無」是相對「有」而言的，對這一種「無」的把握是「有
『無』」。第三是《莊子・齊物論》對於「有無」提出質疑，即
「有有也者，有無也者，有未始有無也者，有未始有夫未始有
無也者。俄而有無矣，而未知有無之果孰有孰無也。」 此一
立論的基礎雖是對於「言」的窮究與衍生提出反詰，但同時也
表達出「有無」究竟是「有」或是「無」的問題。換言之，對

於「有無」，莊子認為就「言」而論，「有無」的表達，除了窮究的無限外，它的表達也不夠清晰，因此以「言」的方式取消了「有無」的問題。第四是強調「無有」，如《莊子‧大宗師》「修行無有」、〈應帝王〉記載陽子居問老聃關於「明王之治」時，老聃提出了「游於無有者」，「無有」在這裡是說明一在「有」之中，體現「無」的人，〈庚桑楚〉更提出「天門者，無有也。萬物出乎無有」，都是就「有」說明其為「無有」，這一「無有」所描繪的是根源之境的狀態。第五是《莊子‧知北遊》就「有無」之批判，提出「無無」，「有無」是一種「為無」，[26]因此仍是「有」的方式，難達「無無」之境，<u>無有是「無無」者</u>。這是將「無有」與「無無」視為一。

在這幾種表達方式中，又可總歸三類說之，其一為正面的描繪其情狀，此為《黃帝四經》之《道原》；其二為強調「有無」為始源，進而描述其為「無…無…」，此即《莊子‧天地》所載；其三則以莊子內篇及〈庚桑楚〉、〈知北遊〉等，對於「有無」的質疑，提出「無有」，甚至「無無」。

2.關於始源是否「有始」的問題

這是問「道是否有始」，就老子後學而言，其論述有如下四

---

[26] 〈知北遊〉：「光曜問乎無有曰：『夫子有乎？其無有乎？』光曜不得問，而孰視其狀貌，窅然空然，終日視之而不見，聽之而不聞，搏之而不得也。光曜曰：『至矣！其孰能至此乎！予能有無矣，而未能無無也；及為無有矣，何從至此哉！』標逗上雖然各本大都以「及為無有矣」斷句，但註釋解釋上則依宣穎之「及為無，未免乎有矣」釋之，如張默生《莊子新釋》、陳鼓應《莊子今注今譯》，依此標逗應在「及為無，有矣。」

種：(1) 竹簡《文子》之「夫道者，原產于有始」[27]之說。這一「有始」之說，是確定「道」為「始」，而不是在道之外別有一始。這「道始」是在「始－成」關係中的呈現，[28]是「始於柔成于剛，始於短而成于長，始於寡而成于眾」。

(2) 馬王堆帛書《黃帝四經》，此書雖未必為同一作者，但在關於「始」的問題上，大抵是相類的，其中〈稱〉之「道無始而有應。其未來也，無之；其已來，如之。」說明無從追究其始，在未有之時，自然是無的狀態，是不可知的，而當其「有」時，已經是在呈現中，因此也無法在「有」之中，探究未來之時的狀態，它只是「應」而已。換言之，「有」不能從「無」來，「有」自是「有」，不能追究「非有」。在《十大經・前道》中則提出「有原而無端，用者實，弗用者蓬。」這一思維可以解讀為「有一源頭，但卻無一端點」，看似矛盾，實際上並無矛盾，這是說明它為一始源，即有「原」，但是如同一環般，是無終始，這一無終始的把握與體驗是在「用」中才呈顯。在《道原》中則就其為「原」說明「道」。[29]總言之，《黃帝四經》認為無所謂「始」的問題，因為已在「有」之中，在「有」之中僅能探究

---

[27] 李學勤認為此處簡文有脫文，應作「〔道〕產於有始，〔始〕于若而成于強」。李學勤，《李學勤卷》，(合肥：安徽教育，1999 年)，第 589，及 593 頁的注 5。何志華也認為有脫文，作「〔原〕產于有始，〔始〕于若而成于強」。何志華，〈出土《文子》新證〉，《人文中國學報》第 5 期，1998 年，第 156 頁。今本《文子》此處作「夫道者原產有始，使於柔弱，成于剛強」。

[28] 這一部分之說明，見郭梨華，〈先秦老子後學之學術流派與哲學問題探究〉，《儒道國際學術研討會－先秦論文集》，(台北：台灣師範大學，2002 年 11 月)，第 33-34 頁。又見本書第五章，第 147-148 頁。

[29] 相關論述見郭梨華 (2002)，《儒道國際學術研討會－先秦論文集》，第 39-40 頁。又見本書第五章，第 156-158 頁。

「原」的問題。

（3）《莊子》‧齊物論》明確對於「有始」的問題，提出批判，認為從「言」的觀點，只是無限後退的追溯其未有之時，但終無法窮盡。因此，提出「道樞，樞始得其環中」的思想，即「道」是終始一環，沒有所謂始與端點的問題。

（4）重視「無始」之說，如《列子‧天瑞》提出「道終乎，本無始」，說明道是無始無終的存在；又如《莊子‧列禦寇》之「彼至人者，歸精神乎無始，而甘暝乎無何有之鄉。」說明至人之體道，在於「無始」為精神之歸趨所在，「無始」是在「用」中被把握，「無始」指的是「道」之「無始」，也就是那自然之道的狀態；另外，《管子‧白心》也提到「孰能法無法乎？ 始無始乎？ 終無終乎？ 弱無弱乎？ 故曰：美哉屯屯！」主要也是在於「用」中，說明自然之理是「法無法，始無始」，雖然是言「始」，但終歸趨于「無始」。

　　總言之，關於「有始」與「無始」的問題，可以發現，大抵只分兩種，即：僅竹簡《文子》持「有始」之說；其餘如《莊子》、《列子》皆採「無始」之說，並認為是始卒若環，因而也是「無端」。

3.《亙先》對於「有無」、「無有」、「有始」、「無始」的主張。

　　從《亙先》一文中，可以清楚知道對於始源的描述，並不採「有無」之說，而是以「無有」說之，而且描述其「為一若寂，夢夢靜同，而未或明，未或滋生」與帛書《道原》之「虛同為一，恆一而止。濕濕夢夢，未有明晦」之說相類，都是描

繪始源的渾濛未明爲「一」之狀。換言之，始源在「一」之狀中，只有「生」與推衍的問題，「無有」的意義在於就「有」說其爲「無有」，「無有」與「有」的關係，是建立在「氣」的自生自作的生發使然，即「有氣焉有有」，「焉」作爲「於是」解，在生發次序上是因著「氣」而有，至於如何生發，若以天地之生而言，是氣之清濁使然，氣之清者輕揚，濁者重凝。

關於「有始」的問題，基本上《互先》雖有「有始」之說，但是這一「有始」並不是針對「恆先」、「氣」等而言，而是在這之後的「有有」提出，是相應於「有往者」而言「始」。若以《互先》相較於其它老子後學，可以發現《互先》之作，在於提出「恆先」，至於「始」的問題，是針對萬物而言。換言之，若就始源者而言，並無所謂「始」或「無始」的問題，它就是「先」而且是「恆先」的方式存在。雖然《互先》一如《老子》，也提出「復」的觀念，但是無法發現其有類于《莊子》之無端之環的道論描述。

（三）「氣」的哲學探究

《老子》中對於「氣」的論述，共有三處，即第 42 章「萬物負陰而抱陽，沖氣以爲和」、第 10 章的「專氣致柔，能嬰兒乎」，以及第 55 章「心使氣曰強」。綜合此三處言「氣」，可以發現「氣」之於萬物的形成有絕對密切之關係，但是在《老子》中並未詳加論述「氣」如何發揮作用，而使萬物有別。這種「氣」之於人，其搏聚則能保有人始生之柔的狀態，而當人以心使氣

時，則「失於守柔，去靜離道」，[30]而陷於強梁之災禍。於此可見《老子》之「氣」已經是與萬物的形構相關，並且是「道生萬物進程中的一個環節，……沖氣和合而化生萬物」。[31]

老子後學中，對於「氣」，大致有兩種方向的論述：

1.關於氣之於人的關係

在戰國道家資料中，這一部分的看法大抵依循《老子》「萬物負陰抱陽，沖氣以為和」的思想，都認為人作為萬物之一的存在，與萬物相類，都稟之於氣，如今本《文子·九守·守清》中有「人受氣於天者」[32]之說，認為人體中有其所源自之「氣」充滿體內，[33]作為「生」的基礎。又如《管子·心術下》也提出

---

[30]高明，《帛書老子校注》，（北京：中華書局，1996 年），第 97 頁。

[31]張立文，《氣》，（北京：中國人民大學出版社，1990 年），第 1 頁。

[32]此句《淮南子·俶真訓》作「夫人之所受於天者」。關於《文子》一書，據李定生·徐慧君，《文子校釋》（上海：上海古籍，2004 年）中〈論文子〉中之〈代前言〉，他們認為《文子》是西漢時已有的先秦古籍，它先於《淮南子》。王利器，《文子疏義·序》，（北京：中華書局，2000 年），他認為是漢初之作，但先於《淮南子》，《淮南子》為《文子》之疏義（第 6-13 頁）。丁原植，《文子資料探索》，（台北：萬卷樓，1999 年），他認為此一大段落是《淮南子》別本之殘文竄入，保留於文子外篇（第 144 頁）。案：此處上不處理有關今本《文子》的問題，僅就有關本主題之論述的重要部份作說明，若以《老子》對於氣的說明，此處直言「人受氣於天」，是對《老子》之說的一大顯題化之論述。「人之有氣」在《莊子·齊物論》南郭子綦之「仰天而噓」所表明的哲學義含，亦可見一斑。

[33]《文子·九守·守弱》作「氣者生之元也」，《淮南子·原道訓》作「氣者，生之充也」，王念孫以「元」校《淮南子》，但王利器以為「充」義較勝。關於此一思想丁原植仍認為《文子》此文，乃《淮南子》別本竄入。案：此處論及《文子》、《淮南子》，意不在辨何為原出之文章段落，因此除了將學者前輩之說提出外，目的在於辨明此一思維乃戰國即有，因此可

「氣也者，身之充也」，這些都說明了「氣」之於「人」是一重要之構成質素。《莊子・齊物論》中有關南郭子綦隱几而坐的描述，已指出人由「形－心－氣」三者形構而生，甚至認為人的生死的基本上只是氣之聚散的分別而已，通天下只是一氣而已。[34]《列子・黃帝》中也言「形色七竅，人也。氣息音聲，人也。」屬於人之氣，《列子・天瑞》提出「氣」分清氣、濁氣與和氣三種，人由和氣所生。[35]除了人體充滿氣之外，帛書《黃帝四經・十大經》也提出，氣與人的情緒相關，此即「怒者血氣也」之說；更且「氣」也與「心」相關，所謂「氣者心之浮也」，此處「氣」已然成為人內在心靈的表露，即今之所謂「氣質」。[36]

2.氣與始源者的關係

這部份主要說明「氣」是否就是始源。（1）就宇宙演化的角度而言，《莊子》之〈至樂〉、〈知北遊〉與《列子・天瑞》的觀點相類，都說明氣與始源相關，但不就是那始源，如〈至樂〉中記載莊子妻死時，莊子面對「死」所作的詮釋，莊子認為人之死，是相對於生命、生活著而言，但是生命其初是源自未有生命之時，未有生命是源自於無形軀，無形軀則是因為源自於

作為論述之依據。戰國時，如《孟子・公孫丑上》已有「氣，體之充也」，「氣」之為人體之重要質素。

[34] 《莊子・知北遊》：「人之生，氣之聚也。聚則為生，散則為死。…故萬物一也。…故曰通天下一氣耳。聖人貴一。」

[35] 《列子・天瑞》：「清輕者上為天，濁重者下為地，冲和氣者為人；故天地含精，萬物化生。」

[36] 陳鼓應，《黃帝四經今註今譯》，（台北：台灣商務印書館，1996年），第387-388頁。

無氣息、精氣，精氣之所源始，是在芒芴之間突然有了氣的變化使然。[37]〈知北遊〉類同於此。[38]「氣」在此，並不就是始源，是從「無有」而且「無無」的道所生發出來，因此是第二性，一個由邏輯所構的道才是第一性。[39]

《列子・天瑞》在宇宙演化過程中，[40]提出四階段，分別是太易、太初、太始、太素，在這四階段中，太易還未有氣，太初是氣之始，即氣在此一階段才有，太始，則是始有形之時，太素則是有質的說明。氣、形、質三者混而為一稱之為「渾倫」，[41]太易相較於此一渾倫，是一「無無」的狀態。顯然在此，「氣」不就是「太易」，「太易」中只是蘊涵有「氣、形、質」的可能。

---

[37] 《莊子・至樂》：「莊子妻死，惠子弔之，莊子則方箕踞鼓盆而歌。……莊子曰：『不然。是其始死也，我獨何能無概然！察其始而本無生，非徒無生也而本無形，非徒無形也而本無氣。雜乎芒芴之間，變而有氣，氣變而有形，形變而有生，今又變而之死，是相與為春秋冬夏四時行也。…』」
[38] 《莊子・知北遊》：「夫昭昭生於冥冥，有倫生於無形，精神生於道，形本生於精，而萬物以形相生。」
[39] 馮友蘭，《中國哲學史新編》（二），（台北：藍燈出版社，1991 年），第135-136 頁。
[40] 《列子・天瑞》這一段「故曰…」中所言的四階段，與《易緯・乾鑿度》相同。關於《列子》一書，後世有學者認為是偽書，但也有學者為其辯誣，認為《列子》不是偽書，如嚴靈峰。林義正在〈論《列子・天瑞》的易道思想〉一文中，也指出這一部分並非《列子》抄《易緯・乾鑿度》，而是《易緯》的有取於〈天瑞〉一段文字與《易傳》相雜揉。今從之。林義正，〈論《列子・天瑞》的易道思想〉，《台大哲學論評》第 23 期，第 19-50頁。
[41] 《列子.天瑞》：「子列子曰：「昔者聖人因陰陽以統天地。夫有形者生於無形，則天地安從生？故曰：有太易，有太初，有太始，有太素。太易者，未見氣也。太初者，氣之始也。太始者，形之始也。太素者，質之始也。氣、形、質具而未相離，故曰渾淪。渾淪者，言萬物相渾淪而未相離也。眡之不見，聽之不聞，循之不得，故曰易也。」

（2）若就萬物的觀點，就人之於道的修持與體悟而言，「氣」就是「道」，此時之「氣」是就人具有可通於「道」的質素而言。在老子後學中雖然氣就是道，但有兩種途徑，或與「心」相關，或不提及「心」。其中與「心」相關者，又可分兩種：一是《莊子・人間世》論心齋時，提出聽之以「氣」，氣一種虛而待物的狀態，虛就是心齋，虛就能體悟「道」，所謂「唯道集虛」。莊子這一主張是認為人有氣於形之內，當我們返歸於「氣」的摶聚(指專注返歸於初的狀態)時，同時也是一種容物、待物，這時心並不處於成心的狀態，而是心也是一種虛而待物、容物狀態，道也就在這種氣之摶聚的「虛」中把握體悟了。若以正面方式看待「心」，《莊子・應帝王》提出「遊心」之說，[42]認為讓心在無成心狀態中，看待物之本然，當氣與廣大寂靜之自然相通相合，則能順物之自然，天下也因此而治，這也就是明王之治，即是「道」。此處說「氣」就是「道」，基本上是藉由心之修持，將形內之氣與自然之氣相通，相通就是「道」。

另一是《管子・內業》也提出「氣」與「道」極為密切，「氣」是生成萬物之質素，「氣」有精、粗之分，物之精氣的聚合，是物之得以生的基礎，所有天地萬物皆由此氣而得以生，它周流於天地之間，又近在於此身之中。[43]這一種對於「氣」的描述，與「道」相類，「道」之於萬物，是萬物得以生、得以成的根源，

---

[42]《莊子・應帝王》：「汝遊心於淡，合氣於漠，順物自然而無容私焉，而天下治矣。」

[43]《管子・內業》：「凡物之精，此（石一參：當為「比」）則為生，下生五穀，上為列星。流於天地之間，謂之鬼神；藏於胸中，謂之聖人。是故民（丁士通：「民」乃「此」之誤）氣，杲乎如登於天，杳乎如入於淵，淖乎如在於海，卒乎如在於己。」

[44]二者藉由與「心」的關係，成爲「守氣」即是「心之反濟」，即是「道」的把握，此所謂「心靜氣理，道乃可止」。關於「氣」與「心」的關係，〈內業〉作者的主張與《莊子・齊物論》中認爲人的結構相類，都是由「氣－形－心」三者共構，其中「心」是關鍵所在，「心」基本上是自充自盈，但心會有所失，在憂樂喜怒欲利之引導，若能返回本心，則可「有德」，有德即是「氣」之守，此氣即是「靈氣在心」，是對於「心」在現實中的被引發之作用的去除，即以損心，讓心反濟於道。關於「道」與「心」的關係，〈內業〉指出，「夫道者所以充形也，而人不能固」，這是指道充盈於心中，但是人不能固守之，顯然此處以隱約將「道」、「心」、「氣」三者在人之得道之觀點下，合而爲一，對於「道」即是「心」，〈樞言〉更清楚，認爲「心」即是「道」在於人的體現所在，[45]「治心」即是「守氣」，此時之心即是「靈氣在心」，[46]心能執靜，道將舍之。這種「心」是虛靜之對待，其與《莊子》不同在於：「道…其在人者心也」這一命題的提出，因此治心之方，在於損之又損，在於「返歸－止息」[47]之說，即「反濟」，而非「心齋－遊心」。

---

[44]《管子・內業》：「凡道，無根無莖，無葉無榮，萬物以生，萬物以成，命之曰道。」
[45]《管子・樞言》：「管子曰：『道之在天者日也，其在人者心也。』故曰：『有氣則生，無氣則死，生者以其氣。有名則治，無名則亂，治者以其名。』」
[46]《管子・內業》：「靈氣在心，一來一逝。其細無內，其大無外，所以失之，以躁爲害，心能執靜，道將自定。」
[47]此「反濟」之解，不採尹知章之注「心反守其所，而能濟成」。黎翔鳳，《管子校注》，（北京：中華書局，2004 年），第 931 頁；而採湯孝純之注「濟，止息，平靜。」湯孝純，《管子讀本》，（台北：三民書局，1995 年），第 819 頁。

　　關於「守氣」之說，還有一種方式，它並不與「心」相關，如《莊子‧達生》中記載的關尹之說，[48]關尹提出「純氣之守」，藉由「養氣」的方式以迄於「道」的體悟。這種「純氣之守」的立論根基在於人與萬物皆爲道所生，若能將自身置於自然無端崖之終始中，順隨自然，與物終始，無所謂「先」，才能「物莫之能傷」，當物不能傷時，則能通物之所造。依《莊子‧天下篇》所載，關尹之說爲強調順隨，不以「己」爲先、爲主，己應無居，其動、其靜、其應才能若水、若靜、若響的方式，即只是回應、順其自然而無所主。[49]依此，或許可說關尹之「純氣之守」的「養氣」之方，在於守著充盈於身之氣，回應、順隨物之自然，更且此「守」，不在於耳、目、心、力之用，[50]也不是如土堆、塵埃般之一無所能式的無爲，而是「知其所以然」之「守」，[51]是以「養氣」也在知其所以然中「養」之。

---

[48] 此段記載亦見於《列子‧黃帝》。從語言文字看，不似有抄襲問題，但有傳述上音韻之差異，就這一部分，《莊子‧達生》記載較好。但〈達生〉之後半似增衍，與「純氣之守」無關，《列子‧黃帝》無此增衍部份，語意完足。此處以〈達生〉之說爲據，是爲避免《列子》的真僞問題。

[49] 《莊子‧天下篇》：「在己無居，形物自著。其動若水，其靜若鏡，其應若響。芴乎若亡，寂乎若清，同焉者和，得焉者失。未嘗先人而常隨人。」

[50] 《列子‧仲尼》：「關尹喜曰：在己無居，形物其著。其動若水，其靜若鏡，其應若響。故其道若物者也。物自違道，道不違物。善若道者，亦不用耳，亦不用目，亦不用力，亦不用心。欲若道而用視聽形智以求之，弗當矣。瞻之在前，忽焉在後，用之彌滿六虛，廢之莫知其所。亦非有心者所能得遠，亦非無心者所能得近。唯默而得之，而性成之者得之。知而忘情，能而不爲，真知真能也。發無知，何能情？發不能，何能爲？聚塊也，積塵也，雖無爲，而非理也。」

[51] 此「守」即是《列子‧說符》中關於子列子學射之事的記載，這一事情，也見載於《呂氏春秋‧季秋紀‧審己》。

　　《互先》中關於「氣」的論述，就其與始源「恆先」之關係，可以知道它是在「或作」中而有，以此而言，氣之於恆先是第二性，但是又說「恆莫生氣」，顯然又將「氣」與「恆」視為一，恆之為先者，又是「恆先」，三者實為一。若就天地萬物之生成而言，「氣」顯然是萬物構成的基本要素。以此觀之，《互先》之思維與戰國道家之說相類，但未涉及人之結構問題，因此與《莊子》、《管子》之說不相類。《互先》之從宇宙演化說氣之於萬物生成，萬物也只在於復其所慾中「生」，並以「復」之方式返歸。這一種樸拙、簡略的方式，似乎僅在於回應人文之事實，以及人文之源自「恆先」，終需返歸自然之說，對於「人」如何「復」，則未涉及人心。就其不涉人心，與關尹之說類，但關尹反對「先」，而是以順隨的方式，守其所以然。因此，終歸與關尹不相類。

（四）「或」、「欲」的哲學探究

　　在《互先》中「或作」一詞，引發學界的爭議，有學者以「或」通《老子》之「域」的方式解之，有學者認為它是指稱一種偶發狀態，一種「或然」，李零與龐樸皆認為「或」具有之雙重含意。「或」的第一重含意在於「域」的指向，它相當於《淮南子・天文訓》之「虛廓」，是指稱一「場域」的存在，並非由「形」而有之空間，而是充滿了「氣」的「場域」。「或」的第二重含意，即是指「自厭不自忍」時，自然而然發生的，其自然表明非他力所為，其發生說明它是不一定發生，不是必然的。對於始源之不必然，事實上在於指稱其不被限定的狀態。「或」的這兩重含意，在道家哲學的探究中，常常以不同的形式表達

或哲學概念指稱。

　　就「或」之不被限定義,《管子·白心》在說明「天之或維,地之在載」之「或」時,曾言「夫或者何,若然者也。」馮友蘭於此已注意到,「或」是一種形象的說法,是「若然」的方式,其所指在於那聽之不聞,視之不見的道的作用。[52]若考諸先秦道家典籍,可以發現「或」之不被限定義,常被用來指涉有關始源之狀態,如《老子》第4章之「或不盈」、「似或存」,是以「有」之狀說其「不被限定」的用語習慣。《莊子·齊物論》則用「若」指稱「真宰」。

　　關於「或」之不被限定所引發的始源問題之討論,〈則陽〉曾記載一段少知與太公調的對話,少知問在「四方之內,六合之裡,萬物之所生惡起?」此即問:在我們所生存之域中萬物的根源是如何可能?太公調在回應中提出曾有接子之「或使」與季真之「莫為」說。「或使」的學說內容今所能知者有限,或可以太公調之論稍解之。太公調認為接子之「或使」是強調始源之「實」的一面,「莫為」則是強調始源「虛」的一面,「或使」與「莫為」共為「言之本。道不可有,有不可無。道之為名,所假而行。」這說明太公調認為「或使」以虛說實,以「或」的方式認為萬物之所生,起於「或使」,即好像有一使之然者存在;「莫為」之說則以「為」的方式說明「無」,即不知其所生,起源自何處,是以實說虛。以此考諸《亙先》,可以發現《亙先》之「或作」與「或使」類,但方向不同,「或作」是由始源說其作用,「或使」是由萬物論始源之存。若就「或」

---

[52]馮友蘭(1991),第225-226頁。

而言，都是發揮一不被限定之哲學作用。

　　就「或」之爲場域之說明，其實《老子》也有「域中有四大」之說，「道」是域中四大之一，《莊子》中也常有「無何有之鄉」、「廣漠之野」、「曠垠之野」、「無何有之野」、「無何有之宮」的指稱，這「無何有之鄉」在〈應帝王〉中更是「六極之外」，在《淮南子‧天文訓》中更有虛廓、宇宙之說。這說明了場域性的存在，其存在是在有時間之空間之外的場域，它是在無時間性或說恆久之時間中的場域。

　　關於「欲」的問題，以《老子》而言，事實上包含兩種「欲」的使用，一是人之欲的「寡欲」、「無欲」之說，一是就始源之道而言的「萬物將自化，化而欲作，吾將鎮之以無名之樸」，這一「欲」指的是自然之生發的順隨。《亙先》之「欲」，基本上都是說明萬物之生成時所提出，同時也是在說明自然與人文之聯繫時才使用，如「求欲自復」、「因生其所欲」、「復其所欲」。「求欲自復」是說明「物」相生之同類，「因生其所欲」則說明氣之云云相生，「同出而異生」的緣故，而「恆氣之生，因復其所欲」，重在強調「復」「所欲」，即由異生返歸同出，此乃「唯一以猶一」。這種「欲」作爲自然的一種生發，很難避免與「人之欲」的混淆。換言之，人之欲是否也是一種自然的生發？雖然《亙先》作者的旨意在從始源處論述，而非從「人」的觀點論述，但很難避免「人之欲」與「自然之欲」的混淆。帛書《黃帝四經‧經法‧道法》[53]對於「欲」認爲是「生之害」，是「不

---

[53]帛書《黃帝四經‧經法‧道法》：「虛無形，其裻冥冥，萬物之所從生。生有害，曰欲，曰不知足。生必動，動有害，曰不時，曰時而〔怀〕。動

知足」，此處顯然將「欲」往「人之欲」的方向發展，在《經法》、[54]《十大經》[55]中，「欲」往往與「心」相結合，成為「心欲」，《道原》中則強調「無欲」之說。「人之欲」與「自然之欲」的融合，大抵在子華子之「全生」說，始有融合之義，子華子認為「全生」在於「六欲皆得其宜」，「宜」的標準在於「樂其所樂」與「忘」而致。[56]

三、結　論

　　藉由上述戰國道家哲學論題的探究，大致可以分判《互先》之思想與先秦道家諸子思想的差異。《互先》之思想，主旨在於論述始源之為「先」的存在，而且是以「恆」的方式持存，「氣」是始源與萬物之共通者，其第一義在於始源，萬物與人皆因「欲」而生，皆是順隨氣之變化而生，人文中一切規範、典章制度亦復如是。也因此對於人所引起之亂，有兩種方式處理，一是復先，一是以天下之大作看待，是不自若作，最終將返歸於始源之恆先。其思想所引發之難題在於：如何能僅以「復」的觀點，說明人文之能返歸恆先？人文之合理性應依自然而立，但畢竟

有事，事有害，曰逆，曰不稱，不知所為用。事必有言，言有害，曰不信，曰不知畏人，曰自誣，曰虛誇，以不足為有餘。」
[54]《經法·國次》：「心欲是行，身危有〔殃〕。」《經法·亡論》：「三凶：一曰好凶器。二曰行逆德。三曰縱心欲。此謂〔三凶〕。」
[55]《十大經·正亂》：「止〈乏〉禁，流□（醢），亂民，絕道，反義逆時，非而行之，過極失當，擅制更爽，心欲是行。」
[56]陳奇猷，《呂氏春秋新校釋》，（上海：上海古籍，2002年），第82-83頁。

是理想狀態，現實中「人」的問題顯然是必需探究的，但在此對於人之心、人之欲並未作討論。

　　至於《亙先》之時代與學派歸屬，僅能得出為道家之屬，以其用語如「自為」，及哲學論題之討論，大抵不晚於戰國稷下道家時期。

第三編　出土文獻與先秦儒家
哲學論題

第七章　竹簡《五行》的「五行」研究[1]

一、前　言

　　1993 年楚簡《五行》之出土，與 1973 年馬王堆出土的帛書《五行》可相互對校，這是目前研究《五行》學者所重視的，也因此引發了對於「五行」問題的關注，這問題的關鍵在於荀子曾批判思孟五行，其中所言之「五行」是否與《尚書‧洪範》「五行」相關？

　　如果兩者之間沒有任何直接的聯繫，那麼這樣提出的「五行」說，究竟將原來《尚書》的「五行」說安置在思想史發展上的何種位置？而新提出來的「五行」說，理當造成當時的混淆，為何荀子在批評的同時，在〈樂論〉中也提出了另外的一種「五行」說？可見當時確實存在著關乎「德」的「五行」，但是這樣論述的德之「五行」，與《尚書》的「五行」說，是否具有哲學意義或作用上的聯繫？否則何以提出一種足以混淆當時思想的觀念，而不另立名稱？再者，荀子指出思、孟「五行」：「甚僻違而無類，幽隱而無說，閉約而無解。」如果思、孟之流純然只是提出「德之五行」，並造成了當時學者相信是仲尼、

---

[1] 本文曾出版於武漢大學中國文化研究院編，《郭店楚簡國際學術研討會論文集》，（武漢：湖北人民出版社，2000 年 5 月），第 246-260 頁。今稍作文字修正。

子游之學的承傳，則荀子當不至於嚴厲批評此為「子思、孟軻之罪」。

　　另外，有一條資料相當值得作為提醒與注意，即:《孔子家語》中保存了孔子向老子問及「五行」的資料，在〈五帝〉中記載著:「季康子問於孔子曰:舊聞五帝之名，而不知其實，請問何謂五帝?孔子曰:昔丘也聞諸老聃曰:『天有五行，水火金木土，分時化育，以成萬物。』其神謂之五帝。」雖然《孔子家語》之言未必全然為真，但是時儒接受孔子曾論及「五行」之事確實是存在的，而且所論之「五行」在《尚書·洪範》中也確有此「五行」觀，同樣地在《國語·周語》中也記載了「五行」雜揉，以成萬物之資料。因此思孟之流的「五行」是否與《尚書·洪範》「五行」相關，是令人困惑，也是學者們想解開的歷史謎團。為求真解的可能，試從歷史發展與文本內容兩個方向探索。

二、「五行」說的歷史承傳簡述

　　「五行」一辭，最早出現在《尚書》的〈甘誓〉與〈洪範〉中，在〈甘誓〉中是指「有扈氏威侮五行，怠棄三正，天用剿絕其命。」〈洪範〉中則指出「鯀陻洪水，汩陳其五行;帝乃震怒，不畀洪範九疇，彝倫攸斁。鯀則殛死，禹乃嗣興，天乃錫禹洪範九疇，彝倫攸敘。初一曰五行，次二曰敬用五事，次三曰農用八政，次四曰協用五紀，次五曰建用皇極，次六曰乂用

三德，次七曰明用稽疑，次八曰念用庶徵，次九曰嚮用五福，威用六極。一、五行：一曰水，二曰火，三曰木，四曰金，五曰土。……」這兩處所談之「五行」，內容是否一致，有待進一步的研究，因爲這可能關係夏、商之間朝代的轉換，也同時關係著當時對於「五行」在天文曆法上的轉義使用。但是兩者也共同呈顯出一共通點，都是指向與承繼天命相關而且是非常重要的事情，那就是：如果不能順著「五行」而行，則將如有扈氏與鯀般，爲天命所棄絕；兩者明確顯出不同之處在：〈洪範〉更進一步明確此「五行」的內容是：水、火、木、金、土。那麼「五行」在當時究竟具有怎樣的重要性以致於在〈甘誓〉、〈洪範〉中攸關天命時提出？在此，僅嘗試從兩處文本內容及文字的釋義上推敲：

　　「五行」是關乎自然的呈現與持續運作，所謂「行」，鄭玄注曰：「行者，順天行氣也。」若從《尙書》提到「五行」所指的事件而言，「五行」具有一象徵的意義，這一意義並不是如西周時所標舉的「德」，而是「行」，「行」所指稱的無非是指自然的呈現與持續，因此當鯀墮洪水時，帝所以震怒在於：這是違反自然的作爲。天命之降於禹，是因爲禹因勢利導以治水，水性基本上就是流，阻流以治，自然破壞水性，壞了自然之性，自然引起天怒，因而也必導致人怨，是以夏啓伐有扈氏，認爲所行之討伐是「惟恭行天之罰，左不攻於左，汝不恭命。右不攻於右，汝不恭命。……」

　　「五行」在〈洪範〉中被明確爲水、火、木、金、土，而且被認爲是首要之事，其次五事：貌、言、視、聽、思。鄭玄《注》：「五事象五行。」又《漢書・藝文志》也認爲「五事」

是指「進用五事以順五行也，貌、言、視、聽、思心失，而五行之序亂。」「五行」的意涵在〈洪範〉中不但被確定爲哪五種，同時也被認爲是與人相關，不再純粹只是天之自然所行之理。

至西周建立王朝時，則將天命歸之於「德」，可能是因爲這個因素，使得「五行」說至周幽王，史伯答鄭桓公時，已經將「五行」當成是構成萬物的五種基質。因此，在《左傳》中並存著「五行」與「五材」之說，[2]其中「五行」是被當作「地之五行」與「五材」、地之生殖密切相關。

但是「五行」也仍然保有自夏商承繼而來的意義，即《史記・曆書》所言：「黃帝考定星歷，建立五行。」「五行」基本上是對天象的觀察而來，因此與天時、五官相應，對此《史記・律書》也提到：「律歷，天所以通五行八正之氣。」這已將五行與方位之氣聯繫論述律曆。

這種五行與方位之氣之聯繫，可溯至春秋戰國時的文獻資料，《左傳・昭公 25 年》曾記載著子產的一段話：

> 吉也聞諸先大夫子產曰：夫禮，天之經也，地之義也，民之行也。天地之經，而民實則之。則天之明，因地之性，生其六氣，用其五行。氣爲五味，發爲五色，章爲五聲。

這段話孫廣德認爲較之〈洪範〉之以五味配五行，更進一步，

---

[2]可參看《國語・鄭語》、《國語・魯語》、《左傳》襄公 27 年、昭公 11 年、32 年關於五材及五行的論述。

將五味、五色、五聲、五行並列。[3]這種五色、五味、五行、五聲之配置形成了「五行」說。五色與方位之連繫，則見於《逸周書・作雒》[4]，以及有關「禮」的文獻資料，如：《禮記・曾子問》中記載著孔子與曾子的對話：「曾子問：諸侯旅見天子，入門不得終禮，廢者幾？孔子曰：四。請問之。曰：大廟火，日食，后之喪，雨霑服失容，則廢。如諸侯皆在而日食，則從天子救日，各以其方色與其兵。大廟火，則從天子救火，不以方色與兵。」又《周禮・春官》及《儀禮・覲禮》[5]也都有類似的記載。五行、五色與方位之配置可謂春秋戰國時所習見，尤其是戰國中晚期之《管子》、《呂氏春秋》皆已有相關記載。

總括而言，「五行」之說在春秋戰國時的知識學中是相當重要的，甚至儒者都知曉，只是如孔子之儒者之流，重點並不在於諭示災異，也並不是用此解釋歷史朝代的更迭，而在當時這

---

[3]孫廣德，《先秦兩漢陰陽五行說的政治思想》，（台北：台灣商務印書館，1993年），第25頁。

[4]《逸周書・作雒》：「諸受命於周，乃建大社于周中。其壝東青土、南赤土、西白土、北驪土，中央疊以黃土。將建諸侯，鑿取其方一面之土，苞以黃土，苴以白茅，以爲土封，故曰受則土於周室。」黃懷信.張懋鎔.田旭東，《逸周書彙校集注》，（上海：上海古籍出版社，1995年），570-571頁。

[5]《周禮・春官》：「以玉作六器，以禮天地四方。以蒼璧禮天，以黃琮禮地，以青圭禮東方，以赤璋禮南方，以白琥禮西方，以玄璜禮北方，皆有牲幣，各放其器之色，以天產作陰德，以中禮防之，以地產作陽德，以和樂防之，以禮樂合天地之化。」

又《儀禮・覲禮》曰：「諸侯覲于天子。爲宮方三百步。四門壇十有二尋。深四尺。加方明于其上。方明者。木也。方四尺。設六色。東方青。南方赤。西方白。北方黑。上玄下黃。設六玉。上圭下璧。南方璋。西方琥。北方璜。東方圭。上介皆奉其君之旂置于宮。尚左。公侯伯子男。皆就其旂而立。」

是對於「天時」及「禮」的一種瞭解。

三、「五行」與「五常」

　　楚簡《五行》的出土，確證了竹帛《五行》與思孟學派的相關，也解決了思想史上的一件疑案，這疑案即是荀子對子思、孟子的批判，在批判中指出思孟論述「五行」之說，在文獻出土前，傳世典籍中確實無法解決此一難題，因此顧頡剛以爲這是荀子誤傳，當指鄒衍爲是。[6]隨著考古上的發現，文獻的出土，釋古時代隨之開啓，對於荀子這一段話，唐代楊倞的注解格外引其注意。楊倞注「五行」即「五常」，爲「仁義禮智信」，追尋這一思想史發展的情況時，我們可以發現早在東漢鄭玄注解《中庸》「天命之謂性，率性之謂道」時即說到：「木神則仁，金神則義，火神則禮，水神則知，土神則信。」鄭玄這一注解，指出了楊倞之說有歷史上的溯源，並非楊倞虛造，硬將「五常」與「五行」相比附，或者以「五行」爲誤，而以「五常」代之。但是鄭玄的說法，究竟是因爲漢代讖緯之學盛行的時代因素使然？或者子思確有此一思想？依據章太炎的說法，這是子思遺說，而且認爲「古者〈洪範〉九疇舉五行傅人事，義未彰著，子思始善傅會。」但是從竹簡《五行》中我們只發現有「幾而知之」之說，並未明確找到水火木金土與德之「五行」相比附

---

[6]顧頡剛，《顧頡剛古史論文集》（第三冊），（北京：中華書局，1996年），第259頁。

的資料，而且《中庸》也沒有明確資料顯示。因此確定爲子思遺說，雖可設想，但不能明證。[7]因此，在這一部份所探究的，並不是要確證「仁義禮智聖」與「水火木金土」的關聯與比附，也不是確證爲子思所作，而是從歷史發展線索中，嘗試發現兩者發生聯繫在思想上究竟發生了何種意義與作用？兼論及「五行」說與「五常」的歷史關聯。

荀子對思孟五行的批評，在《荀子·非十二子》中說到：

> 略法先王而不知其統，猶然而猶材劇志大，聞見雜博。案往舊造說，謂之五行，甚僻違而無類，幽隱而無說，閉約而無解。案飾其辭，而祗敬之，曰：此真先君子之言也。子思唱之，孟軻和之。世俗之溝猶瞀儒、嚾嚾然不知其所非也，遂受而傳之，以為仲尼子游（一說子弓）為茲厚於後世：是則子思孟軻之罪也。

荀子認爲子思、孟軻是「案往舊造說，謂之五行。」這一說法指出思、孟提倡「五行」，而這「五行」之說是前人早就有的主張。諸傳世典籍，「五行」一說〈甘誓〉中提出「威侮五行」，〈洪範〉明確「五行」之所指爲：「水火木金土」，更且早在〈洪範〉一文中已經將「五行」與「五味」相對應，指出「水曰潤

---

[7]本文言《五行》〈經〉文雖可設想爲子思之作，但不能明證，意在說明用實證角度，明確該篇〈經〉文爲子思或其弟子記載之作，實屬不可能，除非再挖一部《五行》，且明確題爲子思或其弟子記錄之作，但這只能靠天意，甚至不可能，因爲當時著作權觀念與今日不同。但若從《荀子·非十二子》所批判的思孟五行說，應該可以設想與子思極爲相關的作品，甚至在龐樸的引證說明下，認可這一種說法是目前最可被接受，也是最具說服力的主張，否則或將落入懷疑論或實證論的陷阱。

下，火曰炎上，木曰曲直，金曰從革，土爰稼穡。潤下作鹹，炎上作苦，曲直作酸，從革作辛，稼穡作甘。」

　　這種將五行與五味的並提而論，在《左傳》與《國語》中也都有更多的發揮。據《左傳》記載，昭公元年時，醫和指出「天有六氣，降生五味，發爲五色，徵爲五聲，淫生六疾。」二十五年時子大叔曾對趙簡子說「夫禮，天之經也，地之義也，民之行也，生其六氣，用其五行。氣爲五味，發爲五色，章爲五聲。」二十九年時，對於「物有其官」指出「故有五行之官，是謂五官，實列受氏姓，封爲上公，祀爲貴神。社稷五祀，是尊是奉。木正曰句芒，火正曰祝融，金正曰蓐收，水正曰玄冥，土正曰后土。」三十二年時，則又指出「天有三辰，地有五行。」這些都指出水火木金土五行與五味、五聲、五官有一聯繫，而這一聯繫確立了五行爲「地之五行」，直至這一時期，雖然沒有完整且明確地列出五行相生與相勝的排序，但是也已經存在個別相合與相克的情形，[8] 而且五行與五味、五聲、五官的密切聯繫在春秋末確實是存在的。

　　戰國晚期，與荀子約略同時代，而同在齊國活躍的是鄒衍的「五德終始說」，把五行說結合歷史朝代更迭，把這種宇宙觀附會到社會歷史領域，認爲各朝代都秉持一種「德」而爲主，這一主張據《史記‧孟荀列傳》所載，當時在齊國、魏國、趙國、燕國深受歡迎與禮遇，但史遷總歸其說之要時說到：「然要其歸，必止乎仁義節儉，君臣上下六親之施，始也濫耳。王公大人初見其術，懼然顧化，其後不能行之。」可見鄒衍必與儒

---

[8] 請參閱《左傳》襄公 19 年與昭公 9 年及存在相合與相勝的說明。

學相涉。而且鄒衍之學與後來純言災異陰陽不同者在於其要歸止於「仁義」。今日雖然難明其「五德終始」之旨，但與其稍後之《韓非子‧飾邪》所反映的純以星相位址斷言災異當有所別。因此，將水火木金土「五行」與仁義相聯繫至遲在鄒衍時已有之，但是否有德之「五行」的出現與比附則難明。

　　考諸傳世典籍，水火木金土「五行」與德行之「五行」確實是從戰國以來曾共存過一段時期，這可以從《呂氏春秋‧孝行覽》中所論述的曾子「五行」得到佐證。〈孝行覽〉：「曾子曰：身者父母之遺體也。行父母之遺體，敢不敬乎？居處不莊，非孝也。事君不忠，非孝也。蒞官不敬，非孝也。朋友不篤，非孝也。戰陳無勇，非孝也。五行不遂，災及乎親，敢不敬乎？」又《禮記‧禮運》也提到：「故人者，天地之心也，五行之端也，食味、別聲、被色而生者也。」孫希旦《禮記集解》以為此五行即「仁義禮智信」。因此「五行」之說並不只有水火木金土之「五行」，還有德之「五行」，而且「行」字在上古音中是陽部匣紐，別無其他發音。荀子的批評正好是處於曾子與鄒衍之間這段時期的思孟之流，若從思想的發展而言，這一時期的「五行」說正是處於與水火木金土之「五行」相結合的轉折期，或者說嘗試以德之「五行」的作用提出人道與天道之間聯繫的可能。

　　這種「五行」的轉折與結合在戰國晚期出現了以「五常」取代「五行」之說，[9]有時「五常」指的是「德之五行」，有時

---

[9]「五常」一辭，可能最早的文獻見於《尚書‧泰誓》：「商王受狎侮五常」，但因被辯為偽書，因此很難斷定確為周時所作，但是這「五常」的用法與

指的卻是水火木金土「五行」，如《禮記・樂記》之「道五常之行」，[10]鄭玄《注》曰：「五常，五行也。」「五常」指的是「德之五行」。

　　《莊子・天運》引殷相巫咸之語「天有六極五常」，成玄英《疏》曰：「五常謂五行，金木水火土，人倫之常性也。」「五常」指的是水火木金土「五行」，但又說這是人倫之常性，這一種說法也見於《列子・楊朱》：「人肖天地之類，懷五常之性。」又班固《藝文志》也提到：「五行者，五常之形氣也。」可見將「五行」理解爲「五常」，以「五常」一辭說明「五行」，大約是戰國時代晚期出現的，這種現象說明兩種「五行」說在當時確實有所結合，也因此從東漢以來的注解家、思想家常常就「五常」與「五行」相互注解。

　　西漢時期，賈誼〈六術〉提出「六行」之說，陸賈的《新語・術事》中言及「天道調四時，人道治五常。」這「五常」顯然不是「五行」，也不是「五德之行」，王利器以爲這是指「父義、母慈、兄友、弟恭、子孝」。[11]這「六行」與「五常」應是對於戰國時期的「五行」說的另一種發展，而稍後之董仲舒基本上仍承繼著戰國以來儒者對「五行」說的發展。因此，在《春秋繁露》中並未出現在那時代易生混淆的「五常」一辭，反而是與河間獻王答問《孝經》何以是「天之經、地之義、民之行」

〈甘誓〉：「威侮五行」相類，因此是否爲後人輯錄時所改未可知，但是「五常」之說確實在戰國末年、秦漢之際的《莊子・天運》、《韓非子・解老》及《呂氏春秋・慎行覽》被使用。

[10]　此段文字同時見於《史記・樂書》及《說苑・脩文》。

[11]王利器，《新語校注》，（北京：中華書局，1996年），第42頁注7。

時，指出「五行者，五行也。」並且記載著木、火、土、金、水的「五行」相生關係，及其與仁、智、信、義、禮之間的相對應，[12]同時也與四時、五聲、五味、五色相比附。

　　董仲舒的這一種比附基本上應該是有所承繼的，在《呂氏春秋‧孟夏紀》中我們可以發現殘存的痕跡，即「其神祝融…其音徵…其性禮，其事視，其味苦。……盛德在火。」[13]依此，當我們看鄭玄注《中庸》「天命之謂性，率性之謂道」時所說「木神則仁，金神則義，火神則禮，水神則知，土神則信。」可能就不能僅僅以西漢以來讖緯之學盛行的方式看待，而是不能排除其爲思、孟之流的遺說，因爲從思想的發展而言確實應當存在這種結合與轉折；而且從注解而言，也是如此，注解基本上可以是一種詮釋，但不必然在於發揮新說與己見，尤其漢代是以解經、訓詁爲己任，其工作往往是援引古人之說解時人之惑；最後，我們還可以從最早對《五行》作解說的帛書《五行》第215行至351行中，發現關於「仁氣」、「義氣」、「禮氣」之言，其中「仁氣」、「義氣」也見於《禮記‧鄉飲酒義》[14]中，而且

---

[12]對於仁智信義禮這五行與四時的對應，《鹽鐵論‧論菑篇》在文字上稍有不同，〈論菑篇〉曰：「文學曰：始江都相董生推言陰陽四時相繼，父生子，子養之，母成之，子藏之。故春生仁，夏長德，秋成義，冬藏禮。此四時之序，聖人之所則也。」

[13]《呂氏春秋‧孟夏紀》曰：「其神祝融…其音徵…其性禮，其事視，其味苦。」其中「其性禮，其事視。」二句，在〈唐明皇御刊定月令〉有之，因此歷來有不同說法，一說呂本無此二句，此乃衍文，畢沅與陳奇猷持此論；一說此非衍文，以五行分配五常五事，自古有此說，疑呂氏原文皆有之，後人據〈月令〉刪去。持此論者爲俞樾。此處採俞說。

[14]《禮記‧鄉飲酒義》曰：「天地嚴凝之氣，始於西南，而盛於西北，此天地之尊嚴氣也，此天地之義氣也。天地溫厚之氣，始於東北而盛於東南，

與方位有所相應，這基本上是與行「禮」之義有關，但同時也表明在戰國時期確實出現將仁、義、禮與「氣」結合，及與方位相配之說。「仁氣」、「義氣」與方位的相配，也指出與「五行」之間的密切關係，這種關係承繼自西周，但並不是如後來儒者董仲舒走向天人感應之學，而是在於藉著與「五行」的關係，說明「德之五行」的哲學意義。

四、「德之五行」的哲學意義

從思想史發展的角度而言，思、孟之流提出德之「五行」在諸子時代確實有其作用。這作用即是：夏、商得天命有一重要因素是「不威侮五行」、「不汩陳五行」；周之得天命是因為「商王受之，狎侮五行」，更且提出「文王之德之純，於穆不已」。因此，周之保天命，在於「德」。

春秋晚期的孔子主要是從周文的維護與繼承出發，在禮壞樂崩的時代提出德行的重要，在德行中孔子強調「仁」的重要性，主張禮樂制度的實行必須保有人之「仁」，但並沒有完全背棄禮樂在制度中的禮儀重要性。因此，在對《詩》、《書》的態度上相當謹慎，對春秋大義也相當重視，更且在論述上是採述而不作的方式，開啟了後來儒者對典章制度的重視，這也是《莊子・天下篇》所言：「古之人其備乎！配神明，醇天地，育萬物，和天下，澤及百姓，明於本數，係於末度，六通四辟，

此天地之盛德氣也，此天地之仁氣也。」

小大經粗，其運無乎不在。其明而在數度者，舊法世傳之史尚多有之。其在於詩書禮樂者，鄒魯之士縉紳多能明之。」

另一方面，孔子也開啓了當時知識分子對於天命問題的思考，開啓儒者強調德性修養之路，這也是後來所謂的「素王」之說。《墨子‧公孟》中曾記載公孟子對墨子說：「昔者聖王之列也，上聖立爲天子，其次立爲卿大夫。今孔子博於《詩》、《書》，察於《禮》、《樂》，詳於萬物，若使孔子當聖王，則豈不以孔子爲天子哉！」而在《說苑‧君道》中也記載著孔子說：「夏道不亡，商德不作；商德不亡，周德不作；周德不亡，春秋不作；春秋作而後君子知周道亡也。」都說明了春秋之世是一個衰頹之世，但是「君子」在其中成了相當重要的人格典範，也說明了當時的知識份子對於世道當有的思考與作爲。

戰國時期諸子思想更是蓬勃發展，諸子或從「仕」的方式對時代獻策追求富國強兵、稱霸、稱王，或從「士」的方式進行學術思想的探究，探問如何能配天？或說如何能順天而行？竹簡《五行》的著作年代正是處於這樣的一種時代氛圍，從其著述內容而言，正是承繼孔子的啓發而思考天命，或者說「天」與「人」之間的關係，「君子」究竟能如何面對與安置的論述。

竹簡《五行》開宗明義即指出有五種「德之行」：「仁、義、禮、智、聖」，及四「行」：「仁、義、禮、智」；並且指出怎樣才是「德之行」，怎樣才是「行」。換言之，《五行》中很重要而且一開始要處理及說明的問題，就是「德之行」與「行」的差別與共融。這個問題之所以迫切，從思想史的角度而言，就是處理自夏商以來的「五行」與「德」在「君子」而言當如何面

對與安置的問題，其所欲達致的目標就猶如《易‧乾文言》所言：「夫大人者，與天地合其德，與日月合其明，與四時合其序，與鬼神合其吉凶。」茲將《五行》中相關資料詳列於下：

> 五行：悬（仁）型（形）於內胃（謂）之惪（德）之行，不型（形）於內胃（謂）之行。義型（形）於內胃（謂）之惪（德）之行，不型（形）於內胃（謂）之行。豊（禮）型（形）於內胃（謂）之惪（德）之行，不型（形）於內胃（謂）之□。□□於內胃（謂）之惪（德）之行，不型（形）於內胃（謂）之行。聖型（形）於內胃（謂）之惪（德）之行，不型（形）於內胃（謂）之惪（德）之行■。（簡 1-4）

> 惪之行五，和胃之惪，四行和胃之善。善，人道也，惪，天道也。（簡 4-5）

> 善弗為亡近，惪弗之（志）不成，智弗思不得。（簡 7-8）□〔君〕[15]子之為善，又（有）與司（始），又（有）與冬（終）也。君子之為惪也，□□□□□〔有與始，無與〕終也。（簡 18-19）

> 金聖（聲）而玉晨（振）之，又（有）惪者也■。（簡 19）

> 金聖（聲），善也；玉音，聖也。善，人道也；惪，而〈天〉□□〔道也〕。□〔唯〕又（有）惪者，狀（然）句（後）能金聖（聲）而玉晨（振）之。（簡 19-20）

---

[15]〔〕中之字，是據整理本與帛書本對校。（）中之字乃依據整理本而有。

　　就上述資料所顯示的，基本上關係到三個大問題，而且彼此之間又有漸進的聯繫性，茲分述如下：

　　首先，我們可以發現兩者都與「行」相關，而且都是一種「行」，但是有所區別，區別在於一是「德」「形於內」稱之為「德之行」，另一種是德「不形於內」稱之為「行」。因此，關鍵就在於這「德」的含意是什麼？「行」的含意又是什麼？

　　「德之行」與「行」的差別是在於「形於內」與否，「形」的意義，是指一種藉著某種方式而蘊化的呈現，此猶如《中庸》所言：「誠則形。」鄭玄注曰：「形，人見其功也。」「內」，是指「心」，《禮記・禮器》：「君子曰：無節於內者，觀物弗之察也。」孔穎達疏曰：「內，猶心也。」因此，「形於內」是指經過修養蘊化於心的呈現。「德」是通過「心」的修養而來。

　　「德」與「心」的密切聯繫，從字型的演變中可以發現：「德」字是在西周恭王時期的史牆盤銘文中才出現「心」的因素，這說明了「徝」在周之前強調了所表現出來的作為，而在周朝則特別強調了「心」。在《詩・大雅・皇矣》中曾說：「維此王季，帝度其心，貊其德音。其德克明…既受帝祉，施及孫子。」說明了天命的轉移是因為考慮了「心」的因素，更且從《尚書・召誥》中我們也可以發現對於「敬」「德」的重視，這並非說周之前「德」的表現與「心」無關，而是到西周時為天命之維繫特別被重視。因此，也開啟了春秋以來儒者對德行修養的重視。所謂「德之行」，《周禮・地官・師氏》中曾記

載以三德三行教國子，曰：「敏德以爲行本」，鄭玄注：「德行，內外之稱，在心爲德，施之爲行。」「德之行」即說明了在「行」中有「德」的因素在發酵，也因此所「行」稍有不同，「德之行」強調人在其中的作爲與修養。

「行」是行爲的表現，若溯源「行」的原始意義，當如《史記・天官書》所言：「天有五星，地有五行」，劉起釪認爲「星、行是古代語法裡的互文，二者是一個意義。」[16]「行」在這裡是指一種自然的「運行」，是依循著本身之爲呈現所固有的一種軌則而持續地運動，是一種自然的作爲。

在古典文獻當中「行」作爲一重要哲學語辭而被提出當是「五行」，「五行」最早出現在《尚書・甘誓》中，其中並未明言具體內容是什麼，邢文在《帛書周易研究》[17]一書中則認爲此「五行」的內容當是《國語・周語下》所說的：象天、儀地、和民、順時、共神五則。就所論事件而言，確實與夏書、商書中所言「五行」所涉之重大事件——天命——相同，但是卻也改造了〈甘誓〉與〈洪範〉「五行」中所涉的自然質性。換言之，將「五行」作爲素樸、自然的運行轉換爲與「王」之作爲相關的行爲法則，但是仍然保存了「五行」的自然質性在其中，因爲「五則」說仍是強調符應自然質素之爲。「五則」說的出現，使得「五行」不但有轉向「德行」之論的可能，同時又保存了「行」作爲自然持續性運作的原始意含。

---

[16]劉起釪，〈五行原始意義及其紛歧蛻變大要〉，收錄於艾蘭・汪濤・范毓周主編，《中國古代思維模式與陰陽五行說探源》，（南京：江蘇古籍出版社，1998年），第138頁。

[17]邢文，《帛書周易研究》，（北京：人民出版社，1997年），第205-206頁。

　　《五行》的作者區分「德之行」與「行」，其中「五則」說的出現應當是重要質素之一，它諭示了「五行」是承受天命之「王」當順帝而行的德則，所謂象天、儀地、和民、順時、共（恭）神，既是包含了自然的質性，同時又有王之德的參與。對於這樣兩種「行」的聯繫意含，《呂氏春秋・序意》中解說〈十二紀〉對於「行」的詮釋很能解說「德之行」與「行」兩者的共通處，它說：「凡〈十二紀〉者，所以紀治亂存亡也，所以知壽夭吉凶也。上揆之天，下驗之地，中審之人，若此則是非可不可無所遁矣。天曰順，順維生；地曰固，固維寧；人曰信，信維聽。三者咸當，無為而行。行也者，行其理也。」因此，「德之行」與「行」的共通處在於「行」物之則。

　　其次，我們還可以發現兩種不同的「行」，除了在「行」的意義上有共通處，兩者的內容上也不是相互悖離，它們的共同因素是「仁、義、禮、智」，不同的因素是「聖」。那麼，「聖」不在「四行」中，而是在「五行」中，它的意義是什麼？在「德之行」中又能發揮何種作用？

　　從「德之行」與「行」的共通而又有別的特質上，我們發現在竹簡與帛書〈經〉文上對於「聖」的說明相當不同，竹簡對於「聖」之「不形於內」稱為「德之行」，然而帛書〈經〉文則稱之為「行」，這種情況有幾種可能性，或者是竹簡的「德之」是衍文，竹簡整理小組採取此說；或者是帛書〈經〉文脫漏，因為後面只講四行－－仁義禮智，並未言及「聖」，如果不是脫漏，就沒有所謂「四行」、「五行」的區分；還有另一種可能是「聖」「不形於內謂之〔德之〕行」這句話的差異呈現流傳版本的不同，同時也指出對於「聖」「不形於內」這件

事出現理解上的不同。在這裡由於文獻的不足徵,很難論定哪一種才是正確的,僅嘗試從義理上說明「聖」的意義與哲學作用。

「聖」,與帛書《五行》一同出土的佚書《德聖》篇明言:「聖者,聲也。」指出了「聖」與「聽聲」之間的關係,「聖」是有所傾聽,但是傾聽什麼?傾聽之後是否能作什麼呢?單從「聖者,聲也」並不能得到更多的資料;若從文字的演變而言,李孝定《甲骨文集釋》曰:「象人上著大耳,从口,會意,聖人之初誼為聽覺官能之敏銳,故引申訓『通』。」《說文·耳部》:「聖,通也。」指出了「聖」就是「通」,「通」必然涉及兩造」,但是這兩造是什麼則難明,所聽、所通是自身與他人,或者是其他?若就古文獻而言,《尚書·洪範》:「睿作聖」,疏曰:「聖是智之上通之大者。」此處則言明「聖」在「智」的基礎上上通,既是上通,所涉就是人之德與天的關係,那麼傾聽聲音與人之德又有怎樣的聯繫呢?

《尚書·堯典》記載著命夔典樂以教冑子的資料,它說:

> 帝曰:夔,命汝典樂,教冑子,直而溫,寬而栗,剛而無虐,簡而無傲,詩言志,歌永言,聲依永,律和聲,八音克諧,無相奪倫,神人以和。夔曰:予擊石拊石,百獸率舞。

這一段資料,說明了幾件事:一,典樂以教冑子,說明樂教在維繫天命上具有重要的意義;二,樂教在於教人以德行:直、寬、剛、簡,但是又能展現溫、栗、無虐、無傲的特質;三:藉由樂所表現的和諧、不相奪倫,體現神人以和;四:夔

作樂，百獸率舞，說明不只是天與人，而且連百獸也在這一和諧中。《呂氏春秋・古樂篇》也記載了這一段資料，其中提到「樂」所象爲上帝之音，奏樂以祭上帝，它說：

> 帝堯立，乃命夔爲樂。夔乃效山林谿谷之音以歌，乃以麋鞈置缶而鼓之，乃抃石擊石，以象上帝玉磬之音，以致舞百獸。瞽叟乃拌五弦之瑟，作以爲十五弦之瑟，命之曰《大章》，以祭上帝。

《呂氏春秋・古樂篇》所言，指出了「樂」在於「祭」上帝。換言之，「禮樂」在傾聽與表達「神人之和」時是一件事，「禮樂」之作與「聖」的關係，在《禮記・樂記》中有明確的說明，它說：「故知禮樂之情者能作，識禮樂之文者能述。作者之謂聖，述者之謂明。明聖者，述作之謂也。」

竹簡《五行》中，對於「禮樂」之作也明確指出「聖智，禮樂之所由生也，五〔行之所和〕也。」「和」，在帛書〈說〉的部份注解爲「和者，有猶五聲之和也。」「聖」在「五行」中發揮了天、人之間的中介與轉折作用；同樣地，「智」也發揮了作用，但是兩者有所不同。「聖」與「智」的區別，在於「聖」在「五行」中，但不在「四行」中，「智」不但列於「五行」中，也列於「四行」中。「四行」與「五行」的區別，在於「五行」是藉由「德」之修養才得以達致，「四行」則還未蘊化於「心」。「心」自西周以來事實上表徵著與「德」之修養密切相關，因此還沒蘊化於心，而又具有仁、義、禮、智的「四行」，似乎將仁、義、禮、智導向一種質樸所具有的可能性當中，而不是「四行」已經是「德」了。換言之，「四行」

說明「人」在質性上所具有的潛能，它必須經過教化、修養於「心」才成其爲「德」。

「智」既在「四行」中，也在「五行」中，與仁、義、禮相同，但是「智」與仁、義、禮的區別在於：仁、義、禮之爲四行之一，與「智」的關係有一先後之次序，這次序是：「見而知之，智也。知而安之，仁也。安而行之，義也。行而敬之，禮也。」因此在「四行」中最關鍵的是「智」，「智」的作用是「見而知之」，正好與「聖」作爲「聞而知之」共同表達了「人」在官能作用中最根本的兩種作用，人唯有藉著「見」與「聞」才有可能聞知天道。簡文「見而知之，智也。聞而知之，聖也。明明，智也。赩赩，聖也。明明在下，赩赩在上，此之謂也。」即是表達了「聖」與「智」在「德之行」中的特殊作用，而這也正符應簡文強調「聖」、「智」之說。設若如此，那麼，簡文與帛本關於「四行和」在敘述上的差異似乎稍可解惑。第 31 號簡文說：

　　悬（仁），義豊（禮）所穀（由）生也，四行之所和也。

帛本第 202 行說：

　　仁義禮知（智）之所繇（由）生也，四行之所和。

帛本〈說〉的部份第 291-292 行則說：

　　仁知（智），禮之所繇（由）生也。言禮〔智〕生於仁
　　義也。四行之所和。言和仁義也。」

單從這三段文句中，相當難斷定何者更保留原樣，因爲三

者都各有缺失，簡文在此句的脈落中似乎脫落了「智」；帛本〈經〉文部份雖然保留了上下文脈的一致性，但是看不出「之所由生」是生於什麼？而且與〈說〉的部份有差別。

　　帛本〈說〉的部份，則陷入混淆之中，在引〈經〉部份則說「仁知，禮之所由生也。」少了關於「義」的論述，解說〈經〉文時則又說：「言禮〔智〕生於仁義也。」帛本〈說〉的這種混淆或說差異性，同樣出現在帛本第 285 行解說「禮樂」時所說：「□□□□天道□〔仁〕義，禮樂所繇（由）生也，言禮樂之生於仁義□□□□□……。」就帛本部份，確實如邢文所言：「帛書作者失卻「聖智」之說。」[18]而就帛本〈說〉對於〈經〉文的依違情況，也如陳麗桂所提出的：「〈說〉文作者較之〈經〉文作者對於「仁」「義」有著更大的偏好與更多的熟悉程度。」[19]若接受此二說，那麼對於簡文的部份，似乎可以理解爲：智，仁義禮所由生也，四行之所和也；或是智、仁，義禮之所由生，四行之所和。依此，「智」可以說是「四行」轉化爲「五行」非常重要的關鍵之一。

　　再者，「五行和」與「德」密切相關，「四行和」與「善」密切相關，「德」與「善」的區分在於一爲「天道」，一爲「人道」，「天道」與「人道」雖然有所區分，但是「有德者」是既能「善」，又有「聖」，換言之，「有德者」是在「四行」

---

[18]邢文，〈《孟子・萬章》與楚簡《五行》〉，《中國哲學——郭店楚簡研究》，第 20 輯，（瀋陽：遼寧教育出版社，1999 年），第 239 頁。
[19]陳麗桂，〈從郭店竹簡五行檢視帛書五行說文對於經文的依違情況〉，《本世紀出土思想文獻與中國古典哲學研究論文集》（上冊），（台北：輔仁大學出版社，1999 年），第 195 頁。

的根基上能爲「聖」,是在「四行」的樸素根基上「形於內」,
又能「聖」。那麼,「善」與「德」的關係是什麼?「人道」
與「天道」之間的關係又是什麼?

《五行》中提出「悳之行五,和胃之悳,四行和胃之善。
善,人道也,悳,天道也。」其中提出不論是「善」或「德」,
都源自一很重要的觀念:「和」,有「和」、能「和」才是「德」,
才是「善」,這說明了「善」成其爲「善」與「德」成其爲「德」,
並不是某種單一因素、德行所能完成、達致的。那麼,「和」究
竟是怎樣的作用呢?茲將竹簡《五行》中關於「和」的資料臚
列於下:

> 悳之行五,和胃之悳,四行和胃之善。善,人道也,
>
> 悳,天道也。(簡 4-5)
>
> 聖,智(知)豐(禮)藥(樂)之所戮(由)生也,五
> □□□□也。和則謍(樂),謍(樂)則又(有)悳(德),
> 又(有)悳(德)則邦豪(家)毀。(簡 28-29)
>
> 悬(仁),義豐(禮)所戮(由)生也,四行之所和也。
> 和則同,同則善。(簡 31-32)
>
> 和則同,同則善■。(簡 46)

從上述資料,我們可以發現「和」在「四行」與「五行」
中發揮不同的作用。在「四行」中的「和」所發揮的作用是指
向「同」,帛書〈說〉的部份第 293-295 行解爲:「和者,有猶
五聲之和也。同者,□約也,與心若一也,言舍夫四也,而四

者同於善心也。同，善之至也。同則善矣。□□□□□□□人行之大，大者，人行之□然者也。」第 327 行解爲：「同者，與心若一也，□約也，同於仁。仁義，心也，同則善耳。」魏啓鵬引《孟子・盡心下》：「守約而施博者，善道也。」將「□約」補爲「守約」，[20]「約」，當如焦循《孟子正義》所言：「約之訓爲要，於衆道之中得其大，是得其要也。」「約」，因此有得其精要之義。「同」是說明一種作用，這種作用爲「約」的作用，是使「四行」能在各自發揮，但又不相互侵犯、陵逾，各自把握其精要。而這四者所呈現的精要，使彼此連繫在一起，因而表現出「與心若一」，而不是與心同一，因爲畢竟是「四者」而不是「一」；換言之，四者不就是「心」，但是具有共同爲「善心」的特質，「善心」呈現出四者。

　　《五行》作者在這裡對與「和」、「同」問題的主張，與孔子相當不同，孔子主張君子「和而不同」，強調君子不當朋比爲私，而《五行》則提出「和則同，同則善。」將「和」與「同」在「四行」中結合起來，說明「四行」與「五行」在共同的四個質素中與「心」的關係。依此，似乎開啓了後來孟子對於性善論的主張，《五行》的這種主張與《孟子・盡心下》所言可相互輝映，它說到：「孟子曰：口之於味也，目之於色也，耳之於聲也，鼻之於臭也・四肢之於安佚也，性也；有命焉，君子不謂性也。仁之於父子也，義之於君臣也，禮之於賓主也，智之於賢者也，聖人之於天道也，命也，有性焉，君子不謂命也。」對於仁、義、禮、智，孟子以之爲心的四善端。孟子之區分「性」

---

[20]魏啓鵬，《德行校釋》，（成都：巴蜀書社，1991 年），第 56 頁。

與「命」基本上與《五行》之作者所言之「德之行」與「行」之區分相類似。

在「五行」中「和」所發揮的作用是「樂」、「有德」、「邦家興」。帛書〈說〉的部份第 286-288 行解爲：「和者，有猷（猶）五聲之和也。樂者，言其流膿（體）也，機〔然忘寒也。忘〕寒，患（德）之至也。樂而笱（后）有患（德），有患（德）而國家與〈興〉，國家與〈興〉者，言天下之與〈興〉仁義也，言其□□樂也。」「樂」在此指禮樂之「樂」，同時也兼具有欣然喜樂之意，這種欣然喜樂是能居處仁之境，而又能適然的喜樂，並不是藉外物所獲得的歡樂。

這樣一種「樂」的表達，是立基於「心」而來，是承繼孔子對於「樂」的主張，同樣「樂」發動於內心，在《禮記‧樂記》中也曾說：「樂也者，動於內者也。」「樂」既然動於內，但並不是純然感情的觸動，而是有所聆聽，有所迴響的表達。換言之，「樂」在《五行》中也是因著聰、明、聖、智而有，換言之，「樂」的終極性根源是來自於天，因此「樂」的表達自然是「德」的表現，《禮記‧樂記》：「樂者，所以象德也。」「有德」，自周以來即是天命維繫相當重要的憑藉，有德然後邦家自然興，主要仍源自於「德」不純然是修身的問題，而是有所承受傾聽之後的身修。

論述「和」所能發揮的作用後，「和」的意義自然呼之欲出，「和」，本意即是指「音聲相應」。因此，帛書〈說〉的部份，不論是談「四行和」或是「五行和」的時候，都說：「和，有猶五聲之和。」而在第 282 行解釋「行之而時，德也。」時說：「時

者，和也；和也者，惠也。」 魏啓鵬認爲「時」之意爲「中」；「惠」之意爲「順」，並且說到：「佚書謂行天之道而中，中則和，和者順天之道也。」[21]魏說甚是，因爲若從哲學的方式解析「和」作爲聲音之和諧的內涵，可以發現「和」這件事情包含相當豐富的意含。首先，所「和」者，當是不同的質素或說東西。其次，「和」的效力在於保持不同質素之間的平衡，彼此之間並沒有相互傾軋的情況。因此，可以說各自達到一種適切。最後，「和」讓各種質素在平衡中或說適切中達到和諧，這種和諧情況的發生基本上是源自一種要求、一種目標指向。因此，「和」基本上是一種呼應、應答。

了解了「和」的意義與哲學作用，對於「人道」與「天道」的聯繫及「善」與「德」之間的關係自然顯明，這種聯繫與關係在簡文中仍然是藉著音樂的譬喻說明，在第18-20號簡中說到：

□〔君〕子之為善，又（有）與司（始），又（有）與冬（終）也。君子之為悳也，□□□□□〔有與始，無與〕終也。（簡18-19）

聖（聲）而玉晨（振）之，又（有）悳者也■。（簡19）

金聖（聲），善也；玉音，聖也。善，人道也；悳，而〈天〉□□〔道也〕。□〔唯〕又（有）悳者，肰（然）句（後）能金聖（聲）而玉晨（振）之。（簡19-20）

從上述資料中，我們可以發現「善」與「德」的聯繫在於

---

[21]魏啓鵬（1991），第52頁。

「有德」的達致是立基於「善」的基礎上才完成的。換言之，欲達致「天道」必先致力於「人道」。「人道」與「天道」的差別則在於「人道」是「與始、與終」，「天道」是「與始」、「無與終」，帛書〈說〉的部份則將「與始與終」解釋爲「與其體始與其體終」，將「有與始，無與終」解釋爲「與其體始」及「舍其體而獨其心」，基本上這是從心與體之間的關係說明終、始的問題，若從《五行》所論「德之行」與「行」的差別可理解，但與《五行》的觀點有別，《五行》中強調「心」的重要性，但並沒有捨體之說，也沒有捨「行」之說，而是「體」從於「心」，另外從「和」與「同」的關係也可以看出《五行》作者並不排斥「同」，只是所「同」的對象是「與心若一」，因此，「同」也是一種「和」，「五行之和」是在「四行」之「和－同」的基礎上完成的。

五、結　論

　　總結上面對於「五行」的探析，主要是針對「德之五行」與水火木金土「五行」在哲學上的意義與發揮的作用作一聯繫，說明《五行》作者區分「德之行」與「行」是因著「五行」之意義的轉換所進行的時代性探究。對於「德之五行」與水火木金土「五行」的關係，基本上是藉著《五行》作者對於「樂」的強調與重視而聯繫在一起，至於比附的關係則無跡可尋。

　　《五行》提出「德之行五」，在哲學發展上除了說明「君子」

之於「道」所要建立的典範與所能發揮的作用外，也指出《五行》作者對於樂教的重視，特別強調樂教能達致天道，這與荀子特別強調以「禮」教化人性確實有所不同。再者，《五行》中提出「四行」－仁義禮智，雖然未如孟子所言乃人心之四善端，但確實諭示了四行之為善心的可能，因此可以說《五行》開啟孟子在思想上提出「心善論」；而「四行」與「五行」之間的關係猶如《中庸》所言，「天命之謂性，率性之謂道。」這與《孟子》在〈盡心下〉，將「性」與「命」加以區別稍有不同；最後，由於《文選》中新材料的發現，我想再說明的一點是：「四行」與「五行」的區分可以類比地說明《孟子》論「心」與「性」的區分，茲將材料臚列說明於下：

《文選·魏都賦》李善注曰：

> 君子所性，仁義禮智根於心，其生色睟然見於面，不言而喻。

《文選·晉武帝華林園集詩》李善注曰：

> 孟子曰：君子所性，仁義禮智信根於心，施於四體，不言而喻。

《文選》中這兩種引用文句，基本上是出自《孟子·盡心上》：「君子所性，仁義禮智根於心，其生色也，睟然見於面，盎於背，施於四體，四體不言而喻。」東漢趙岐注：「四者根於心」。因此，似乎李善注文在引用時有缺失。但是與李善同時的李賢注《後漢書·列傳第三十八》時提到：「孟子曰：公卿大夫，人爵也。仁義禮智信，天爵也。」對照於今本《孟子》，文字有

所不同,「孟子曰:有天爵者,有人爵者。仁義忠信,樂善不倦,此天爵也;公卿大夫,此人爵也。」因此,李調元在《逸孟子》中認爲這是一條佚文。

至此,我們仍然很難判別孟子所言究竟是「仁義禮智根於心」?「仁義禮智信根於心」?抑或是兩者分別有所論述?如果對照於《孟子‧盡心下》:「孟子曰:口之於味也,目之於色也,耳之於聲也,鼻之於臭也,四肢之於安佚也,性也,有命焉,君子不謂性也。仁之於父子也,義之於君臣也,禮之於賓主也,智之於賢者也,聖人之於天道也,命也,有性焉,君子不謂命也。」這種性命之辨,可以推測當孟子談論「天爵」時,當是指「仁義禮智信」作爲內涵,而且從孟子論述的「心」、「性」也是有別的觀點而論,「四行」與「五行」的區分更近於「心─性」之辨析,但並不完全等同,兩者之間存在著辨析純度的差異,《孟子》所載更是從「人」的角度、「心─性」的角度辨析。以此我們可發現《五行》在思想發展史中的意義。

第八章 「德之行」與「行」的哲學意義[1]

一、前 言

「德之行」與「行」作爲一對哲學辨析的觀念，是出現於竹帛《五行》中，《五行》經帛書整理小組[2]及龐樸從思想文獻的觀點指出，[3]應當就是荀子在〈非十二子〉中所批評的思孟五行，自此開啓了對於佚書《五行》中兩個主題的研究，一個是關於思孟「五行」，其內容究竟是什麼的探討？另一個關注的主題則是「德之五行」是否與〈洪範〉「五行」相關？

對於第一個關注的主題，龐樸在《帛書五行篇研究》代序中曾考證《孟子·盡心下》對於性、命之辨的「聖人之於天道也」一句，引證宋儒朱熹在《四書集注》中注解時說：「或曰「人」字衍」，指出佚書中的「聖」原是脫胎於《孟子》。龐樸的這一見解確實對於佚書《五行》的研究提供了非常珍貴的資料，使

---

[1]本文曾發表於中國文化大學舉辦，「第一屆簡帛學術會」，1999 年 12 月。並出版於陳文豪主編，《簡帛研究彙刊》第一輯，（台北：中國文化大學史學系、簡帛學文教基金會籌備處，2003 年），第 697-710 頁。今則稍作文字修改及註解說明。

[2]國家文物局古文獻研究室編，《馬王堆漢墓帛書（壹）》中之〈出版說明〉，（北京：文物出版社，1980 年），第 2 頁。

[3]龐樸，《帛書五行篇研究》中之〈代序〉，（濟南：齊魯書社，1988 年），第 1-22 頁。

《五行》的研究指向思孟學派，但並不是佚書中的「聖」脫胎於《孟子》，而應該說《孟子》所指陳的「聖（人）」與「天道」的關係正是脫胎於佚書《五行》。關於第二個關注的主題，這一相關不在於如鄒衍的五德終始說，而在於「五行」所呈顯的意義之既連結又有別的關係，其連結或在於其與天之關係的連結。本文即嘗試由此二關注點的思維，論述「德之行」與「行」的哲學意義。

二、「行」的哲學意義

在傳世先秦典籍中，「德之行」與「行」並沒有被提出作為一對哲學辨析的論述。因此，對於這一種辨析與論述也在時間當中被我們遺忘了，甚至忽略它在先秦時期的重要性。這一重要性就是關於「行」的哲學探究。

「德之行」與「行」第一次在典籍中被提出作為一重要哲學辨析的論述，是在 1973 及 1993 年兩次考古挖掘所出土的佚書《五行》中，這兩次重出同一佚書，都是在楚地，但一個是戰國時期的墓，另一個則是西漢時期的墓，說明了這一部佚書，至少在戰國中晚期到西漢時期一直都是被珍視的典籍，而且兩次出土的文獻都包含可與今通行本《老子》相對應的章句。這一現象說明了當時學術思想交流的頻繁之外，也說明當時對於學術這件事情，可能與我們今天論述思想時，總習慣以既有的分派、分家的方式探究有所不同，分家、分派在當時應該也是

存在的現況，因此才有墨離爲三，儒分爲八的說法。

　　但是對於思想者去探究實況而言，戴著這種分類的方式去看當時代的可能實況，卻是一種顛倒，因爲規範、分析基本上是經過整理後提出的一種斷裂方式，以呈現出多樣化，因此我們就不能以全面性的原則方式看待這些斷裂，割裂了原先的聯繫，那麼這些出土文獻的並置所顯示出來的意義，是呈現出一種當時思想論述者所關注的時代議題，這論述議題呈現出對於人文內涵的深化探究及對於人文精神的源始式探究。「行」的哲學辨析就是基於這樣的一種理解方式而論述，茲分三點說明如下：

（一）「行」的文字意義

　　「行」，甲骨文作 ，金文作 ，羅振玉《增訂殷虛書契考釋》：「 象四達之衢，人所行也。」而東漢時許慎在《說文解字》中對於「行」的釋字則提到： ，人之步趨也。从彳从亍。凡行之屬从行。」清代段玉裁注解中則說到：「步，行也。趨，走也。二者一疾一徐，皆謂之行，統言之也。」

　　在上述文字學家的說明中，「行」的原始意義是展現出道路，展現爲路雖然可能與人相關，但最重要的是路的出現，提供一種可被依循而行的可能，而且是人人皆可在此而行的可能，這種承載的作用就其自身而言，只是一種持續展延的運動，到後來「行」出現密切與人相關的特質，「行」表現爲「人的步趨」。換言之，「行」最重要的是指「人的行」，而且是統括所有「行」的可能。

其次，在秦石鼓文與馬王堆帛書中有「衍」字，讀爲「行」，[4]殷墟卜辭中也有讀爲「行」的字，其中有「行走」義，如「今日王行」、「王其行」。

行的第三種意義，是「賜予」義。如關於田獵卜辭時，而在商周金文中關於「行」字，訓詁也有「賜予」之義，《周禮·天官冢宰》：「中秋獻良裘，王乃行羽物」，鄭司農云：「行羽物，以羽物飛鳥賜群吏。」羅氏注云：「行謂賦賜。」

「行」在先秦時的第四種用法是：使者、使節。《左傳·襄公四年傳》：「使行人子員問之」，注云：「行人謂使人也。」又《管子·小匡》云：「隰朋爲行」。

「行」的第五種用法是指經歷，《國語·晉語》：「文公問元帥於趙衰，對曰：郤縠可，行年五十矣。」韋昭注「行，歷也。」

在上述幾種關於「行」的意義，雖然在使用時有不同的側重，但基本上都使用了「行」字。因此，讓我們對於「行」的內涵有更豐富的領會。

（二）「行」的哲學意義

「行」在源始的意義上，是在持續展延中顯示出一種場域，這種場域的顯示本身也讓出、或者說給予了進入場域者一種可能，進入場域者本身在這裡基本上是隨著場域所讓出的方式而運作，是依循著場域所提供的軌則而運作，運作自身也指出了

---

[4]李學勤，〈說郭店竹簡「道」字〉，《簡帛研究》第三輯，（南寧：廣西教育出版社，1998年），第40頁。

場域的存在。這樣的一種源始意義，提供了在思想論述的理解上非常重要的領會。

在〈甘誓〉及〈洪範〉中，所謂「五行」即指出了首先是「行」的顯示，然後是「行」的讓出（賜予）。換言之，這種顯示的第一意是指陳自然的軌則與運行所形成的場域，其次則是在賜予與被賜予中指向「王與天命」的問題，然後才是關於「五行」內容的指陳，以及人如何回應「五行」所顯示的，這也就是〈洪範〉中所言：「初一曰五行，次二曰敬用五事。」《漢書‧藝文志》說明五行與五事的關係為：「言進用五事以順五行也。」這說明了王與天之間的關係。〈鴻範五行傳〉對於這一種聯繫曾指出：「爰用五事，建用王極。」鄭玄注「次五曰建用王極」時則更明確指出這樣一種聯繫有一更古老、久遠的傳統。這一傳統被儒者孔子所承襲，他說到：[5]

> 王，君也。不名體而言王者，五事象五行，則王極象天也。人法天，元氣純，則不可以一體而言之也。天變化為陰為陽，覆成五行。經曰：「曆象日曰星辰，敬授民時。」《論語》曰：「為政以德，譬如北辰。」是則天之通於人政也。孔子說《春秋》曰：「政不由王出，不得為政。」則是王君出政之號也。極，中也。建，立也。王象天，以性情覆成五事，為中和之政也。王政不中，則是不能立其事也。

---

[5]轉引自〔清〕皮錫瑞，《今文尚書考證》，（北京：中華書局，1998 年），第 244 頁。

「五行」作爲人文建制中首要之「行」的意義，在於它是天通於人政的象徵，而就其自身的自然義而言，「五行」象徵「天時」，所有存在物都在這樣的運化當中顯現，所有存在物都在這樣的條件或說基礎中顯現。因此，若就存在物自身而言，「五行」或說「行」是所有存在物本然的質素。

（三）《五行》中「行」的意義

《五行》中稱之爲「行」的是「四行」，「四行」所說明的就是存在之人所當具有的質素，這些質素內容是「仁、義、禮、智」，「仁、義、禮、智」四行的互相和諧是「善」，是「人道」。「善」，《國語·晉語》：「善，德之建也。…德無建不立。」這正好與《五行》中所言的「善，人道也；德，天道也。」相呼應，在《五行》中「善──德」及「四行──五行」的聯繫，即建立在這樣的一種基礎上。

「人道」是人企及於「天道」所能具有的質素，與可能基礎，「天道」則是一種目的。就人而言，人有一種被要求性、要求到達。「四行」之爲「行」相較於「五行」之爲「德之行」也具有相呼應的特質。換言之，「行」是「德之行」的質素，就人而言，「行」是人所稟受自然作爲一存在者本身必然有的質素。這樣一種傳統到荀子時稱之爲「性」，所謂：「性者，本始材樸也；僞者，文理隆盛也。無性則僞之無所加，無僞則性不能自美。性僞合，然後成聖人之名一，天下之功於是就也。」[6]比荀子稍早的孟子也稱之爲「性」，但更確切的說是指「心」。

---

[6]〔清〕王先謙，《荀子集解·禮論》，（北京：中華書局，1996 年），第 366 頁。

若以「行」的意義與孟、荀相較，《五行》之「行」與《孟子》之說較相近，這種相近在於「四行」的內容與《孟子》中「心」的「四善端」完全一樣，都是仁、義、禮、智，但與孟子也有不同，因為《五行》中之「四行」雖然是「善」，但卻是尚未「形於內」，不在「心」上言，孟子則已將仁義禮智歸屬於「心」之四善端，此其不同也。

三、「德之行」的哲學意義

仁、義、禮、智、聖作為「五行」，確實在漢代之前已有此說，魏啓鵬也引證秦刻石引用了仁、義、禮、智、聖的思孟「五行」說，作為秦始皇大一統帝國的道德依據，並認為戰國末葉的儒生已經為這大一統帝王準備了大一統的道德哲學的根據。[7] 這一種說法也確實開啓了我們對於「五行」問題關注的另一視野，即「五行」的提出在哲學上是發揮怎樣的思考與作用？

「德之行」一辭最早見於《詩經・大雅》：「乃及文王，維德之行。」《周禮・地官・師氏》更是以「三德三行」教國子：

> 師氏：掌以媺詔王。以三德教國子：一曰至德，以為道本；二曰敏德，以為行本；三曰孝德，以知逆惡。教三行：一曰孝行，以親父母；二曰友行，以尊賢良；三曰

---

[7] 魏啓鵬，《德行校釋》，（成都：巴蜀書社，1991 年），第 126-127 頁。

　　順行，以事師長。

　　「德」、「行」在周代是非常重要事情，是周代對國子教育
中非常重要的一環，其中「德」與「行」並不是如同今人對「德」
與「行」分別看待，而是「行」就是「德」，「德」就是「行」，
只是著重論述的方向不同，鄭玄注解這一段時曾說：「德行，內
外之稱，在心爲德，施之爲行。」「行」是因著「德」才成其爲
「行」，「德」則藉著「行」彰顯其爲「德」。這一種「行」與「德」
雖然意義不同，但有共同的因素，這因素最重要的必須是：因
爲是「德」，而不是人的任何行爲都稱之爲「行」。因此，當時
指「德」時也有用「行」的方式表達，以更準確指出「德」之
爲「行」，這種情況龐樸曾說：「『行』本有『德行』義，五種德
行可以稱之爲五行，九種德行可以稱之爲九行，這在先秦文獻
是不乏其例的。」[8] 在文獻中也確實存在這種情況，譬如《荀子‧
樂論》及《呂氏春秋‧孝行》中都曾指出另一種「五行」說。[9]
因此，竹簡《五行》開宗明義言「五行」與後來所言的「德之
行五」是同義的。

　　「德之行」是「德」與「行」的同義聯繫，但也說明此「德」
是藉著「行」的方式表現。這樣表現出來的「德」與「行」可
以說是周文化教育非常重要的一個環節，它是教國子的重要訓

---

[8] 龐樸（1988），第 128 頁。
[9] 《荀子‧樂論》：「貴賤明，隆殺辨，和樂而不流，弟長而無遺，安燕而不
亂：此五行者，足以正身安國矣。」這是論述關於鄉飲酒禮的教化作用時
所指出的五行。《呂氏春秋‧孝行》記載曾子談孝：「居處不莊，非孝也；
事君不忠，非孝也；涖官不敬，非孝也；朋友不篤，非孝也；戰陣無勇，
非孝也。五行不遂，災及乎親，敢不敬乎？」

示,同時也是一般教育中很重要的內容。《周禮‧地官司徒‧大司徒》:「以鄉三物教萬民而賓興之,一曰六德,知、仁、聖、義、忠、和;二曰六行,孝、友、睦、姻、任、恤;三曰六藝,禮、樂、射、御、書、數。」其中所包含的「六德」、「六行」、「六藝」之說,已經涵括「德之行」的內容:仁、義、禮、智、聖;或者說《五行》中所論述的「德之行」因為思辨論述的要求,精要的指出教育德行中很重要的五個項目,並且把「禮」作為制度中的一種儀式環節與意義,提昇到屬於「德行」的內容,強調「禮」在源始中所具有的精神內涵。但「人」與「天」通的可能,並不在於「禮」,也不只是「王」可與「天」通。「人」與「天」通的可能是在於「聖」,這基本上是更強化了樂教的作用,也指出人皆可能為「聖」,把「人」的地位提昇,或者更重視「德」之於「人」的重要性,「德」承繼孔子之說,成了個人德行的要求。

「聖」作為「人」與「天」通的重要媒介,在於「聖」的源始意義就是「聽」,是傾聽天的樂音;同時「聖」也具有「通」的意含,是繼輔佐王之巫史成為可通天的一種德行,具現為一種最高的道德人格典範。這一種轉變,除了周文化強調「敬德」及春秋末戰國時期知識階層的擴展、私學的興起外,在春秋末楚昭王與觀射父的一段問題討論相值得重視,《國語‧楚語》:

> 昭王問於觀射父,曰:《周書》所謂重、黎使天地不通者,何也?若無然,民將能登天乎?

昭王的這段問話,重要的是昭王表達了一個非常重要的問題,這問題就是「民將能登天乎?」而觀射父在回答時,說明

重、黎基本上是在文化制度建立時分別主掌天事與地事者,是他們讓家家自以為可充巫為史,迎接鬼神的亂象回復到秩序中,這一方面說明巫史確是能通天者,但巫史並非人人可為,另一方面昭王的問題指出「民」與「天」通的渴望。於此可見《五行》中「聖」的提出確實有其在思想、人格典範上的要求。

「德之行」的重要意義除了與「天」通的聯繫外,最重要的是在於「型於內」,「型」,今作「形」,《中庸》:「誠則形」,注曰:「形,人見其功也。」「內」謂心也,《禮記‧禮器》:「無節於內者。」孔穎達疏:「內,猶心也。」「德之行」的完成或說顯現,基本上是因著「心」的因素,才能成其為「德之行」,而這正符應自周文王以來所強調的「德」在於「心」。如果將「德之行」與《孟子》相比較,「德之行」之「型於內」,除了蘊化於「心」外,它也是一種踐形,是表現於外在行為中,是身形與內心都在「德」的含蘊中,是就人的整體性呈現而說,因此相近於孟子所言的「性」。《孟子》所言的「性」與「心」有不同,「心」是善心,是人所固有,因此言「心」是就「人」的本然性而言,言「性」則與「命」置於類同的方式看待,這就不只是從本然的角度而言,還從歷程的顯現去說。

四、「德之行五」與《孟子》中「心性說」的關係

竹簡《五行》開宗明義在首章中指陳「五行」所包含的項目,並在第二章指出「五行」何以稱之為「五行」的重要因素

及指向，茲將相關資料選錄於下：

> 五行：悳型於內胃之悳之行，不型於內胃之行。義型於
> 內胃之悳之行，不型於內胃之行。豊型於內胃之悳之行，
> 不型於內胃之□。□於內胃之悳之行，不型於內胃之行。
> 聖型於內胃之悳之行，不型於內胃之悳之行。
>
> 悳之行五，和胃之悳，四行和胃之善。善，人道也。悳，
> 天道也。君子亡审（中）心之悳（憂）則亡审心之智，
> 亡审心之智則亡审心□□，亡审心□□□□安，不安則。

「德之行五」是《五行》中對於仁、義、禮、智、聖五種
「型於內謂之德之行」的總括，稱之為「德之行」基本上包括
兩個共同的因素，分別是「型於內」及「德之行」。「型於內」
即蘊化於內心，其先決條件是有某種存在使「型」得以發生。
換言之，有某種存在蘊化於心而能發顯其功於外。[10]因此，所謂
「五行」在《五行》中說明了它與「心」相關，是因著「心」
才成其為五種「德之行」，但它們並不是如同《孟子》所言仁、
義、禮、智作為「心」的四個善端，因此總讓我們想一探究竟
《五行》是承襲了《孟子》？抑或《孟子》承襲了《五行》的
說法而更進一步深化？

---

[10]關於「形」的哲學作用，我曾在一篇極短文中提及，主要在於《五行》
中確實言及經過「心」之「思－形」作用，才能有「玉色」與「玉音」的
呈現，而這一種作用基本上是一實踐之知的內化，成為德行、德性，而於
人身作為中體現。郭梨華，〈簡帛《五行》中「形」與「思」初探〉，郭店
楚簡國際研究中心編，《古墓新知》（香港：國際炎黃文化出版社，2003年），
第287-289頁。

　　《五行》經馬王堆帛書整理小組與龐樸的研究，認爲應該是屬於思孟五行說，其中重要的依據即《孟子・盡心下》：

> 口之於味也，目之於色也，耳之於聲也，鼻之於臭也，四肢之於安佚也；性也，有命焉，君子不謂性也。仁之於父子也，義之於君臣也，禮之於賓主也，智之於賢者也，聖（人）之於天道也，命也；有性焉，君子不謂命也。

　　《孟子》此處是以提出性、命之辨說明仁、義、禮、智、聖，人可以稱之爲「命」，但君子則強調其爲「性」，這樣的一種哲學辨析，除了闡揚儒學重視道德，並且更進一步認爲這道德也是如同一般人所謂的「命」般，有屬於人的固有性的一面，但與一般所強調的固有性不同之處在於這是專屬於「人」所特有的本然。因此孟子所謂「性」基本上在天生自然中，蘊涵道德的特質，這與當時告子對於「性」的主張有不同，告子的主張認爲「性」作爲一種人天生固有的特質，並不被賦予具有「善」的特質。這樣一種說法與孟子強調人皆可爲堯舜是相當不同的。[11]

　　孟子基本上指出人與天聯繫的最大可能在於人的「性善」，爲人之可「成德」提供了基礎。《孟子・告子上》記載公都子與孟子的一段對話中，可以清楚發現孟子提出人心之善端有四，就是仁、義、禮、智，是人心所固有，並認爲這種固有是秉承孔子對於《詩經》所作的道德性詮釋。茲將相關資料摘錄如下：

---

[11] 見於《孟子・告子章句下》：「曹交問孟子：人皆可爲堯舜，有諸？孟子曰：然。」的一段對話。

孟子曰:「乃若其情則可以為善矣,乃所謂善也。若夫不
善,非才之罪也。惻隱之心,人皆有之;羞惡之心,人
皆有之;恭敬之心,人皆有之;是非之心,人皆有之。
惻隱之心,仁也;羞惡之心,義也;恭敬之心,禮也;
是非之心,智也。仁義禮智,非由外鑠我也,我固有之
也,弗思耳矣。故曰:求則得之,舍則失之。或相倍蓰
而無算者,不能盡其才者也。《詩》曰:『天生蒸民,有
物有則。民之秉彝,好是懿德。』孔子曰:『為此詩者,
其知道乎!故有物必有則,民之秉彝也,故好是懿德。』」

　　孟子這裡提出「心」的四個善端,若對照孟子對於「性」
的主張,可以發現孟子的「心性論」與《五行》中的「行」與
「德之行」可相呼應,但論述的關注點及使用的關鍵辭很不相
同,孟子在「盡心知性以知天」中更強調「盡心」,在「盡心」
中才能夠「知性」、而後才有「知天」的可能,換言之,是從人
的事實中出發,是在人與天的聯繫確實有可能中論述人的基礎
性;《五行》則是論述人與天的關係,是否真的有可能是聯繫的,
而且是「善」之特質的聯繫。 因此從思路的發展而言,《五行》
的論述可能較《孟子》更為早出,由《五行》對於「心」的重
視,可能促使《孟子》中對於「心」作更基礎且全面性的論述。

　　從文獻上我們也發現有佚文、古注可供我們釐定時的參
考,其中一條材料是關於「四行」及「心」之四善端:「仁、義、
禮、智」的文獻,在《荀子·大略》中有一句:「仁義禮善之於
人也,辟之若貨財粟米之於家也,多有之者富,少有之者貧,
至無有者窮。」楊倞對此並沒有注解說明「仁義禮善」,而歷來
的解說中也僅泛指一般倫理道德,但是在《藝文類聚·食物部》

中關於〈米〉的引書中則說：「荀卿子曰‧仁義禮智之於人也‧譬之若貨財米粟之於家也‧多有之者富‧少有之者貧‧至無者窮‧」其中最大的差異是關於「善」與「智」的異文，從傳世本《荀子》中我們無法貼近時代議題理解荀子論述的深刻意含，但從《藝文類聚》中我們發現《荀子》基本上應該是針對《五行》及《孟子》對於「仁義禮智」的反對論述，《五行》與《孟子》基本上都肯定「四行」、「四善端」都是「善」的，而且是人源自於天的自然質樸本性，而《荀子》則認為那是文理隆盛，是「偽」的部份。《五行》與《孟子》的差異在「四行」並未蘊化於「心」，而「四善端」是「心」的善端。

　　《孟子》將「仁義禮智」作為「心」的四善端，但論述「性、命」之辨時，卻提出「性」的五個項目：仁、義、禮、智、聖（人），「心的四善端」與「性」在項目上的的差別在於聖（人），依據龐樸的論據，認為「人」字衍，當刪；另外從思路上我們也發現刪去確實在該句的脈絡中是比較好的，因為從孟子言必稱堯舜，且人皆可為堯舜的觀點言，「聖人」是一種人格典範，無法作為人之「性」的說明，但是「聖」之於「性」，它與「心」的聯繫又是如何可能的？在《孟子》中雖有「盡心、知性、以知天」的主張，可是直接的資料說明其中的聯繫在通行本《孟子》中並沒有發現，但有一條古注卻值得我們加以關切，即《文選》卷五九〈頭陁寺碑文〉中，李善注曾引用《孟子》：

　　仁、義、禮、智、信根於心，色睟然見於面。

　　對照今本《孟子‧盡心上》則是：

　　君子所性，仁、義、禮、智根於心，其生色也，睟然見

　　於面、盎於背。施於四體，四體不言而喻。

　　在這一條古注中，至少有兩種可能性，一是李善引書時，引證上的疏失，多加了「信」一語，這種誤失的可能性在《文選》李善注中並非絕對不可能；另一種可能是：李善注引證無誤，那就不得不讓我們正視這一種事實，即李善注中所引乃《孟子》別本，或者是類似但不同的資料，這涉及《孟子》一書，可能如同《漢書藝文志注釋彙編》中所言，《孟子》一書乃由其弟子們所記錄與編次所造成的結果，但也有可能是屬於《孟子外書》[12]而今已佚的一條資料，究竟是屬於哪一種可能，無法判別，但作為一條《孟子》的佚文加以考慮，可以發現這種可能性相當大，而且也比較能夠讓我們重新理解幾件事：

　　一是就孟子「心性」論題的思路而言，這一條佚文指出了「仁、義、禮、智、信（聖）」五者根於「心」而施於四體，其重要的意義在於指出「信（聖）」與心的關係是：不是心的善端，但卻是根於心。若依今通行本的文脈，「所性」就是「根於心」者，「根」，《廣雅·釋詁》：「根，始也。」「根」也有「本」的意思，這和「心的善端」意義上有不同，但又有聯繫，前者指出以「心」作為始源，換言之，「仁、義、禮、智、信（聖）」是立基於「心」的可能而展現，後者「心」的善端，則指陳「心」本然上具有為善的可能，兩者之間的聯繫在於「性」根於「心」，

---

[12]關於《孟子》一書，《史記·孟荀列傳》言：「孟軻退而與萬章之徒，序《詩》《書》，述仲尼之意，作《孟子》七篇。」而《漢書·藝文志》記載《孟子》十一篇。漢趙岐是最早注解《孟子》者，他在《孟子題辭》中所言的「外書四篇，其文不能弘深，不與內篇相似，似非孟子本真，後世依放而託之者也。」外書四篇今已佚。

基本上這一條材料補足了孟子在「心性論」的理解上所遺留的空缺。這樣的一種區分與聯繫，基本上與《五行》中「五行」與「四行」的區別與聯繫有類似處。

二是這一條佚文，讓我們更清楚唐代楊倞注解《荀子・非十二子》中的思孟五行時，注曰：「五行，五常，仁義禮智信是也。」可能確有另外的版本依據。

三在《大戴禮記・盛德》中有「五法」一辭，北周學者盧辯注解曰：「五法，謂仁義禮智信。」可見「仁、義、禮、智、信」五者作爲帝王施政的準據，有一歷史的淵源與傳統，這一傳統可能與思孟五行說相關。

五、結　論

「德之行」與「行」的哲學意義，在這篇文章中，旨在闡述在戰國時期儒學思想發展中，所謂「思孟五行」與《孟子》「心─性」說的可能聯繫，及在思想史中「行」的哲學是怎進行的。

首先是「行」的哲學意義是「顯現的持續」、是「有物有則」的持續顯現，它包含兩個方向，一是指向水、火、木、金、土「五行」系統的自然義，這一自然義刻就「人」而言，類同今人所言的「本質」，但所發揮的哲學作用不同；另一個方向是「善」

具有道德性可能，因此在「行」的內容上是以德目說明。

　　其次是「德之行」的哲學意義，首要在於它是「德」的行，其二是這一「行」可通於「天」。把「聖」確立爲「四行」與「五行」之間很重要的區別，這一區別若就「行」而言，指出了人在「四行」的事實外，能夠進一步走向更高的可能。換言之，「德」是人在本然事實外進一步通天之後才能獲得的。因此，「德」作爲一種「得」在於「型於內」，把身心都涵括了。

　　再次，「行」與「德之行」的哲學辨析，第一次將儒學中關於「行」的哲學做更深刻的探究，藉著「行」的探討，指出「樂」在「行」中的重要性。

　　最後，這樣一種辨析，指出「德」、「行」在儒學的探究中是一種返回源始爲人文建制尋求根源，就這一方向，《五行》確實藉著辨析說明了這一種要求，但也因著這種辨析，在人文內涵深刻化的要求中，未如《孟子》刻就「人」本身開啓「心－性」的辨析。因此，個人以爲就思想的發展而言，《五行》確實早於《孟子》。

第九章 儒家簡帛佚籍中「德」與「色」的辨析[1]

一、「色」之為哲學問題的起源與意義

先秦儒家傳世文獻，大抵可以區分五個階段或時期，這五個時期分別是孔子前之周文，[2]孔子，孔子之七十二弟子及其再傳弟子，孟子、告子與淳于髡等之論辯所確立的「心－性」哲學，荀子的「教－性」哲學。這五個時期中，以孔子之七十二弟子及其再傳弟子這一時期，為儒家哲學開展的重要時期，它的受重視，除了源自出土文獻中所引發的儒家哲學再探究之思想熱潮，也因為從簡帛佚籍所引發的儒學再反省中，我們發現了過去探究儒家哲學中未曾加以注意的哲學觀念之探究與辨析。

這一種探究與辨析，不在於純粹的形而上思維，而在於將周文中所承傳的「德」，轉化為形而上的哲學思辨，同時又指向

---

[1]本文為國科會專題計畫補助之研究，編號：NSC92-2411-H-031-004，曾發表於在美國 Mount Holyoke 舉行之「第三屆國際簡帛研討會」，2004.4 月。並出版於紀念馬王堆三十週年《湖南博物館館刊》第一期，船山學刊雜誌編輯，2004 年 7 月，第 107-113 頁。今僅稍作文字修正。

[2]這一時期，嚴格說起來並不能算是儒家哲學時期，但因為孔子在《論語·八佾》中「郁郁乎文哉，吾從周。」的學術選擇，因此在追溯孔子哲學根源時，必然涉及此一時期，是以在儒學探源中，周文也列為其一。但此一周文，更多的是依孔子所確立的儒學而作的選擇性周文。

道德實踐的歷程。這樣的一種思維,是身體儀態的道德化哲學探究,或說是哲學的道德實踐思維。它的重要性在於從確立「德」作爲禮樂之制度化,嘗試轉向「德」之爲人自身以及倫常等社會關係的根源探究。

這一種轉化的起源,或許可歸之於《詩經·大雅·烝民》中所言「天生烝民,有物有則,民之秉彝,好是懿德。」所引發的不同哲學思維的可能,以及詮釋的空間。若以孔學的發展而言,孔子確立了三個方向的探究,(一)是「天生德於予」,(二)是「性相近」,(三)則是「人而不仁如禮何?人而不仁如樂何?」這三個方向嘗試回應了「烝民之生」的根源,「民之所秉」爲何,「所好之德」是什麼以及如何可能等問題。

孔子的這一探究基本上將周文作了一轉向,即把周公從能得「天命」之王之「德」轉化爲禮樂等制度的確立,再次轉向成「人自身之德」的探究。只是此時所說之「人」已不再是「王」,而是「全稱的人」——哲學探究中的「人」。但孔子是否真的完成這一種轉向,大致可以從孔子對於「仁」的說明之差異,看出其中存在的不同詮釋的可能,一是強調孔子對於「仁」的主張,已經關乎「心安」與否的問題;[3]另一種則認爲孔子對於「仁」的詮釋,是「心」之價值方向的規範問題,此即《論語·雍也》:「子曰:回也,其心三月不違仁;其餘,則日月至焉而已矣。」「仁」不是「心」,而是道德實踐的價值。這兩種主張,也都嘗試並將彼方的見解納入自己的系統,加以融通。但從孔子以後

---

[3]此觀點主要源自《論語·陽貨》中宰予認爲三年之喪,期已久矣,孔子問「安乎」,宰予以「安」應之,因此孔子批評宰予「不仁」。其中「安」之所指是與「心」相關。

的儒家發展而言，顯然有孟、荀的差異；若就戰國晚期對於儒學的發展而論，《荀子‧非十二子》以及《韓非子‧顯學》已經指出分歧；另外梁濤也據《論語》、《孟子》指出自孔子死後，確實對於何者為繼孔子衣缽的宗師問題有爭論，儒學之分歧已然自此開始。[4]

　　孔子對於轉向「人自身之德」的探究，確實是多向性的，若以哲學概念的方式分析，大致可以區分三個基本面向，（一）是「言」，（二）是「行」，（三）是「色」。這三者基本上都是「人」以整體運作所呈現的。「言」所涉及的是「語言」，它抒發、說出心中情緒、情感、思想，展現人與人交往之應對進退，也說出所見、所聽聞、所思；「行」所涉是「行為」，既是一種「肢體語言」，也是一種事情之進行與完成的動作，更是表現人自身之學養的總稱；「色」，基本上是在人身體面容上的呈現，但是這一種呈現表現出雙向性，一是源自自體之內的情性、思慮，一是藉由「所欲」表現的容儀。

　　這種對於「人」的三向度思維與觀察，一般皆僅注意到「言」與「行」的重要，忽略了「色」這一問題在《論語》中的重要。「色」一詞雖僅在《論語》中出現21章，而且有三個不同的語意，（一）是指「顏色」之「色」，（二）是指「戒之在色」的「色」，（三）是指與「容儀」有關之「色」。我們所關注的是孔子思想

---

[4] 儒學的分歧，除了《韓非子‧顯學》中所言「儒分為八外」，時人梁濤更在〈《論語》的集結與早期儒學價值〉一文中，從《論語》、《孟子》、《史記‧仲尼弟子列傳》等文獻資料中，說明這一分派自孔子死後已開始。姜廣輝主編，《中國經學思想史》第一卷，（北京：中國社會科學出版社，2003年），第 579-589 頁。

中的第三種意義的「色」，從下列幾段引言中，我們可以發現孔
子對於這種意義之「色」的說明蘊藏著不同的可能方向，茲先
引述如下：

> 子曰：巧言令色，鮮矣仁。（〈學而〉、〈陽貨〉）

> 子夏問孝。子曰：「色難。有事，弟子服其勞；有酒食，
> 饌。曾是以為孝乎？」（〈為政〉）

> 子張問：「士何如斯可謂之達矣？」子曰：「何哉，爾所
> 達者？」子張對曰：「在邦必聞，在家必聞。」子曰：「是
> 聞也，非達也。夫達也者，質直而好義，察言而觀色，
> 慮以下人。在邦必達，在家必達。夫聞也者，色取仁而
> 行違，居之不疑。在邦必聞，在家必聞。」（〈顏淵〉）

> 子曰：「已矣乎！吾未見好德如好色者也。」（〈衛靈
> 公〉，〈子罕〉亦有，但少了「已矣乎」。）

　　從上述的引文中，我們可以發現「色」的意義有三層：（一）
「色」只是一種呈現，本身並不就是「仁」或「不仁」；（二）
它之為「仁」或「不仁」的判準來自它與「言」、「行」的關
係是什麼而決定；（三）「色」作為一種呈現，有其呈現之根
源，而此根源與「孝」之類的道德性相關聯，但又沒有必然性。
其中以第三層的意義最具關鍵性，一方面它開展了與「德」的
聯繫性，另一方面又回向根源探尋。「色」這一種轉折關鍵位
置，在記載周初選官用人的周王與太師之對話中也有類似的思
維。《逸周書‧官人解》中，[5]提到「觀色」是六種「選官察人」

的方法中的第四項，其向內所探尋的根源就在於「喜、怒、欲、懼、憂」五氣。[6]這五氣基本上就是由「心」而呈現，〈官人解〉：「五氣誠於中，發形於外，民情不可隱也。」這些已經說出了「色」是一種呈現在外的情狀，但是它有一根源即「五氣」，「五氣」是「中」的內蘊，「中」之所指，一般皆指向「心」，但若更謹慎、保留地說，至少是相應於「人之外」而言，那麼「人之內」、人之「中」，所指則指向「心」、「性」…諸如此類者。

孔子並未將「色」直指向「心」、「性」，這基本上是源於孔子對於「心」、「性」的主張，還未作「本質性的定義」。換言之，孔子的時代問題不在「心」「性」，而在「周文」的承續如何可能？孔子對於「人」的主張，在〈雍也〉中指出「人之生也直」，對於「君子」之「文質彬彬」中提出「文－質」相需，這中間都蘊藏著「學習」所帶來的改變。從〈陽貨〉「性相近，習相遠」，以及上博簡〈孔子詩論〉中強調詩教德化的重要性，都可見孔子對於「學、習」的重視。但是孔子在〈述而〉中說到「天生德於予」，[7]又說「德之不修，…是吾憂也」，

者不同外，用詞與脈絡上，《逸周書·官人解》皆較《大戴禮記·文王官人》為樸拙與理順。

[6]《大戴禮記·文王官人》中稱之為「五性」。個人以為《逸周書·官人解》之文字較勝，更能呼應前後之文，因其後所言皆「X氣」。

[7]關於「天生德」一語，或有以之為關乎「命」，確實有此可能，在周書中，商紂曾言「我生不有命在天」，拒絕了祖伊的警語；但從周文以後，「命」其實蘊涵了「德」的意義。《左傳·成公十三年》：「劉子曰：吾聞之：民受天地之中以生，所謂命也。是以有動作禮義威儀之則，以定命也。…」其中「動作禮義威儀」，已然是「德」的內容，以此「定命」，顯然也說明「命」中蘊「德」，而孔子之言「德」，雖也蘊涵「命」的意義，但強調了

這些都顯示了孔子哲學的多向發展中，隱藏著分歧的可能性。這一分歧的可能性，也出現在「德」與「色」的問題。在《論語》中「色」與「德」的關係並不明確，孔子曾言「吾未見好德如好色者也」，又言「色取仁而行違」則不能「達」，顯然孔子認為「色」與「德」並沒有必然關係，也隱含有不能單取之於「色」的態度，甚至對於「色」以審慎的方式看待。但是又認為「色」是「事、養父母」中最重要者，此時「色」儼然指向「敬心」之類的根源問題。

二、「色」的分歧與「成德」

孔子對於「色」確實存在著多義的理解，因此在面對「色」是否「遠德」或「成德」上也有不同的主張，當「色」指「女色」時，是遠德的，[8]但當「色」作為心性之外顯於形體時，則認為「色」是重要的。這種歧異在孔子的弟子詮釋時，也出現不同的理解。

《禮記‧樂記》中記載魏文侯與子夏論樂時，子夏則以「鄭音好濫淫志，宋音燕女溺志，衛音趨數煩志，齊音敖辟喬志；此四者皆淫於色而害於德，是以祭祀弗用。……」說明四種音樂是滿足人對於聲色的喜好，這是有妨害於德者，這是孔子弟

「德」的顯義。

[8]《禮記》中《坊記》、《中庸》…等，一般皆以子思所作，但其中有很多是記述孔子思想言論者，《坊記》與《中庸》中有關孔子言論部份，當「色」以「漁色」之類視之，則強調君子「遠色」以成德。

子中明確對於「色」與「德」的關係，說出兩者不相容的關係，其所以然是因為「色」擾亂了「志」。而當文侯問子夏溺音如何生時，子夏的回答重點在「為人君者，謹其所好惡而已矣。」「德音」則在於因「天地之順、四時之當」所正的六律，所和的五聲與弦歌詩頌。這種對於「色」的看法，並未言及其根源何在，但與孔子所謂的「君子遠色以為民紀」（〈坊記〉）之說相類。「色」之所指已經不只是女色，還包含了感官聲色之欲。

　　孔子的另一弟子曾子，則持另一種主張，曾子強調「身」的重要性，並認為「身」已然蘊涵「德」的展現，因此「色」與「成德」是相關的。《論語・泰伯》：

> 曾子有疾，孟敬子問之。曾子言曰：「鳥之將死，其鳴也哀；人之將死，其言也善。君子所貴乎道者三：動容貌，斯遠暴慢矣；正顏色，斯近信矣；出辭氣，斯遠鄙倍矣。籩豆之事，則有司存。」

　　曾子認為容貌、顏色、辭氣都是君子所貴之道，其中「容貌」所指乃行為、舉止、儀態等；「顏色」所指更強調「顏之色」，即「面容」所呈現的表情、容儀；「辭氣」其所指乃言辭、語氣、語調之屬。曾子是建立了「色」與「德」的可能聯繫。另外被認為是曾子作的《大學》，也有一段話顯示「色」的誠懇面對就是不自欺，不自欺即是「誠意」，《大學》中解釋「誠意」時，說到：

> 所謂誠其意者，毋自欺也，如惡惡臭，如好好色，此之謂自謙，故君子必慎其獨也！

　　「好色」的意含相當的多向，但都與人目視之的本能相關，

可以是女色，也可以是容貌之色、容儀…等等。顯然在孔子的
學生中，有一些弟子認爲「色」是必然的，也是本能所有的，
其能與「成德」相關，在於「好之」的方式，即結論所言之「愼
獨」的方式處之。「色」與「德」的這種聯繫性是存在著的，
但是究竟關係如何？「色」之「成德」的過程如何可能？這些
在傳世文獻的探討中，並不容易找到說明。直至馬王堆帛書〈五
行〉與郭店儒簡的出土，「色」與「德」的聯繫才有較爲清晰
的輪廓。

在郭店儒家簡中僅有三種佚籍提及「色」的問題，[9]《語叢
一》還曾對於「色」作出內容性的界定，所謂「容娩（色），目
殹也。」（52簡）即是界定了舉凡「容色」，皆「目」所「司」
的內容或說對象，因此無論女色、容儀、顏色都與「容色」有
關，都是「體」的一部分。[10]此外《語叢一》還提到：「熨（氣），
容殹也。」（52簡）後來《說文》及段注中對於「色」的解釋，
顯然已經將在此影響之下的詮釋，此即「色，顏氣也。」段注：
「顏者，兩眉之間也。心達於氣，氣達於眉間，是之謂色。」
第二種佚籍即《成之聞之》，其中也有一處提到「色」，即「形
於中，發於色」。這種對於「色」的說法，在當時是相當普遍
的，但其重要性在於指出了「色」是有根源的。第三種佚籍，
也即《五行》，其論述是最爲關鍵。若與馬王堆帛書《五行》
相互參校，在《五行》的經文中，有三段文字論及與「色」相
關的「成德」過程，茲引述如下：

---

[9]即《成之聞之》、《語叢一》、《五行》。
[10]《郭店簡‧語叢一》：「其豊（體）又（有）容又（有）娩（色）」。（46-47
簡）

愳（仁）之思也清，清（一二）則蜻，蜻則安，安則悃
（溫），悃（溫）則兌（悅），兌（悅）則喜（戚），
喜（戚）則新（親），新（親）則恚（愛），恚（愛）
則玉色，玉色則型（形），型（形）則愳（仁）．（一
三）。

智之思也倀（長），倀（長）則得，得則不亡（忘），不
亡（忘）則明，明則見臤（賢）人，見臤（賢）人則玉
色，玉色則型（形），型（形）（一四）則智．。

聖之思也翌（輕），翌（輕）則型（形），型（形）則不
亡（忘），不亡（忘）則聰，聰則聲（聞）君子道，聲（聞）
君子道則玉音，玉音則型（形），型（形）（一五）則聖
．。

　　這三段文句中，兩次出現玉色，龐樸[11]與魏啓鵬[12]皆以「溫」
詮釋之，而當談及玉色時，是與「思」相關，即仁之思與智之
思，這基本上仍然承襲《論語・季氏》孔子言君子九思之「色
思溫」，以及《詩・大雅》：「溫溫恭人，惟德之基」的思維
方向而來，但是《五行》在談及玉色與思的過程時，彰顯了哲
學上的不同作用。這作用即是將仁之思與智之思，在「思」的
展現過程中，出現的各種內聚於心中的情感、狀態等，分析說
明之，以此而出現的玉色，是經由一過程的蘊化才出現的，展
露玉色同時也就是一種「形」的狀態發生。形，在《五行》中

---

[11]龐樸對玉色之說明爲：「玉色：溫而厲之色。」龐樸，《竹帛五行篇校注
及研究》，（台北：萬卷樓，2000 年），第 36 頁。
[12]魏啓鵬將玉色解爲：「玉色：容色如玉之溫潤而有光澤」。魏啓鵬《簡帛
五行箋釋》，（台北：萬卷樓，2000 年），第 18 頁。

是判別德之行與行的關鍵所在。因此，若將「形」解爲「成」、
[13]「成形」[14]或「具外物於內心」，[15]事實上也都說明了「形」是
一連串的身體、情感的醞釀、轉化，才得以完成。這一醞釀與
轉化，已然隱含了心的作用。

　　至於此心中是否已然如同孟子蘊涵仁、智[16]等德性在內？若
從《五行》的經文而言，其分四行與五德之行，龐樸以社會道
德、天地道德稱之。[17]這之間我以爲似乎存在著一種對於「形」
的不同認知的疑慮，即不來自於內心所爲的稱之爲行，只是善
而已，是社會道德，社會道德是由社會規範所要求而爲的；而
發自內心而來的是德之行，是德，是天地道德。但是四行是「善
－人道」，五德之行是「德－天道」，四行與五德之行，猶如
四體與加了「心」的作用之五官的差別。四體是本然所有，五
官亦是本然，但當「心」發生了作用，此本有之質素才轉化爲
一種自覺的行爲，才真正完成了天地之道德。「色」因此也在

---

[13]魏啓鵬（2000），第 10 頁。
[14]龐樸（2000），第 29 頁。
[15]劉信芳：「《郭店》讀爲『形』，其字帛本作『刑』，帛書讀爲『形』。〈傳〉
215：『輕則刑（形）。刑（形）者，刑（形）其所思也。酉下子輕思於翟
（二一五），路人如斬；酉下子見其如斬也，路人如流。言其思之刑（形）
也。』是『型』謂具外物於內心。《說文》：『型，鑄器之法也。』『仁型於
內』者，對於『仁』之認識、體驗，有如模型具於內心也。」劉信芳，《簡
帛五行解詁》，台北：藝文印書館，2000 年），第 6-7 頁。
[16]在《五行》中的這一部分之論述，缺少義、禮的論述，但是在 21 至 22
簡則將仁與義禮以相同的方式加以論述，表現出仁義禮的相類性，另外在
27 至 31 簡，則論及至仁義禮之間的相關聯性。因此可以推測只言仁智，
不言義禮，可能源自作者認爲「仁，義禮所由生也」，「智而安之，仁也，
安而行之，義也，行而敬之，禮也。」
[17]龐樸（2000），第 112 頁。

這一過程中成了重要的「德」的外顯指標之一。

　　帛書《五行》中的〈說〉雖未針對「玉色」作解說，但在其後關於「色」，甚至是相關「女色」的問題，都是以正面的態度視之，只是在詮釋中，將「禮」的觀念引入了「色」的對待中，所謂「由色喻於禮，進也」。（帛書 341 行）此外在帛書第 271 行至 274 行，屢次出現「色然」一辭，帛書整理小組以「改變容色」詮釋，[18]其所以改變容色，乃因聞君子道時的狀貌使之呈現有德之容儀，若聞君子道而不會改變容色，說明其不能真正理解、領會君子道。

　　這些都說明了孔子後學中還存在著一種懇認「色」與「德」的外在教化關係的學說，這種學說並非孔子後的獨創，而是承繼孔子思維之多相性的一種方向，因爲上博簡的《孔子詩論》中，也可以發現《五行》之〈說〉與孔子對於關雎之詩的理解詮釋相類，[19]孔子已然論及「色」與禮樂的關係，李學勤、周鳳五、劉信芳皆以此爲一種對於本能的改變，而進禮樂之教化。[20]顯然帛書《五行》之〈說〉與《孔子詩論》對於「色」的主張，是強調了君子道、禮樂的教化等的改變。

---

[18]國家文物局古文獻研究室編，《馬王堆漢墓帛書》（壹），（北京：文物出版社，1980 年），第 27 頁之註 59。
[19]此說饒宗頤與劉信芳已提及。劉信芳，《孔子詩論述學》，（合肥：安徽大學出版社，2003 年），第 180、190 頁。
[20]劉信芳（2003），第 182-183 頁。

三、「色」及其根源探究的可能發展

　　「色」從上述意義的分歧及其與成德的關係中，在孔子之後至少可以發現有三種可能的發展，茲分述如下：

　　（一）是如同子夏認為「色」是害德的，這些也可以從《論語》中子夏問孝，孔子以「色難」提醒他，並認為「德」仍然需要照顧到「色」的問題。或許有人會提出子夏認為妨德之色與孔子所提醒的色難之色，意含並不相同。這一詰問確實指出了「色」的不同意含，但是當「色」作為一總稱中，意含的不同，所牽涉的可能就是另一層面讓「色」之所以發生的根源是什麼的問題。換言之，是將「色」視為慾望的對象？抑或視為內心顯露於容的呈現？若從子夏否定「德」與「色」的聯繫時，說出了「色」會影響「志」，而「志」是心之所之，這就說明了子夏把「色」視為慾望的對象，而不是內心顯露於容的呈現。在這一問題上，可以說子夏承繼了孔子「無欲則剛」的思維方向。

　　（二）是認為「色」是德的呈現，如曾子以及竹帛《五行》之經文部份。就曾子而言，其立論點在於強調「身」的重要性，但是在強調身的同時，也指出心的共同作用，《禮記‧內則》中有一段話最能說明曾子的立論點，此即：

> 曾子曰：「孝子之養老也，樂其心不違其志，樂其耳目，安其寢處，以其飲食忠養之。孝子之身終，終身也者，非終父母之身，終其身也；是故父母之所愛亦愛之，父母之所敬亦敬之，至於犬馬盡然，而況於人乎！」

　　在這一段論述中，一如大家所知，曾子論及「孝」時，非

常強調身體髮膚，受之父母，不敢毀傷。這一種強調身體的特質，並不是只重在軀體，而是認爲軀體之安逸的同時，也必需照顧心靈的適意。因此曾子提出「色」與「成德」的必然聯繫時，一如《大學》中強調「修身」即是修德的宗旨，這與《論語》中記載曾子認爲孔子一貫之道在於「忠、恕」是相容的。這種對於「色」的理解，是將之視爲身體心性的一種呈現，因此也必然涉及「色」的根源，這一根源大致與「心」相關，而且顯然曾子認爲這「心」的方向是「德」，否則不會認爲修身可成德。

　　竹帛《五行》的經文，我以爲與曾子的思想相呼應。《五行》中「形－色」是一非常重要的關鍵，「形」之所以可能在於同時有「色」的呈現，「形」是「形於內」與否，「內」之所指就是「心」。因此當呈現「玉色」就是「形於內」，也就說明了「色」的根源與「心」有關，當「心」有所「形之」時，此時的行爲才是真正「德」的行爲，而當「心」沒有被「形」的時候，此時的行爲只是一種自然、本能的行爲。另外在《五行》中我們也發現，「心」的憂、樂對於「成德」非常重要，所謂「君子無中心之憂，則無中心之智，……無中心之悅則不安，不安則不樂，不樂則無德。」由「安」的問題，可以曉得當「心」中有憂、樂時，其實蘊涵了「心」是面對一種回歸本源的要求。因此當「色」是與「形」並現而「成德」時，其實也確立了「色」與「德」的聯繫是一種必然性的關係，「色」之能爲德，並非源自外在的教化或禮儀規準使然，而是源自本然已有之仁、義、禮、智不形於內時的「行」，及「形於內」時的作用結果。

　　若就孟子的哲學而言，確實也承繼發展了《五行》這一種
主張，但是又比《五行》來的清楚明確，亦即將仁、義、禮、
智之為「行」，當作「心」的善端，而不再作「德之行」與「行」
的區分。孟子對於「色」的主張，基本上也承襲了這一思維傳
統，因此在《孟子・盡心上》嘗言：「形色，天性也。惟聖人
然後可以踐形。」又言：「君子所性，仁義禮智根於心。其生
色也，睟然見於面、盎於背。施於四體，四體不言而喻。」這
些與《五行》中所言「形－色」觀相承繼，且更為明確，但也
無形中弱化了「形－色」的哲學作用，而將「心－性」賦予道
德本質的善。

（三）主要是帛書《五行》中〈說〉的部份。在〈說〉中並沒
有針對〈經〉文中的「形－色」過程加以詮釋，而其後所言的
「聞君子道而不色然」、「見賢人而不知色然」基本上強化了
「色然」的原因，來自所聞、所見的引發，至於「色然」是否
有源自於本心之「德」的質素，若從帛書 330 行至 335 行：「人
之性則巍然〔知其好〕仁義也。……文王源耳目之性而知其〔好〕
聲色也，……源〔心〕之性則巍然知其好仁義也。固執之而弗
失，親之而弗離。…」我們可以發現仁義是「心」所好的對象，
「心」如同耳目等只是一官能，「心」之於仁義，自然能分辨
之。這種對於〈經〉的依違情況，也可以從「由色喻於禮」的
詮釋說明得知，禮之於「色」是一種譬喻知曉的結果，顯然隱
含了外在規範的節制。

　　《五行》中〈說〉對於「色」的這種主張，雖然也與成德
相連繫，但是並不能發現其中的必然聯繫性，雖則如此，也不
意味「色」的根源「心」為非道德性的，因為畢竟〈說〉中對

於心之所好，仍然有一指向性。「色」的呈現，更多的是來自禮、義等的引發。這與後來的荀子學強調禮樂教化之思想相類，但又有所不同。《荀子·大略》中也說到：「德至者，色澤洽。」但荀子又認為聲色乃人之情欲之自然，若順是，則淫亂生而禮義亡。（《荀子·性惡》）因此在荀子學說中，「色」並不是一種變化的關鍵，而是在經過教化後可以產生的轉變。

四、結　論

從「色」的歧義理解與分辨，我們可以發現在孔子後學中有不同的發展。另外，從「色」的根源探究上，都是指向心、性，這也說明了在《五行》中非常強調的「形－色」思辨，除了《孟子》中仍然留存著這種思維外，幾乎「形－色」問題已轉換為「心」的探究。我以為這一方面是因為「遠女色」、「食色性也」與「玉色」之間，存在著糾結的困擾，因此轉向其根源問題的解決；另一方面在於「色」之為「德」的「容色」呈現，是身體實踐的哲學探究，這一種探究往往是經驗的分析與說明，很難以一種概念式的哲學探究，加以分析所致。

第十章　由《性情論》探究孔子後學之「情」論[1]

一、前　言

　　1993 年荊門郭店簡曾有一篇關於性情論述的篇章，整理小組命名為《性自命出》，此篇與 1994 年由上海博物館搜購簡中的一篇關於性情論述的篇章但命名為《性情論》近似，這兩篇雖有些異文，[2]但不礙其歸屬同一篇而重出。因此，關於《性情論》的年代，大抵是以《性自命出》較為明確之年代下限為依據，至於二者之間孰先孰後、或為同時則無法論斷。

　　就其為重出文獻而言，則郭店墓葬年代下限，大約在紀元前 300 年即已寫定，而且就目前兩篇文獻的相類情況而言，研究者大致是以不同流傳本的方式對勘。因此，在論述《性情論》中之「情」時，則不可免的必然與《性自命出》一篇相互參照。

---

[1]本文有關《性情論》的主要內容，曾發表於 2002.7.28-30「新出土文獻與古代文明研究」國際學術研討會，並出版於《新出土文獻與古代文明》，（上海：上海大學出版社，2004 年），第 243-247 頁。今則在該文的基礎上，進行改寫，增加了孔子、《中庸》、《樂記》之「情」論，同時對於《性情論》的部份也作了修改。

[2]兩篇有關性情論述的楚簡，除了少數文字的書寫差異與錯誤、闕文外，主要還表現在論述次序的不同，但這些並不妨礙兩篇楚簡之相類，其差異或是流傳的不同，或是整理者理解詮釋的不同所造成。

　　《性情論》與《性自命出》中有「性自命出，命自天降」，使得學界自然將其與《中庸》「天命之謂性」作一關聯性思考，也因為這樣，學界展開關於《性情論》(《性自命出》)學派屬性的討論。大部分學者認為屬於儒家學派，但對其作者之推定，則有不同說法，這主要是因為儒學自孔子後，其弟子與再傳弟子的學術思想或有差異，是以《韓非子‧顯學》有所謂「儒分為八」之說。因此在推測其作者時，或說與子思學派相關，[3]或說與公孫尼子、子游、世碩、子夏等相關，其論據主要在於「情」與「樂」的相關論述。[4]但也正因為是「情」的問題，陳鼓應提出與道家的關係，進而推測其創作時間應在莊子本人和後學之間，其論「性」近於告子，不屬於思孟學派。[5]本文認為《性情論》思想，雖不排除受到道家思想的思考激盪，但以今日傳世文獻資料之判別，及其資料有不少可見於儒學作品中，是以從眾說，將之歸屬戰國早、中期的儒學作品。

　　《性自命出》在論題上關於「情」的重視，龐樸也早已言及，並認為這種強調「情」，而又與「有德」、「有道」的聯繫，是一種唯情主義，進而論斷這種真情流露就是率性。[6]「情」這一論題的熱絡論辯，顯見其重要性。那麼「情」這一哲學論題

[3]劉樂賢，〈《性自命出》與《淮南子‧繆稱》論情〉，《中國哲學史》季刊，2000年第4期。又其〈《性自命出》的學派性質〉則見於簡帛網站。

[4]李天虹，《郭店竹簡性自命出研究》，(武漢：湖北教育出版社，2003年)，第107-125頁。

[5]陳鼓應，〈《太一生水》與《性自命出》發微〉，《道家文化研究》第17輯，(北京：三聯書店，1999年)，第393-411頁。

[6]龐樸，〈孔孟之間──郭店楚簡中的儒家心性說〉，《中國哲學》第20輯，(潘陽：遼寧教育出版社，1999年)，第31頁。

到底在《性情論》中，作爲唯情主義的表達，其真實的意含是什麼？「真情流露」的真實意義是否即是「率性」？若是，則「情」與「性」之間究竟是如何過渡的？「情」只是關乎個人的情感與情緒的表達而已嗎？或者「情」在作爲個體主體情感質素的潛在之餘，也是一種個體間互爲主體際所顯示之「關係事態」？

與《性情論》密切相關的《中庸》，雖不曾出現「情」這一哲學用語，但是存在「情」（喜怒哀樂）的論述，兩者之間究竟有何種聯繫？這一連串的疑問，使得「情」的哲學探究有其必要性。

二、「情」的意義與重要性兼及孔子之「情」論

當代對於先秦傳世文獻研究中，關於「情」問題的關注，相較於「心」、「性」論題，較少涉及，也鮮少認爲這是哲學探究人文本源時的那個本源之一。雖然在傳世文獻中，關於「情」的使用或有關「情」的論述，並不少見，但卻未成爲哲學論述之核心。由於《性自命出》、《性情論》的出土，使得「情」的論題，頓時間成爲關注焦點，也引發我們關注這一論題在先秦儒學中曾有如何的討論？茲分（一）「情」的意義與重要性重要及（二）孔子關於「情」的論述，兩部分說明之。

（一）「情」的意義與重要性

　　關於「情」的論述，李天虹依據《漢語大字典》之用法，並對《尚書》、《詩經》、《左傳》、《國語》、《論語》、《禮記》、《大戴禮記》、《孟子》、《荀子》等文獻進行考察，認爲先秦文獻之「情」，大致有五種涵義，其一爲事物之情實；其二爲指向人內心之實，與今之所謂真心、誠相應，有時也蘊涵情感的意味；其三爲事物的本質、質性；其四爲專門用以表達情感，此又分兩種，一是發自真心之情，另一是出自天性之情，是誠於中形於外的「性」，「誠」爲其主要特徵，喜怒欲懼憂等情感爲其主要內涵；其五爲情性之情，很少帶有真情的色彩，而主要指情欲、欲望。[7]

　　李天虹的論述，大致可以從三個面向概括，一是就「情」爲一種關係狀態中的呈現，如事物之情實，這是論述非個別「物」的狀態，而是就「事」的狀態所展現的真實而言；二是就其爲本然、本質義而言，可用於人、事、物等對象上；三是就「情」之爲情感情緒，探究其與人之心、性、欲望的關係，因而也與人之喜、怒、愛、惡、懼等喜好、情感、情緒、感情之用語極爲相關。其中第三個面向是最複雜，與第一、第二面向有關，也是戰國時儒家論述心性、禮樂等問題時必然涉及的思考，而這也是本文中想探究的「情」論。

　　「情」作爲一種情感、情緒與人的心、性、欲望的聯繫，是人存於世界中必然的展現，但這一「情」的展現，也因著人

---

[7]李天虹，《郭店竹簡性自命出研究》，（武漢：湖北教育出版社，2003年），第31-51頁。

與人所交織的各種關係，展現出不同的樣貌。蒙培元說到：[8]

> 情感是重要的，但是將情感作為真正的哲學問題來對
> 待，作為人的存在問題來對待，提出和討論情感的各個
> 方面，比如好惡之情，喜怒哀樂之情，「四端」之情，喜
> 怒哀懼愛惡欲「七情」，樂的體驗，敬畏之情，等等，並
> 將其作為心靈的重要內容，成為解決人與世界關係問題
> 的主要話題，則是儒家哲學所特有的。…………儒家所
> 說的道德情感，既有經驗的、心理的一面，又有先驗的、
> 形而上的一面，不可一概而論。除了道德情感，儒家還
> 一般地討論情感的問題，而儒家所說的情感，絕不僅僅
> 是私人的、主觀的情感，它更重視共同的、普遍的情
> 感，……。

　　蒙培元之說，確實將儒家的道德哲學、德目，不再以心、
性哲學概念作為論題核心，而是導向道德情感。這一德目之基
於道德情感，基本上在朱熹以道德情感註解《孟子》的「心」
之四善端時，已見其緒。若再深究其源，則可溯自春秋末戰國
早中、期。[9]在這一時期關於「情」的論述，主要是記載於孔子
及其弟子、再傳弟子的資料中，而這一部分資料，往往被一些
哲學家思想，或心性、天命、禮樂等論題所掩蓋而忽略。

---

[8]蒙培元，《情感與理性》，（北京：中國社會科學出版社，2002年），第9、
15頁。
[9]當然「情」之為實踐論述之基礎，非儒家專有，道家亦有之，甚至墨家兼
愛之說亦然。但是將「情」這個概念，作為一哲學論題，與心性、禮樂聯
繫，則是儒家專有。

（二）孔子關於「情」的論述

　　孔子在《論語》中關於「情」用例，雖僅〈子路〉篇一次，其意義或以「情實」、或以「誠實」說之。[10]此「情」之值得重視，在於已將「情」與「信」對舉，「情」之意義顯然與「信」有密切關係，「情」不但是「信」的內涵質素，也是「信」展現時的呼求。因此，說其為「情實」或「誠」皆無不可，更重要的是「情」與「信」這一德目連繫起來，是信之為信的意義所在。易言之，「信」是一種基於雙方之誠懇、真實等情感為其底蘊而有的互相信任之德，而當一方展現此德時，相應之方亦以此「情」相呼應。

　　在《禮記・禮運》中記載了孔子對於「禮」的主張時，說到：「夫禮，先王以承天之道，以治人之情，故失之者死，得之者生。」[11]這一方面強調人文禮制對於「情」的管理，使之秩序化，另一方面則指出「情」與「禮」之間的密切關係。在《禮記・雜記下》中記載著子貢問喪，孔子曾說到：[12]

> 子貢問喪。子曰：「敬為上，哀次之，瘠為下。顏色稱
> 其情；戚容稱其服。」

　　在孔子的回答中，情感是喪禮中非常重要的表達，而在禮節儀式中，個人的容貌顏色則應稱情、稱服。方慤對此曾說解到：「顏色在乎面目，顏色稱其情，以外稱內也。戚容兼乎四體，戚容稱其服，以本稱末也。外不稱其內，則色為偽；本不稱其

---

[10]程樹德，《論語集釋》，（北京：中華書局，1990年），第898、899頁。
[11]〔清〕孫希旦，《禮記集解》，（北京：中華書局，1998年），　第585頁。
[12]〔清〕孫希旦，（1998），第1088頁。

末，則服爲虛。」[13]這一詮解的重要，在於指出了「情」與「色」之間的關係。「情」所表達的是內在情感的真實情狀，是主體對於對象的真情流露，「色」作爲容貌顏色，是可以作僞的，而「稱」在於內外的一致，當其一致時，則是「誠」的表現。

除了上述的「情」論外，孔子也認爲「情」作爲一真情流露，若從整體的生命存在意義而言，不可上綱至唯一的表達，而必須符應於「禮」，《禮記‧檀弓上》：[14]

> 子路有姊之喪，可以除之矣，而弗除也。孔子曰：「何弗除也？」子路曰：「吾寡兄弟而弗忍也。」孔子曰：「先王制禮，行道之人皆弗忍也。」子路聞之，遂除之。

孔子此處強調行仁義之人皆有不忍之情，但先王禮制所考慮的並非只是人之「情」的表露，此猶如〈禮運〉中所言，「禮」乃「承天之道」。

另外，孔子也認爲「禮」必須基於「人情」。《禮記‧雜記下》：[15]

> 子貢觀於蜡。孔子曰：「賜也樂乎？」對曰：「一國之人皆若狂，賜未知其樂也！」子曰：「百日之蜡，一日之澤，非爾所知也。張而不弛，文武弗能也；弛而不張，文武弗爲也。一張一弛，文武之道也。」

此引文中雖無「情」字，但所發揮的卻是「蜡禮」之爲蜡

13〔清〕孫希旦（1988），第 1089 頁。
14〔清〕孫希旦（1998），第 183 頁。
15〔清〕孫希旦（1998），第 1115 頁。

禮的意義所在。文中所言之張弛與文武之道,雖然與治國之要相關,但是返歸到「禮」之所以需要與出現,即所以制定的精神所在,此一精神即是回應「人情」。此處之「人情」,是指人之實存狀態,這一實存狀態,其內涵即蘊涵了人之情感、情緒、喜好、厭惡之情在內的各種感受,同時也是人際交往關係網絡中所展現的狀態,只是這一人之「情」的展現,不限於私人,而是集聚人普遍所必然有的情感、情緒、需求等感受,是一種具體化的普遍。若無視於這種具體化之普遍的「情」,則一如子貢以禮視禮,忘卻禮之本質精神。

總括而言,孔子認為人皆有「情」,「情」貴在於真誠顯露,「情」作為內在情感的表達,必須有「色」與之相應,完成其其「情」之為「誠」。作為與「誠」相應之「情」,是「信」這一德目之內涵。「情」與「禮」之間的關係,猶如仁與禮之間的關係,「情」作為「人之情」的必然,在文化社會中,則需要「禮」的管理,使之秩序化,呼應於人文社會的價值,但禮制之設置,也需要本之於人之「情」,而非憑空設置一些規範,要人去遵守,或以規範制約人,讓人失去人情之本然。孔子這一「情」的思維,作為德目、禮之底蘊,或許使得孔子後學在思考禮樂、心性、天命論題時不得不重視「情」的重要。

三、《中庸》、《樂記》關於「情」的論述

傳世文獻中有關孔子弟子及再傳弟子對於「情」的論述,

可以《中庸》、《樂記》爲代表，一方面這兩篇與《性情論》都有些類似思維，另一方面這兩篇，尤其是《樂記》對於「情」的論述，更顯見孔子後學對於情性之思考，以及情與禮樂之關係。茲分述如下：

（一）《中庸》關於「情」的論述

　　《中庸》雖無「情」字之用例，但卻蘊涵有關「情」之內容，且此攸關「情」之內容，是與「中和」、「性」、「道」有關，其開篇即言：「天命之謂性，率性之謂道，修道之謂教。」論述了作者對於天命、性、道、教之間的聯繫，及其所從來的源頭，確立了人與天，人文與天之間的必然關聯。人所源自於天而在人者，稱之爲「性」，依循「性」而有之設置乃人道之本然，而這其中「性」與「道」皆在生命歷程中，維護此性此道的開展，則需要「教」。

　　但這「性」的內容是什麼？在人身上又關係著哪些因素？從「道」或「教」或許可設想與人的作爲、人文化成之規範等相關，其「中和」之說則詮解了性、道、教所關涉的內容。「中」則指「未發者」，「和」指「已發」且「發而皆中節者」，事實上「中和」之說所涉即「情性」說與「禮」。

　　《中庸》的情性說，源自於其對「中」之內容指涉即是「喜怒哀樂」，而「未發」是「情」之「未發」，但未發者是否指向「性」？朱熹以爲「其未發，則性也，無所偏倚，故謂之中。發皆中節，情之正也，無所乖戾，故謂之和。」[16]蒙培元則關

---

[16]〔宋〕朱熹，《四書章句集注》，（北京：中華書局，1995年），第18頁。

注「情」的問題，認爲已發、未發之所指皆是喜怒哀樂之情，也是心靈的存在狀態喜怒哀樂之情，與天道、天命有關係。[17]這些論述基本上都指出《中庸》所言喜怒哀樂之情，不可避免的關係著「性」之本體，「情」與天命之「性」有著密切不可分的聯繫，同時也與「中節」之事相關。

《中庸》之言「誠」，是通貫天道、性命的關鍵，也是唯一通道。「誠」歸根到底是一種真實無僞的情感意識，或真實的道德情感。[18]但「情」作爲「誠」的底蘊，不只是一經驗的、心理的情感而已，而是具體化之普遍之「情」，關係著天道、性命等本體。

總括而言，《中庸》之「情」除了喜怒哀樂之說外，基本上從其義理可推知，「情」在《中庸》實佔據一重要且關鍵位置，惜未開展此說，但已然提點出「情」的重要。

（二）《樂記》關於「情」的論述

《樂記》中關於「情」的意義，大致可以分兩種，一是就情實、本然、本質等意義而言，一是就人之喜怒哀樂之情而言。這兩種「情」雖然是分別說，但實質上則可以是一，就其可爲一而言，在於其與「情性」的指涉相關。樂與人之情性的聯繫，可以視爲《樂記》在先秦的貢獻之一，也是先秦儒者視「樂」可以移風易俗的前提。

「情」在《樂記》的論述，可以分 1.情與聲音，2.情與樂，

---

[17]蒙培元（2002），第 90 頁。
[18]蒙培元，《中國心性論》，（台北：台灣學生書局，1990 年），第 115 頁。

3.情與心性欲的關係，4.情與義等四方面說明。茲分述如下：

1. 情與聲音

　　《樂記》中認為聲音蘊涵「情」的表達，此即「情動於中，故形於聲」，不同之情心的感受，聲音表現也有所不同。例如：當聲音是粗厲的表現時，此時之情心是在「怒」的狀態，當聲音是柔和的表現時，此時之情心是處於一種「愛」的狀態。以此則當情心處於敬、喜、樂、哀的狀態，聲音表現自然也有端肅、昂揚、寬舒緩和、短促虛弱等差別。這說明了人之情感表達，聲音是其表現之一，同時聲音也傳達了情感。

2 情與樂

　　「情」既然與音聲相關，音聲作為「樂」的組成元素，「情」也順理成章與「樂」相關。「情」與「樂」的相關可分兩個層次：

　　（1）就音樂之作而言，它既與人之情相關，同時也與天地之氣相應和。

　　「樂」與人之情的關係，除了喜怒哀樂等情緒、情感與聲音的表達相關之外，《樂記》中曾指出「樂」的本質即是「樂」，而這是「人情之所不能免」，即人自然而然的情感表達，是人所不能「自止」而自然流露的。[19]至於樂曲之美妙與否也與「情」相關，所謂「情深而文明，氣盛而化神，和順積中，而英華發外，唯樂不可以為偽。」[20]即是說明了「情」為「樂」之底蘊，

---

[19]鄭玄將「免」解為「自止」。〔清〕孫希旦（1998），第1032頁。
[20]〔清〕孫希旦（1998），第1006頁。

情不僞，樂亦不僞。樂作爲情的形式表達，此情就不再只是私人的，同時它也應該具有傳他性的，而其所形就之樂曲，也是能引起一般人之共鳴的。

「樂」與天地之氣的應和，基本上除了將「樂」之作，提昇至與天地之氣相連繫之外，也將人之情氣與天地之氣，藉由「樂」聯繫在一起。在「樂觀其深」中，[21]作者闡明了先王之制作音樂，基本上即是本著人之情性，[22]依據天時度數，讓陰陽剛柔四氣交暢於內，同時也以樂曲表現出來。其中陰陽、剛柔之氣的交暢，即指天之氣與人之氣的交暢，人之剛柔之氣則與人之怒攝之情相連繫。

（2）就樂曲之表演而言，即傳達天地之「情」於其中，此「情」作爲天地之情實而言，即指「天地同和」，[23]也與「倫理」相通，因此與「人之情」並非無關。正由於「樂者，通倫理者也」，[24]在人文制度上，除了在政治上體現著「世」之治亂外，同時也肩負著移風易俗的教化功能。此移風易俗之可能，除了樂之始作與人之情相關外，也在於樂本身具有傳達人之情的功效，因此才具有教化之功能。

---

[21]〔清〕孫希旦（1998），第 1000 頁。

[22]此先王所本之情性，或注曰「先王之性」並認爲「其天理渾然，其發而爲情無不中節。」〔清〕孫希旦（1998），第 1000 頁。此基本上是基於「先王」之爲「聖」的概念。若以今日而言，就此「情性」之爲聖的觀點出發，則或許此「情性」非指王之個人，而是反指人受之於天而有之「情性」，此情性不可免的已與天命、天道、性命之深意相連繫。

[23]〔清〕孫希旦（1998），第 988 頁。

[24]〔清〕孫希旦（1998），第 982 頁。

3.情與心性欲的關係

　　《樂記》中雖然沒有如《性自命出》中所謂「喜怒哀悲之
氣性也」、「情生於性」之說，但從其「凡音者，生於人心者也」，
以及「凡音之起，由人心生也」之說，[25]其實都關係著「人心之
動」的狀態，而人心之動，則是由於「物」始然。就此而言，
物是引發心動的要素，在《大學》、《性自命出》中皆然，但《樂
記》之目的，在於「禮樂」之論題。因此，強調了「聲」與「人
心」之關係，此時之人心或是處在哀心、或是處在樂心、喜心、
怒心、敬心、愛心等不同狀態，但這一「心」並非「心知」之
心的功能作用，而是「情心」，或稱之為「情」，因而也不是「性」。
換言之，「情」是在物使「心」有所感而動時，所展現於人之「中」
的狀態，此情與心、性皆有別，但又不脫離於心、性。

　　「情」不脫離於「性」，在《樂記》中，須從兩方面說明，
一是從「欲」的角度說明，「欲」與「性」皆人之所有，性靜，
欲動，「欲」是感於物而動的狀態，但此狀態與「情」有不同。
「欲」不是展現喜怒哀樂等情感情緒，也非僅有好惡之情而已，
而是「好惡無節」，是「物至而人化物」的狀態，此是為「人欲」。
情與欲的區別，並非《樂記》所關注，但從其「性」、「欲」之
說，可知「情」與「欲」事實上是有分別的，「情」未有善惡之
分，「欲」則因「人化物」，而有「滅天理」之情狀，「有悖逆詐
偽之心，有淫佚作亂之事」。[26]從「欲」之分判，或可推「情」
與「性」之相近，此一相近在於「樂」本於「人情」、本於「情

---

[25]〔清〕孫希旦（1998），第 982、976 頁。
[26]〔清〕孫希旦（1998），第 984 頁。

性」。

另一方面可從其「心術」、「性術」之說得知情與心、性之不離。「心術」，[27]簡言之，即人之「心」因著物之動而有的各種情感、情緒之別，所謂「民有血氣心知之性，而無哀樂喜怒之常，應感起物而動，然後心術形焉。」「心術」是言「情」的各種樣貌。「性術」一詞，乃《樂記》首見，即：[28]

> 夫樂者，樂也，人情之所不能免也。樂必發於聲音，形於動靜，人之道也。聲音動靜，性術之變盡於此矣。

「性術」一辭，與「人之道」相應。就上述所言，「樂」之聲音與「情」的關係，自不待言。關於「動靜」之說，其所指即是與樂舞有關之動作舉止，即人之手足舞蹈，但動靜之說，不應只當作肢體動作而已，事實上是配合聲音，同時也配合著節奏、配合著節度而動，此一節度除了源自音樂本身的結構外，也與「禮」相關。「樂」中蘊涵「禮」的儀節於其中，《樂記》曾言：[29]

> 然後立之學等，廣其節奏，省其文采，以繩德厚，律小大之稱，比終始之序，以象事行，使親疏、貴賤、長幼、男女之理皆形見於樂，故曰：「樂觀其深矣」。

在這一段論述中，不但就「樂」之為學的程序進度有所說明，同時也說明「樂」之意義，是蘊涵著倫理與禮在其中，樂

---

[27]〔清〕孫希旦（1998），第 998 頁。
[28]〔清〕孫希旦（1998），第 1032 頁。
[29]〔清〕孫希旦（1998），第 1000 頁。

不只是賞心悅目，也非只是肢體、體態的動作的展現，而有其
「治心」之功能。[30]由「樂」之蘊藏著「禮」在其中，則可知「聲
音動靜，性術盡在於此」之「性術」，其對應於「人道」之說，
此一「性術」，就不是指情緒、情感的各種變化，而是指向「情
性」，而不再是「情心」的層次，而且是進入了「中和」之境的
層次，是與「禮」相應的狀態。

4.情與義

　　從上述「情」與「欲」的關係，以及「性術」之說，可見
「情」在《樂記》中擔負著一重責大任，「情」是可以提昇至與
禮樂相關，與「中和」相應之層次，也因此而有「情」與「義」
的聯繫。此「義」所指非單指仁義之義，也是指「人道」這回
事，是與價值相關。關於「義」的說明，除了「情見而義立」
外，[31]主要是體現於「情」與「禮」的聯繫，以及「樂」之「中
和」說。

　　「情」與「禮」之間的聯繫，在《樂記》中曾說到「禮樂
之說，管乎人情矣。」[32]說明了「情」不只是「樂」之底蘊，也
是「禮」之底蘊，並指出了「禮樂」與天地、人情之連繫。換
言之，禮樂之爲制度，是一種因著溝通天之道與人之道而設的
制度，是爲著「教民平好惡而反人道之正也」。[33]「情」爲此一
制度的底蘊，而且必須禮樂相需，才能有「情」之用。此即「情」

---

[30]〔清〕孫希旦（1998），第 1029-1030 頁。「君子曰：禮樂不可斯須去身
致樂以治心。………致禮以治躬。」
[31]〔清〕孫希旦（1998），第 1007 頁。
[32]〔清〕孫希旦（1998），第 1009 頁。
[33]〔清〕孫希旦（1998），第 982-983 頁。

之爲「樂」之底蘊，必須有「禮」、「理」之相隨，此「樂」才成其爲「大樂」，而不至於落入「流」的狀態，此「流」即「情」的氾濫；「禮」也必須有「樂」，才成其爲「大禮」，不至落入「離」的狀態，此「離」即「別異」之過度使然。所謂「樂勝則流，禮勝則離」是也。[34]

「樂」與「中和」之論。「中和」之說見於《中庸》，《中庸》是定義「中」、「和」之義，《樂記》則是詮釋運用「中和」之義，說明「樂」的最終極致所欲表達之事。所謂「樂者，天地之命，中和之紀，人情之所不能免也。」[35]此一「中和」之說，一如《中庸》之「中和」說，已然隱含了「禮」之節度。此節度之說，基本上即是一種價值的確立所行之施爲。

總括而言，「情」在《樂記》中，它不單是作爲一種經驗性情感的表達，更是人文禮樂制度所以制立的本源，這一種開展人文禮樂之制的本源思考，基本上是一種對於人之關係結構所形成之事態的本源思考，這一種人之關係結構事態，不但體現在人與人之間的互動所形成的關係事態，同時也體現在人與萬物之間所呈現的關係事態，這一關係事態以哲學的用語表達，即是「情」。對於「情」的這種既是個體經驗性的情感，又是關係的本源，作爲哲學思考的對象是複雜的，它既呈現了非個體主體性情感的一面，即讓「德行」得以呈顯爲人文價值的質素揭示出來，同時也說出它是個體的經驗性情感所共同具有的先天質素。換言之，「情」既是個人主體的情感，同時也是主

---

[34]〔清〕孫希旦（1998），第 986 頁。
[35]〔清〕孫希旦（1998），第 1034 頁。

體際所開展之倫常、德行的本源之一。

四、《性情論》中關於「情」的論述

　　《性情論》中所涉獵的與「情」有關問題，包含「性」、「心」、「物」、「道」、「教」等，這些在戰國時也都是學術思想關注的論題。其中「心」、「性」、「情」三者更是被當作與人的本源相關，但是在人文的制度中，卻只有「情」是「禮樂」興作的直接本源，[36]是讓「道」得以發生、呈現的本源。換言之，「道」不是純然的天體運行之道，也不是《老子》那種強調回歸於「物」之「自然」之「道」，而是建基於「情」的「道」，但是「情又生於性」，「性」則是「性自命出，命自天降」。於此可以發現楚簡揭示了「道」間接基於「性」之稟「天」之餘，直接指向人關係中「情」的實質內涵，「道」因此確立了屬於儒家式的「道」──「人之道」。

　　這樣的一種「情」，其哲學意含是什麼，則有待進一步分析、詮釋，茲將「情」在《性情論》中的表述摘錄如下：

　　1.喜怒哀樂之氣，性也。及其見於外，則物取之也。

　　2.性自命出，命自天降。道始於情，情生於性。始者近情，終者盡義。知情者能出之，知義者能納之。

---

[36]所謂「禮作於情」、「道始於情」、「凡聲出於情也信」，說明了人文規範與「情」的聯繫。

3. 聖人比其類而侖會之,觀其先後而逆順之,體其宜而
節文之,理其情而出納之,然後復以教。教,所以生德
於中也。

4. 禮作於情,或興之也。當事因方而制之,其先後之序
則義道也,或序為之節,則文也。致容貌所以文節也。

5. 君子美其情,貴其義,善其節,好其容,樂其道,悅
其教,是以敬焉。拜,所以為服也,其諛文也。幣帛,
所以為信與徵也,其貽義道也。笑,喜之薄澤也。樂,
喜之深澤也。

6. 【凡】[37]聲其出於情也信,然後其內撥人之心也厚。聞
笑聲,則鮮如也斯喜。聞歌謠,則【陶如也斯奮。】聽
琴瑟之聲,則悸如也斯斂。觀《賚》、《武》,則齊如也斯
作;觀【《韶》、《夏》,則勉如也斯斂。】咏思而動心,
喟如也。其蹲節也久,其反善復始也慎,其出入也順,
主其德也。鄭衛之樂,則非其聲而從之也。

7. 凡古樂龍心,益樂龍【指,皆教其】人者也。《賚》、
《武》樂取,《韶》、《夏》樂情。凡【至樂】必悲,哭亦
悲,皆至其情也。哀、樂,其性相近也,是故其心不遠。

8. 【其過十舉,其心必在焉。察其見者,情焉失哉。察】,
義之方也。義,敬之方也。敬,物之節也。篤,仁之方
也。仁,性之方也。仁,性或生之。【忠,信之方也。信,

---

[37]【】中之文字,上博簡《性情論》闕,據郭店簡《性自命出》校補。下
文類此者,同為校補。

情之方也。】情出於性。

9. 用情之至者，哀樂為甚。

10. 人之悅然可與和安者，不有夫奮作之情則侮。

11. 凡人情為可悅也。苟以其情，雖過不惡；不以其情，雖難不貴。苟有其情，雖未之為，斯人信之矣。未言而信，有美其情者也。未教而民恆，性善者也。

在上述所列關於「情」的論述中，我們可以發現「情」的意含至少包含三個層次，（一）就「用」而言，指個人經驗性的情感，它可以是表層的情緒，也可以是深層的存在感，例如句7及9中以哀、樂說「情」。

（二）就其為「氣」而言，它是潛在於「人」之中，與「性」相連繫，或說就是「性」，就此一層次而言，或說這是「以情釋性」，[38]但為避免「情」、「性」的混淆理解，還是有必要區分「情」、「性」的不同，而且《性情論》中也說「情生於性」、「情出於性」，因此，句1「喜怒哀樂之氣，性也」，或許理解為「情」作為一種質素——「氣」，它是內在於個體中，是出生就有的潛能質素，而不只是一種被引動而表現的情感、情緒而已，換言之，對於情感、情緒的發生，《性情論》作者認為它是蘊藏在「性」之中，作為一種質素存在，它是主體的結構質素之一，這種論述在《荀子·正名》中曾明確被闡述為：「性者，天之就也。情者，性之質也。」如此，「情」與「性」在本體層次上有了連繫，《中庸》之「率性」、「中和」說也才能落實，並加以開展的必

---

[38] 龐樸（1999），第30頁。

要。

（三）「情」是「德行」表達的內涵，同時也是人文禮制的事態
本源，這主要是從句 4、6、7 及 8 的論述中得到說明。在這一
部分，《性情論》作者論述「禮」、「樂」的興起的本源在於「情」，
「情」作爲這樣一種本源，事實上是與心性相關聯地說。在關
於「古樂龍心」的論述中，「古樂」是與「心」連繫起來的，關
於古樂之意含，或說就是指《韶》、《夏》之樂，而《韶》、《夏》
之樂是「樂情」。因此，「情」與「心」在關於「樂」的論述上
被聯繫起來，同時也與「性」有所聯繫。

情與心、性的聯繫，清楚的表述在「凡至樂必悲，哭亦悲，
皆至其情也。哀、樂，其性相近也，是故其心不遠。」「情」的
發用，雖有別，但就其爲「情」而言，都是「情」的存在表達。
「情」因此顯示出一種因人之存在而有的情感，在這一層次上，
其爲「性」之質素是相鄰近的，與「心」的志意也是相通、相
協和，無所悖離。

「情」與「心」、「性」的關係，說明了「情」在人之本源
結構中所居有的位置，也指出了「情」在這三層次中既同一、
連貫又複雜的內涵。「情」顯然是一種事態的揭示，這種事態既
是存在性情感的表達，同時也呈現出人得與「天」聯繫之本源
——「性」，以及人之價值定向之本源——「心」，但這並不是
說「情」統攝「心」與「性」，而是「情」作爲「禮樂」人文之
制的本源，不是單純的指稱情感，而是一種「事態」。這種事態
之「情」，就其爲人文之制本源的哲學考慮而言，毋寧說承襲著

《尚書‧康誥》中對於「民情」的思想。[39]

「民情」之「情」就其為「情實」而言，是人民顯現出「情實」，其所蘊涵以及表達的，顯然是相當複雜的事態，它反應一種價值的走向，人民對為政者的情感、情緒，以及人性的基本需求。這種「情」顯然就不是個體的，而是個體與個體之間的關係事態，同時也是群體的「情」。簡言之，此「情」即是一具體化之普遍之「情」。這樣的「情」與「心」、「性」是相關聯的，或者說蘊涵了「心」、「性」的作用於其中。

「禮作於情」，「情」即是一種關係事態之「人情」，而不只是個體的經驗性情感，「禮」因之興作於此「情」，也才揭示「禮」之為人文之制的正當性。「禮樂」本之於「情」的主張，與《禮記‧樂記》：「禮樂之說，管乎人情矣」相呼應。

「情」作為德行的實質內涵，在《性情論》的論述中，主要是藉著兩個方向說明，1.就德目而言，「情」是忠、信的實質內涵，也是忠、信的本源，換言之，忠、信是「情」的表達中最具徵象的展現，此即「忠者，信之方也；信者，情之方也；情出於性。」

2.就德行而言，上博簡《性情論》與郭店簡《性自命出》中都

---

[39]《尚書‧康誥》：王曰：「嗚呼！封。汝念哉！今民將在祇　遹乃文考，紹聞衣德言，往敷求于殷先哲王，用保乂民。汝丕遠惟商耇成人，宅心知訓。別求聞由古先哲王，用康保民。弘于天若。德裕乃身，不廢在王命。」王曰：「嗚呼！小子封。恫瘝乃身，敬哉！天畏棐忱，民情大可見。小人難保；往盡乃心，無康好逸豫，乃其乂民。我聞曰：『怨不在大，亦不在小；惠不惠，懋不懋。』已，汝惟小子，乃服惟弘王，應保殷民；亦惟助王宅天命，作新民。」

有「君子執志必有夫廣廣之心，出言必有夫柬柬【之信】。賓客之禮必有夫齊齊之容，祭祀之禮必有夫齊齊之敬，居喪必有夫戀戀之哀。」但是在簡序的安排上有不同，而且郭店本多出了「君子身以爲主心」句。這一多出的句子，若省略並不妨礙這一段的理解，但多出的句子卻也更清楚的說明「身」、「心」的同時作用之重要，「心」在這種情況中，若聯繫「凡道，心術爲主」而理解，或許更能清楚說明「心」之於「道」的實情。「心術」，在《性情論》中並沒有更多的說明，但在《禮記・樂記》中卻有一段解說，即：「夫民有血氣心知之性，而無哀樂喜怒之常，應感起物而動，然後心術形焉。」「心術」實際上所呈現的是以「心」爲定向，在與「物」的應感中，確立了「性」「情」之爲質素的經驗性發用。

　　「情」的這三種層次，基本上都歸爲「情」這回事。若反向思考，可以說「情」同時作爲哲學本源思考中兩個面向的本源，一個是作爲「人」構成的質素之一，潛在的爲「人」的本源，在這一面向上，「情」生於「性」，「性自命出，命自天降」。因此，「情」作爲「性」的質素，指出了「情」之爲美、善的可能。另一個面向是將這種美、善可能的實際發用，展現「情」的複雜事態，就這一部分而言，它仍然保存了個體本性之「情」的個體性，同時在「心」與「性」的發用中，出現一種遍在的特質，一種集體共識，它不是絕對普遍的。其間的差別在於路徑的不同使然，後者是消除個體性而言先天性。若是如此，則一切將是美、善的「性」、「情」與「禮樂」，無所謂「鄭衛之聲，則非其聲而縱之也」之說。前者強調的是個體中的共通性、集體性，以及先天遍在的個體性。因此，在論述「人情爲可悅」

這一段，提到「苟有其情，雖過不惡；不以其情，雖難不貴」，指出「人情」的重要性，同時也揭示了「情」之為「過」的可能，但是在未言、未教中，「情」也有「美」、「性」也有「善」的可能。

「情」、「性」之實現為美、善與否，基本上是與「義」、「教」相關。因為「情」與「性」在《性情論》中，作為一種本源，不是定著不動的，而是不斷在運動當中呈顯的，這可以從「凡性，或動之，或逆之，或交之，……養性者習也，長性者道也」中發現「性」的各種樣式，「性」是可以被養、長的，在用心中被「教」。「情」雖然不能被養、長，但是它是「道」之始，「道」不可須臾離「情」，但是「情」則「當事因方而制之，其先後之序則義道也」，「義」基本上就是一種價值的確立，所謂「義者，群善之蕝也」，「義」並沒有隔絕「情」，只是將「情」作一種價值選擇的定位，因此「始於情」之「道」，在同時回歸「義」中，確立「人道」為可道，也確立教化及教化之內容為：《詩》《書》《禮》《樂》的哲學性思考。換言之，《詩》《書》《禮》《樂》作為教化之內容，旨在完成人文之制，而其哲學探究則在於心、性、情、物、教的關係結構與相互引發、定向中。

總括《性情論》中「情」的探究，可以發現此篇作者一如孔子以後的先秦儒者，探究禮樂的本源，也強調「禮」的表達，需基於「情」的內容，與「義」的確立，身之儀容、節度與心之敬謹、情實是相表裏的，其與孔子最大的不同，在於孔子將禮樂本源歸之於「仁」，但孔子對於「仁」與「性」的關係是什麼並未言及，若依廖名春之《校釋》，「𢗥」為「仁」的本字，「𢗥」所表達的是身心的協和，則《性情論》的作者並未悖離孔子之

路,但是更精確的探究心、性、情、教的問題,認爲這才是「禮樂」作爲人文之制,以及「德」之展現的哲學本源探究。

這種探究與孟、荀也有所不同,癥結在於:《性情論》作者是把心、性、情視爲關係結構互動中的本源,就其爲本源,是整體的關係結構,而非某一單一質素。另外,在性、情、心的論述中,並未強調其爲或善、或惡之倫理價值,而是從形上角度思考。

另外一個特點是對於「情」的說明與重視,藉著「情」這一哲學用語與論題的出現,回應中國哲學中既關注群體,又強調個體的本源探究方式,也真正重視到「倫理」之德目,是根源於「事態中之情」,「人情」所回應的不是個體,也不是形式結構中的「關係」,而是「情」之於人之本然,以及人與人之間的「事態之情感」,這一種具體化之普遍之「情」,才是真正的與「性」相連繫之「道」。

五、結　論

《中庸》與《性情論》雖然在「性、命」與「天」的聯繫上有相類的論述,但是二者之間確實存在著不同,這不同主要表現在楚簡更強調心、性、情、道、物、勢的定義與錯綜複雜的關係,是一種從哲學的辨析方式,想要重新理解「人文」這件事情,而《中庸》卻是一種精確的確定「人文」,並且展開一種規畫與運作的哲學論述。更確切地說,在論題上,《中庸》更多的是論述「中和」與「誠」,並沒有「情」這一哲學用語出現。

雖則在朱熹的《四書集注》中，出現引游氏以「性情」說解「中和」並發展自己的哲學，這是否是因爲《性情論》中關於「情」的論述的複雜與繁複所引至的困擾的消解作用？抑或是「情」的意含已被「中和」、「誠」明確的區分？楚簡「道始於情，情生於性」是否已被精煉地純化爲「率性之謂道」？這些都有待未來更多資料的出土，才能實證。至於《中庸》與《性自命出》的關係，目前也只能說是同一時代的思維產物，都對於性命、情之論題關注，並且皆爲孔子後學之著作。[40]

《樂記》與《性自命出》的關係，從心、性、情三者之關係，以及情與禮樂之連繫的思想而論，是兩部思維極爲類似之著作。只是《樂記》重點在於「禮、樂」之爲「德」的論述與建構；《性自命出》則包含《中庸》探究本源「天命－性」之思維，與《樂記》論述禮樂之「情」的思維而建構的作品。《性自命出》與《中庸》及《樂記》的差異，在於更突出了「人性」在生命歷程中的成長，強調了「心」的作用。

總合三部孔子後學之作品，即《中庸》、《性自命出》、《樂記》，可以發現在追隨、繼承孔子思想之餘，這些孔門後學者，的確開出了時代的論題，同時也關注了被後世遺忘的「情」論。

---

[40] 《中庸》作爲孔子後學之著作，主要是就其主體思想而論，至於其曾爲漢儒整理過，應毫無疑問。但不能因此斷定其作在秦漢或漢代。

第四編　　出土文獻與先秦儒道
哲學論題

第十一章 從「民之父母」論先秦儒家與《管子》的為政觀[1]

一、先秦儒家關於「民之父母」的哲學探究

「民之父母」是春秋戰國時期非常熱衷的政治哲學論題，此一論題最早是出現於西周時期的《詩經》，共計兩處，一是《詩經・大雅・泂酌》：「豈弟君子，民之父母」，以及《詩經・小雅・南山有臺》：「樂只君子，民之父母」，其中以〈大雅・泂酌〉最常被引用。兩處思想大抵都表達了唯有「君子」，方為「民之父母」，此君子是賢者，也是表現豈弟者。豈弟，即「愷悌」，是描述君子的人格特質「和樂平易」，[2]是「有德」的表徵。

孔子對於這樣的「君子有德」的內涵，有自己的一番詮釋理解，從傳世文獻如《禮記・孔子閒居》、《孔子家語・論禮》，及出土文獻中的上博楚竹書《民之父母》中，都可找到關於「民之父母」的論述，其中主要是記載了子夏與孔子的一段對話，

---

[1]本文為國科會專題計畫補助之相關研究，編號 NSC94-2411-H031-009。曾發表於在山東淄博舉辦之「第六屆齊文化國際學術研討會」2005.9.12-14。並出版於《第六屆齊文化國際學術研討會》，（北京：中國文史出版社，2006年2月），第 68-80 頁。今僅稍作文字之修訂。
[2]《左傳・僖公十二年》：「《詩》曰：『愷悌君子，神所勞矣』。」杜預注：「愷，樂也；悌，易也。」

說明了子夏對於《詩經》的中所言的「民之父母」這一論題感
興趣，問孔子如何可以稱的上「民之父母」。這一方面除了表現
子夏對於「爲政」的關心外，也表了出子夏對於如何可以稱的
上「君子」一事的關注。孔子所提出的回答，並不是直接指出
「君子」的「德目」是什麼，而是從哲學根源探究的方式指出
「君子」是「必達於禮樂之原」者，是能對整體文化制度——
禮樂制度有所了解其本質、根源的人。換言之，孔子嘗試將現
實中的爲政者與文化制度的哲學理念相結合，將現實與文化價
值的一體化作爲他對於爲「民之父母」的新詮釋。所謂「禮樂
之原」，可以指「禮樂」的精神，[3]也可以指其根源或者說其所
得以發生的始源。基本上孔子在這一對話中的論述，兩方面都
有涉及，其中關於「五至」之說，是孔子對於禮樂之根源的論
述，「三無」之說，則是說明其對於禮樂精神的理解詮釋，可以
說孔子以此方式，對於「民之父母」的爲政觀提出了哲學說明。

　　就爲「民之父母」在於把握禮樂根源的說明上，傳世文獻
與出土文獻有差異，傳世文獻不論是〈孔子閒居〉或是〈論禮〉
的「五至」順序是「志→詩→禮→樂→哀」，出土文獻《民之父
母》依學者考辨應是「物→志→禮→樂→哀」，[4]兩者的差異，

---

[3]「原」，鄭玄注：「本也」。「本」在今日之使用，可以是指「根源」，也可
以指西方哲學術語的「本質」。「本質」，基本上是針對「物」的說明所使
用的，至於「價值」的語彙，鄙意以爲我們習慣使用的「精神」二字可以
表達。「精神」一方面表達其「本」，另一方面也說明其價值理想所在。
[4]陳麗桂，〈由表述形式與義理結構論《民之父母》與《孔子閒居》及《論
禮》之優劣〉，《上博館藏戰國楚竹書研究續編》，（上海：上海書店，2004
年）第 236-250 頁。季旭昇，《上海博物館藏戰國楚竹書（二）讀本》，（台
北：萬卷樓，2003 年），第 7 頁。兩位學者皆主張依簡文爲是。原整理者
濮茅佐則依傳世文獻釋讀爲「志」，依字型，季旭昇已指出只能釋讀爲

或許可視爲詮釋理解上所造成。

　　傳世文獻中展現的是「詩－禮－樂」的世界觀，是傳述學者在理解中因各種可能的原因所作的詮釋，簡文之次序則顯示出戰國時的哲學者在思辨要求下的傳述。從唯一版本的角度而言，簡文較具原始性與合理性，因爲從素樸的認知觀點言，「物」的影響是不可被忽略的；從文本因各種不同的可能原因所造成的詮釋理解的角度言，皆有其存在價值。[5]簡文展現的素樸認知，基本上與《樂記》所言相呼應；傳世文獻所展現的是已經人文化，且要求內在絕對性的理解，這與我們今日重視孟子心性學是也相通的。

　　簡文與傳世文獻在文字義理上的共通性，在於禮樂之根源，不可忽視其與「志」的關連性，差異則在於：「志」是與「物」互動影響中的主體性因素，或者是禮樂的根源僅在於主體之「志」，這基本上關係著戰國儒家細微的分派差異，前者與《大學》、《樂記》、《性自命出》之重視「物」的因素的出現較接近，後者則強調主體內在之「志」的因素的重要性。即使如此，二者皆不悖離儒家重視「德」的因素，並且同時強調「志」爲達於禮樂之原的主體性因素。

「物」。林啓屏在〈論民之父母中的五至〉一文已指出，這牽涉詮釋理解的問題。林啓屏，〈論《民之父母》中的「五至」〉，《中國研究集刊》第 36 號，（大阪：大阪大學中國哲學研究所編輯室，2004 年）。鄙意認爲：就簡文字型而言，簡文應讀爲「物」，其與傳世文獻的差異，林啓屏之說可從。
[5]基本上支持兩種詮釋並存，在於此處很明顯一爲較原始版本的竹簡，而傳世本雖有錯誤或因錯置形成的不同理解，但畢竟已經流傳兩千多年，某種程度已傳揚當時詮釋者的理解觀點與立場，而且也已爲我們接受了兩千多年，其存在的價值即在於此。這或許也正呈顯出戰國儒家的細微差別。

「德」與「志」在為民之父母上的密切相關，也可以從《禮記・祭統》中的論述得知，[6]茲將相關內容摘錄如下：

> 夫義者，所以濟志也，諸德之發也。是故其德盛者，其志厚；其志厚者，其義章。其義章者，其祭也敬。祭敬則竟內之子孫莫敢不敬矣。是故君子之祭也，必身親涖之；有故，則使人可也。雖使人也，君不失其義者，君明其義故也。其德薄者，其志輕，疑於其義，而求祭；使之必敬也，弗可得已。祭而不敬，何以為民父母矣？

在〈祭統〉中，指出了「志」在為民父母中的重要性，這一心之所之的「志」，事實上受文化價值的「祭之義」的啟發與影響，表現於祭祀的「祭之義」指的即是「敬」的心與合於禮的行為。當「志」達於淳厚，則更能表現「敬」，如此則德厚，才足以堪當民之父母。換言之，為民之父母是要真正懂「禮」之本原，而不僅是形式的完成。

關於禮樂精神的說明，主要是指「三無」，若從文句的安排與表述的合理性而言，顯然竹簡《民之父母》的表述較為清楚而明晰，傳世文獻〈孔子閒居〉、〈論禮〉則有錯置，學者已有言之；[7]若從精神意含而言，則無別。所謂「三無」是指「無聲之樂」、「無體之禮」、「無服之喪」，其精神的表現在於以形式超越形式限制的「無」來表現，這「無」與道家之「無」

---

[6]依沈文倬之考辨，〈祭統〉之作早於《孟子》。沈文倬，《宗周禮樂文明考論》，（杭州：杭州大學，1999 年），第 44 頁。
[7]《上博館藏戰國楚竹書研究續編》，其中陳麗桂、陳劍、方旭東皆已言及。

的哲學意含有所區別。[8]

　　若以《孔子家語・六本》中孔子回答子貢的疑惑時所說明的「無」的精神，主要是在於回應不同的人在表達禮樂時，不是以禮樂制度的一致化作為規範的最高原則，而是人各以其不同之「志」，回應於「禮」，才是「禮」的精神，這就是以形式超越形式之限制的「無」，此時仍然不脫離禮樂制度化中人文形式的表達，但是重點不在於要求舉止的一致化以作為規範的認同標準，而是以舉止表達規範之精神，作為規範之所以為規範的所以然。

　　孔子後學中關於「民之父母…必達禮樂之原」的討論，基本上有兩個方向的論述，其一是專論如何方可為「民之父母」，其二是轉向論述禮樂本源的探究。

（一）關於如何方可為「民之父母」。除了有關如何「為政」的論述外，直接論述「民之父母」的資料，在〈祭統〉一文中，是從祭義的角度論述為民之父母，須在祭禮的表現上把握德義的精神，這一精神除了祭物之備外，同時也需要「心志」誠敬。除此之外，約略同屬戰國早、中期的儒家資料，如：《孝經》、《禮記・大學》、《禮記・表記》中，大抵是以詮釋《詩經》「民之父母」中君子之應如何作為才是民之父母，以《孝經》而言是指「教之以孝」，《大學》則以「民之所好好之，民之所惡惡之」說明，〈表記〉提出「愷悌」即「以強教之，以說安之」的「既

---

[8]道家《老子》之「無」，是與「有」相對，進而作為對道體描述的哲學觀念。此「無」基本上與儒家從「禮」之精神論述相異。但作為一詞彙，「無」仍然指向超越「形」、或脫離「形」的用語。

親且尊」的政策方針。這四篇中對於「民之父母」的討論，基本上是著重於爲政者在施教的原則、方針，是重在社會、政治的功能，對於已然存在的「禮樂」文明的根源，並未顯示出探究的旨趣。

（二）禮樂本源的探究

　　明確就「禮樂」的政治、社會、及形而上基礎提出本源性論述的，《樂記》可爲代表。[9]《樂記》中對於禮樂之原的論述，基本上是以禮、樂之制作乃源於天地之和與天地之序，並結合禮樂之原與「德」、「志」之關係，開啓了禮樂與人之性情的論述。關於禮樂與人之性情，據《樂記》所載，大致可分幾個面向，1.是從社會根源的面向論禮樂與人之情及與倫理的關係，說明禮樂的表達即是「有德」的表現；2.就德知之根源的面向，論人的情性與物的引發之間的關聯，即物的出現引起人之情性的興動，產生好惡之情，好惡既源自人的情性，也與外物的誘發相關，這之間的調和就需要人之反躬，並與天地之節序相應合產生和諧，如此則可把握天理；3.就政治教化的面向，論述禮樂對於人之情性的作用，即「禮節民心，樂和民聲」，這是「王道」的主要內容。

　　《樂記》的這三面向的論述，也可視爲對於「民之父母，……必達禮樂之原」的進一步論述，不僅闡釋了禮樂的政治社會教化功能，對於禮樂與情、性、物的關係也都予以指出，對並且

---

[9]依沈文倬的觀點，《樂記》之作，早於孟、荀。沈文倬（1999），第49、53頁。另外，以郭店《性自命出》、上博《性情論》與《樂記》的相關性而言，沈說確實有其真知灼見。

將禮樂與「志」的關係，轉化爲禮樂與情性，禮樂與天地的關係。

　　戰國中晚期的孟子，基本上仍然把握了「德」與「爲民父母」之間的必要關係。因此，以實行仁政，作爲民之父母的必要條件，但是對於禮樂的本原問題，則接續著《樂記》所指出的禮樂與人之情性的聯繫，強調德性本質絕對化的思路，認爲「禮」是根源於人心的善端之一，將孔子以來所指出的「禮」的禮儀性存在的必要性給忽略了，從而強化「禮」之爲道德心性的固有屬性之一。換言之，孟子將《樂記》中禮樂與情性、禮樂與天地的聯繫，簡化爲心性與天地的關係，「禮」成爲心之善端的內容之一，再由此要求國君實行仁政，爲民父母。

　　稍後之荀子則堅持「禮」的禮儀性所具有的教化作用。因此，對於心性問題的說明也迥異於孟子，主張人之爲善在於人爲之教化的結果，並非天生具有善性，因此在爲政上，並不是以性善爲前提，而是以能發揮教化作用的「禮義」作爲爲政的根本。「禮義」是秩序的根本，而制禮義者爲先王，其目的在於止紛爭，並且在秩序中自然分別出貧富貴賤，而不是齊一使無差別。禮義作爲這樣一種制度秩序，兼具教化的作用，在於教化人使成爲君子。如何而可爲「君子」，荀子認爲「爲之，貫之，積重之，致好之者」，[10]楊倞注云：「君子以習學爲本」，而所習學者最終是走向禮義的秩序，這也就是〈性惡〉所言「聖人積思慮，習僞故，以生禮義而起法度」、「聖人化性而起僞，僞起

---

[10]〔清〕王先謙，《荀子集解·王制》，（北京：中華書局，1996 年），第 163頁。

而生禮義」。[11]「禮義」既有先王之制定，又是僞起所生，既肯定了先王聖賢已制定之禮義法度，同時也指出禮義法度之制定在社會政治活動中的當代性。

荀子認爲「君子者，天地之參，萬物之總，民之父母」，[12]顯然君子作爲一有德者，是能把握天地萬物之理的人，也因此而能爲「民」之父母。顯然此處之「君子」就不只是有德，還是一有勢位者，這與社會政治中的「君」是相重合的。「君」是社會政治中最具有能力可以統籌人民之事者，但君不必然就是可爲民之父母之君子，〈正論〉中嘗云「湯、武者，民之父母；桀、紂者，民之怨賊。」[13]「君子」與「君」有其重合，但君未必爲君子，君子也未必爲君，真正可爲民之父母者必需是君且爲君子，即既掌握「禮」之爲治的綱領意含且有勢位者，同時也是有德行者。從這兒可看出荀子對於既有體制的接受，他只是從心性與社會教化層面，重新反省「民之父母」與「禮樂之原」的關聯，既呼應傳統，也強調當代的再創造。由於是從社會教化層面而言，因此並不強調爲政的形而上基礎，也不著重在制度、體制的再思考與建立，而是轉而重視「心」的認知、解蔽與學習。

總括而言，自孔子以迄荀子，對於「民之父母」的論述，不脫離禮樂、禮義的根源與制定之說明，不脫離德行主體的心志或教化，對於政治社會體制，是在既有的制度中強調秩序的

---

[11]〔清〕王先謙（1996），第 437-438 頁。
[12]〔清〕王先謙（1996），第 163 頁。
[13]〔清〕王先謙（1996），第 324 頁。

重要性，而不是重新為制度確立新價值規範。荀子雖然也強調刑、法之於國家人民的重要性，但只是作為一種與賞相對的處罰，仍然是走向儒家的主體學習之要求，而不是客觀體制中法制絕對化的要求。

二、《管子》中「民之父母」的「法」哲學觀

從先秦儒者對於「民之父母」的思想中，我們可以發現仍然圍繞在「德」的最高指導原則下，這一「德」的內涵所開展出來的是對於「禮」、「樂」根源的探究，及對於當時為政的理想規劃與期待，最後落入教化、教育的德行規範與期待，但這畢竟仍然不脫離規範無法成為一種事實必然性。與儒家學者不同，《管子》中也提到「民之父母」，[14]其中最引人深思的是〈法法〉中所言「法者民之父母也」。

「法」的重要性，在西周時期除了與刑罰相關外，其實當時的「禮」扮演了今日「法」的角色，「禮」是判準的依歸，「法」只是輔德的刑罰。到了春秋子產鑄刑書、晉趙鞅鑄刑鼎，雖為

---

[14] 《管子》一書，學界一致認為非管子所作，且大抵為齊稷下學士所作。徐漢昌《管子思想研究》：「綜觀管子全書，實非一人一時編成。至於依托成書之年代，應為自春秋至戰國時期陸續附入。當時許多資料可能同時流通於世，彼此有同亦有異。各類資料之大量集中可能在西漢初廣開獻書之路時，而將中央保存與民間流傳之不同材料，加以總整理，刪重補闕，編為定本者，則為劉向。」今從之。徐漢昌，《管子思想研究》，（台北：學生書局，1990年），第59頁。

當時社會所批判，但也顯示出當時禮儀、宗法社會的需求性。
從學術發展的觀點看，春秋末、戰國時期的黃老哲學無疑是爲
當時禮治化的社會、政治興起不同於孔子、老子的哲學論述。

　　黃老哲學的出土著作，以馬王堆帛書《黃帝四經》爲代表，
其中《經法》與《十大經》的論述主旨，都表達了「法」不只
是作爲賞罰中的刑罰作用，而是一種成法，這一種成法其來有
自，及源自天地四時的變化所形成的規律，因此人文的法則中，
必需依循此一成法而制定人文的法規。《經法‧道法》中基本上
是論述了「法」與「道」的關係，主張「法」源自於天道自然，
若就社會政治體制再遠溯，《十大經》則依托黃帝時所已有此法
度規範的制定與遵循，即依循天地陰陽四時制定刑德之政策。
若以歷史政治人物而言，顯然春秋早期的齊國管仲已然注意到
「禮」不足以爲治，而採取「因時」、「因俗」的齊學傳統。作
爲推尊管仲的《管子》一書，雖非一人一時之作，但整體而言，
其編輯精神即採取了齊稷下的黃老精神，既論述禮義，更重視
「法」之於民的重要性，同時也兼及法之根源的哲學論述。

　　《管子》中有關「法」的論述，分三個不同的面向處理，
一是有關社會政治層面，這一部分主要關係到整體國家制度的
法規制訂的作用與對象，如軍隊、百官、眾民；其二，是有關
「法」之制訂的根源與精神；最後是有關「法」的形而上基礎，
主要是關係「法」與「天地之道」的聯繫。

（一）關於「法」的制訂作用與對象。首先，〈白心〉中主要是
提出「法」的自然客觀性，主張「天不爲一物枉其時，明君聖
人亦不爲一人枉其法」，一方面闡明了「法」的一體適用性與絕

對性,「法」就如「時」般,是所有人身處其間的,人置身於「法」的制度中,此即如〈正〉中所言「如四時之不貸,如星辰之不變,如宵如晝,如陰如陽,如日月之明,曰法」;另方面也說明了「法」的不變性。

其次,「法」的對象,既關係到國家制度中的機構設置人員,如君、群臣、百官、軍隊中的將兵,也包含一切違反制度法令的盜賊,以及眾民。「法」因此不再只是一種罰則,而成了維護秩序,生活的保障,所謂「凡國無法,則眾不知所為;無度,則事無機;⋯⋯凡民者莫不惡罰而畏罪,是以人君嚴教以事之,明刑罰以致之。」[15]

最後則是關於「法」的作用,「法」分「法、律、令」三者,法、律、令三者統稱之為法,但依作用不同而有所區分,「法」的作用是針對國家的興廢,「律」則是針對社會、團體及人與人之間的「分」的確立,避免爭端,「分」不謹守,則有侵奪逾越之亂事發生,或者不負責任之推諉情事;「令」的作用在於讓人知道事情,同時了解如何實踐,不至犯法。法、律、令三者乃君與臣、民需共同遵守的。此即〈七主七臣〉所謂的「夫法者,所以興功懼暴也。律者,所以定分止爭也。令者,所以令人知事也。法律政令者,吏民規矩繩墨也。⋯⋯法令者,君臣之所共立也。」

(二)關於「法」之制訂的根源與精神:在《管子》中有四處提到,一是就現實政治體制中,說明「法」的來源,此即〈任

---

[15]《管子・版法解》。

法〉中所言「有生法，有守法，有法於法。夫生法者君也，守法者臣也，法於法者民也。」君作爲生法者，此「生」主要是就政治體制中，發出號令，制訂法律的權力來源而論。因此，相對於君，臣只能遵循法律號令的發布與執行，民則是接受法律號令的規則而生活。

另一處提到「法」的根源，則是從人格典範說明「法」之確立是有其神聖審慎的特質，〈法法〉所謂「雖聖人能生法，不能廢法而治國」，此處之聖人「生」法之「生」，基本上是涉及法律精神討論的「立法」，而不是就發布律令而言。

第三處提到「法」之根源，是在〈樞言〉中的「人故相憎也，人之心悍，故爲之法。法出於禮，禮出於治，治禮道也。」此處「法」之所以需要的緣由，已然觸及形而上的層面，一是指對於人心的特質，需要「法」的約制。一是就「法」的理論依據，指出「法」與「禮」，「法」與「道」、「法」與萬物的關係，目的在於國家社會的有秩序性，萬物的安置有其人文要求的法則性。

第四處是從價值層面，論述「法」與禮義，及「法」與「權」、「道」的聯繫，「法」與「事」的關係。這一部分的論述主要見於〈心術上〉：

> 義者，謂各處其宜也。禮者，因人之情，緣義之理，而為之節文者也。故禮者謂有理也，理也者，明分以諭義之意也。故禮出乎義，義出乎理，理因乎宜者也。法者所以同出，不得不然者也。故殺僇禁誅以一之也，故事督乎法，法出乎權，權出乎道。道也者，動不見其形，

　　施不見其德，萬物皆以得，然莫知其極。故曰可以安而
　　不可說也。

　　在這一論述中，可以發現，此篇之作是強調禮義的時代，
而且論「禮」時也指出「禮」緣「人情」而作，而且當其緣「人
情」時，也依循於「義」的精神。因此，「禮」即是「理」，把
屬於人情的「禮儀」轉化爲合乎「事理」者，也因此「禮」與
「法」同源，[16]都源於事理，只是「禮」的作用在作爲「尊卑
之儀表」，「法」的作用在作爲「萬民之儀表」。[17]「法」源於事
理，目的在制訂章法使其齊一，此時則需要權衡，而其最終極
則是源自於「道」。關於「法」根源於「道」，〈法法〉中亦云：
「憲律制度必法於道」，即是指出了「道」爲「法」的終極根源。
就此而言，《管子》呈現出與《黃帝四經·經法》中的「道生法」
相同的立場。「道」之所指，即是由天地四時之運行，返歸指向
於《老子》之萬物根源的「道」。

（三）關於「法」的形而上基礎。基本上《管子》雖非一人一
時之作，但作爲被編輯爲一書而言，其稷下黃老哲學的特質是
相當明顯的。綜合上述「法」的根源有四個不同面向的論述，
其間彼此的統合，就在於「道」的提出。「道」既是萬事也是萬
物的根源，「道」本身也表現出一理則，作爲人文制度的依循，
道的客觀性與公開、公正無私性，也是「法」之被制訂所要遵
循的原理。

---

[16]尹知章注曰：「有禮則有法，故曰同出。」〔唐〕尹知章注，〔清〕戴望校
正，《管子·商君書》，（台北：世界書局，1990 年），第 221 頁。
[17]〔唐〕尹知章注，〔清〕戴望校正（1990），〈形勢解〉，第 330 頁。

「道」之「一」的特質，也是法令單純、執一的典範，〈法法〉中也提到「未有能多禁而多止者也；未有能多令而多行者也。」即是說明法令不需滋彰，這與《老子》守一之觀念是相應合的。也正因爲《管子》之「法」根源於道，以致當法令施行於民時，仍然保有法的作爲人文制度的開放性，不至將「法」僵化，成爲唯「法」是務的法條化，也未形成嚴苛俊刑的政策，而是處處可見寬緩之刑的說明。

由「法」的這種黃老精神文明，因此「法者民之父母」所顯示的並非法條滋彰的官僚系統，而是以愛民、愛人爲基礎的「法」，此即「法愛於民」之說，但也並不因爲愛民而虧法，此即「不爲愛民枉法律」。[18]

三、結　論

《管子》之「法」雖然追究了其根源，但將法與天地四時之自然相比擬，如果從其一體適用性而言是對的，但若從法的精神而言，是可以再斟酌的。因爲「法」竟是人依循自然制定出的，但「法」終究不是「自然」。因此「法」雖則「愛民」、愛人，但是「法」不具自然的必然性，將「法」視爲君民不可逃脫之法，顯然失去了「法」作爲人文制度中需要因應時代變化的修正與創立。

---

[18] 〔唐〕尹知章注，〔清〕戴望校正（1990），〈法法〉，第91頁。

　　就「民之父母」的觀點而言，儒家強調禮樂文明，《管子》強調法治社會，前者強調主體的道德或教化，後者強調法的自然、公開與客觀無偏私，各有擅場。二者之調和，再加以今日之服務與負責之觀點，將更顯「為民父母」的適切。

第十二章　儒家佚籍、《孟子》及《管子》四篇心性學之系譜[1]

一、前　言

　　《孟子》旨在言「心」兼論「性、命」之辨，以此而開展其道德本心說以及性善之說，歷來學者多已論及；對於《孟子》心學在儒家哲學中的位置，學者們也多已指出其心爲善端並以此體證性善的論述。本文之作，旨在將《孟子》放在戰國時期哲學論辯的「心」、「性」、「氣」探究中，並兼論學界對於《管子》四篇與《孟子》先後問題的討論，以及帛書《五行》之〈經〉與〈說〉中對於「心」、「形」的說明，《性自命出》中「心」、「性」、「情」之論述，從而試列出戰國哲學心性學之系譜。

[1]本文爲國科會專題計畫補助之相關研究，編號 NSC94-2411-H031-009。曾發表於山東大學儒學研究中心主辦，「孟子思想的當代價值國際學術研討會」，2006.4.26-28，會議地點：山東鄒城。並曾出版於《哲學與文化》394期，2007 年 3 月。第 35-53 頁。今僅稍作修訂。

二、「心─性」哲學論究的起源

「心─性」作爲一哲學觀念與哲學論題，大致始於戰國時期，若以傳世儒家作品而言，《大學》、《中庸》之心性說爲其端緒之開展，《孟子》、《荀子》爲其高峰。其起源則可由三個面向綜合而論，其一爲禮樂問題；其二爲「德」的問題；其三爲天道與人道的問題，這三個面向都與孔子之哲學相關。

在第一個面向上，主要是由春秋之時代性問題，提出對於禮樂問題的深思，在面對禮樂問題上，孔子並未拋棄禮樂之爲制度存在的必要性，並曾言其從「周文」，說出了對於周文制度的認同，在這一認同前提下，才提出對於禮樂制度內涵的重視，這一內涵直指與人身作爲相關，並指出「心」在其中扮演一重要角色，所謂「其心三月不違仁」(〈雍也〉)以及「七十而從心所欲不踰矩」(〈爲政〉)，同時也點出「德」的實踐，關涉「心」與道德規範兩個面向，其中「心」的作爲極爲重要，道德規範則是既存的。

在第二個面向上，是關於「明德」的提出。「明德」從《詩經·大雅·皇矣》中可知與上帝有關，上帝揀選有明德者爲王，《尚書·堯典》中之「克明俊德」所指的是王的作爲，直至孔子言「天生德於予」(〈述而〉)，「德」不再是王者所能具備，「德」成了「中人」以上皆有可能達到的。

第三個面向是關於天道與人道的關係。天道與人道之區分，首先由春秋之鄭子產所提出，其天道之所指是與天體運行之法則相關，同時藉由天象而展現其天意，天道與人道是有分別的。但孔子確認爲天道與人道是可以聯繫的，在《禮記·哀

公問》中對於天道與人道之說明，雖然保存當時人對於天道的理解，但也對天道之說明有所轉化，從天體自身之運行的不已，結合天生物的觀念，指出天之於物是「無爲而成物」而且是「已成而明」，說明天之運行法則的不已也與自然世界相結合，並進而指出與人的作爲相關，並以「仁人之事親也如事天，事天如事親，是故孝子成身」，指出事親與事天之聯繫，這一聯繫主要是由己之仁而企於天。[2]

　　從上述三個面向，雖然孔子已經指出人之作爲、德行可以將事親與事天聯繫，建立了「德」是人與天的聯繫，心在德的完成上具有重要作用，但未明言「德」的根源「愛」與「敬」，尤其是「敬」作爲人與動物在奉養上的區別，是否爲人天生所具有的質素？或者由人倫道德規範所引發？孔子顯然對此沒有進一步的說明，這從孔子對於人的天生因素「智」與「性」而言，都沒有明確指出人具有天生之德。就「智」而言，孔子認爲人有上智、中人之智與下愚三種分別，其中上智與下愚不可移易改變，至於「性」孔子也只言相近，並未言相同，而與「性」相類並與之極爲相關之「習性」，則認爲可以有千差萬別，是以《詩》、《書》禮、樂之教化成爲必需。

---

[2]《禮記・哀公問》：孔子遂言曰：「古之爲政，愛人爲大。不能愛人，不能有其身；不能有其身，不能安土；不能安土，不能樂天；不能樂天，不能成其身。」公曰：「敢問何謂成身？」孔子對曰：「不過乎物。」公曰：「敢問君子何貴乎天道也？」孔子對曰：「貴其『不已』。如日月東西相從而不已也，是天道也；不閉其久，是天道也；無爲而物成，是天道也；已成而明，是天道也。」公曰：「寡人惷愚，冥煩子志之心也。」孔子蹵然辟席而對曰：「仁人不過乎物，孝子不過乎物。是故，仁人之事親也如事天，事天如事親，是故孝子成身。」公曰：「寡人既聞此言也，無如後罪何？」孔子對曰：「君之及此言也，是臣之福也。」

　　孔子之後，據傳為曾子所作之《大學》，雖然沒有論及「天道」與「人道」的聯繫，但其「明德」之說，實則攸關「天道」與「人道」之問題。在「明明德」如何可能中，開啓了「身」內之「心－意」理論，並以此作為「治身」以至「治國」理論的核心，同時也作為「心－意」說之向「格物致知」說的開展。此一「心－意」內涵，若就文本本身所言，既作為修身之基礎，同時也是人獲得有關物之知而在主體中的一種能力，這一種能力主要是彰顯「明德」，「明德」朱熹解為「天之所與我，而我之所以為德者也。」[3] 顯然朱熹認為明德與性是相關聯的，甚至是同一的，即「明德」指向於人之「性」。但是《大學》中之「明德」，若從《大學》之文本論之，其對於「明德」與「性」的關係，猶如孔子對於「天生德於予」，[4] 以及他對於人之「性」的主張，[5] 兩者之間的關係並不明朗，但有跡可尋。孔子並沒有將「性」與天所生之「德」視為同一，但是從孔門弟子對於夫子之言「性與天道不可得而聞」之事似乎說明有此一指向的可能。[6]《大學》之論及「明德」，也未必就是指向「性」，但是確與天之所予極為相關。

　　《大學》中「明明德」需經由一連串「意」之知的「誠」，與「心」之專一、不受外物影響之「和」所完成。「明」作為這樣一種修養的功夫，雖然指出了人可努力的修身方向，但是對

---

[3] 〔宋〕朱熹著《四書章句集注》，（北京：中華書局，1995 年），第 4 頁。
[4] 《論語‧述而》。
[5] 《論語‧陽貨》：「子曰：性相近，習相遠。」
[6] 關於性與天道之並提，若與《史記‧孔子世家》載孔子讀《易》韋編三絕相關聯，似可窺測孔子對於性和天道以及兩者之間的關係，處於關心但尚未有論斷。

於哲學的探究卻是一種非必然性的需求。換言之，彰明此「明德」的要件在於心意之端正與知，也只說出了「明」的功夫基礎在於人之「正心」與「誠意」，仍未明言「明德」作爲一種所予，是否即是「與生俱有」？抑或是藉由「正心」與「誠意」才能有？或二者必需兼俱？這類問題，我以爲直至《中庸》及儒家佚籍《性自命出》與《五行》才有進一步的的釐清，也才有《孟子》心性之學與道德內在基礎論之建構。

三、明德與心性情之探究

　　《中庸》、[7]郭店竹簡《性自命出》、[8]郭店竹簡《五行》[9]三篇，基本上是建構了戰國儒家哲學中對於人所生之「性」與天之「德」之間的聯繫，以及人之「心」把握天之德如何可能的探究。這三篇中很難詳細論究其年代先後，或可以視爲一較寬泛年代即戰國中期的作品，其中之主旨論述應不晚於紀元前300年，甚至不晚於孟子提出「心」四端說的年代。以下將分兩部分論述其開展心性哲學問題之探究的契機，(一)天道與人道。(二) 心性情與天之所命。茲分述如下：

---

[7]《中庸》之年代，歷來已有辯駁，或謂作於秦漢之際；或謂其中包含有經與說兩篇，但主旨與子思相關。吳怡，《中庸誠的哲學》，(台北：東大圖書，1984 年)，第 1-10 頁。

[8]上博簡稱之爲《性情論》，簡序有不同，文字略有差異，但不失爲同一篇之作，而有不同抄錄或編輯。

[9]帛書亦有《五行》，言竹簡，亦在由龐樸首定之經說之區分，竹簡只有〈經〉的部份。其年代龐樸已提出不晚於孟子。〈說〉則晚於孟子。

(一)天道與人道

　　關於天道與人道之聯繫，孔子突破子產之說，但也破除當時災異說的迷信，將兩者的聯繫建立在與人之德性相關的基礎上，即「仁人之事親也如事天，事天如事親，是故孝子成身。」[10]但是，孔子之說在其後學中確實引發更為深入探究的要求。在《五行》及《中庸》對於天道與人道問題的探究，已可發現漸將問題導向於人之心性的問題探究。《五行》是提出德、善作為天道與人道關係之說明，開展出「心」之於天道的重要性；《中庸》則提出「誠」為天道與人道之聯繫，並指出誠與性的聯繫，開展出性命之說在天道、人道中的關鍵。茲分述如下：

1. 《五行》之天道說指出「心」之探究的必須

　　《五行》對於「天道」與「人道」曾作一深入之說明，論及「天道」與「人道」既有區別又有聯繫。其「天道」之意含，不同於春秋戰國時所用之「天道」意含，當時人所用之「天道」意含，大致是指天體的自然運行，甚或有時指與災異相聯繫之天道觀。《五行》中之「天道」則是指人參與其中之「道德」，[11]是「形於內」的「德之行」。「人道」則是相對於此「天道」而言之「生德」。[12]天道與人道之分別在於「心」是否領悟、體會並實踐之，若為「心」所體悟實踐，則是「德之行」，當不為心所體悟時，其實踐則只是一種「善」的行為，尚不得稱之為「德」。

[10]李學勤主編，《十三經注疏：禮記正義》，（北京：北京大學出版社，1999年），第1380-1381頁。
[11]龐樸稱之為天地道德。龐樸，《竹帛五行篇校注及研究》，（台北：萬卷樓，2000年），第111頁。
[12]龐樸稱之為社會道德。

　　若從戰國早中期儒家哲學問題發展脈絡看,則可以發現《五行》作者嘗試說明自《詩經‧烝民》之民之秉彝,好是懿德」、孔子之「天生德於予」以至《大學》之「明明德」仍然未能解決的問題,這一問題即是:「德」之被賦予是否具有普遍性?若是普遍的,如何可能?《大學》似乎已指出「明德」是遍在的,但它並非純然在我之內,也非已全然被彰顯,它是藉由「心－意」與物之間所獲致之知而體現出來,這也就說明了「明德」不只是在我之內天生已具有者,它也是藉由物之知才能被彰顯出來。「明德」即介於天與人之間,為天所賦予,但又不純然已為人所有。《五行》篇首所言之「形於內」與「不形於內」基本上即是在說明這一狀態。換言之,不形於內者有五,[13]形於內者也是五,這五者都是人始生時已然存在的道德價值,這些道德價值既可為人之心所把握,但縱使人尚未能把握體會實踐之,它們仍然是存在的。

　　就「不形於內」者而言,其中「聖」是最為不同的,它仍然是「德之行」,這說明其為一道德價值是具有絕對性的,以此區分了人在人倫社會與天地中的差別。另外四者即仁、義、禮、智,作為尚未為人心體悟把握之道德,它們是倫理社會中已然存在的道德價值,是我們始生時已然存在的道德,但若僅僅以社會道德、生德視之,忽略此一「生德」與「天地道德」之間的關係,則易將「生德」理解為一種外在的規範,忽略了其作為天地本然的一環。因此,「形」與「不形」的問題,首要是提

---

[13]無論帛書或竹簡《五行》,「不形於內」者皆有五。只是對於「聖」之為不形於內時,帛書與竹簡的說明不同,竹簡已為仍然是「德之行」,帛書認為是「行」,在此學界對此有不同見解。

出一種方式的說明，指陳「德」的存在方式，它是不關乎「形」的世界，卻已然存在；其次是此「德」當其為「形」的世界中所關涉時，就是關乎「行」的事情。當關乎人之作為、行為時，則區分兩種狀況，一是由人心所把握、體悟而為之，成了「德之行」；另一是雖尚未能為人心所把握體悟時，人仍然可能展現一種在善惡相對中「善」的行為，此一善的行為，尚未臻至「德」的境地，只是符合社會中的「善」。在此指出了「心」在成德中的必要性，若無所謂人心的存在，這些「生德」只是如天地自然般存在，只是一種社會中的自然存在，同時也指出了「道德」是因為人心之把握體悟實踐，才成其為「德」。《五行》的這一說明，建構了德之為德在於人心，雖然人心仍然不是先天具有德，但不排除人是天生具有行善之可能的存在。

關於天道與人道之關係，也可以從其項目內容得知，人道之內容為仁義禮智，[14]天道之內容為仁義禮智聖，二者有重疊處，其差異在於「聖」，這也說明人欲企及於天道，參天地之化育，有兩個面向的努力，一是「心」的體認覺悟以至實踐之，二是達至「聖」之境，是建立在仁義禮智之德之行的實踐上才可能臻至。

2.《中庸》以「誠」、「性」指出天道與人道之聯繫

《中庸》開宗明義指出了「道」，說明「道」是人率天之所命之「性」者。「道」顯然包含了所謂「天道」與「人道」在其中，或者說「人道」即是在體現「天道」，「人道」並不是因人

---

[14]《禮記・喪服四制》云：「仁義禮智，人道具矣。」說明以「仁義禮智」為人道之內容，戰國中期偏晚之儒者之主張。

而有，而是因天而有者，同時此「道」也不遠離人而存在。這樣一種「人道」與「天道」的關係，依《中庸》而言，其聯繫就在於「性」。「天道」與「人道」的這種聯繫，在《中庸》後半段的「誠」論，顯得更爲清晰，「誠」甚至是「天道」與「人道」共有的內涵與指稱。

　　「誠」的第一義是就其爲天之道而言，天之道之所指爲天體運行之法則，天體之運行是如實而有信的一直呈現爲如此，從不間斷，是無爲且恆常如是。其第二義所展現的天道意含，是與《五行》相類之「天道」觀，天道蘊涵了人義在其中，使人之達致天之所命成爲可能，此即所謂「誠者，天之道也。誠之者，人之道也。」其中此一「誠」與前所言之「性」是相關連的，關於於這一點，吳怡曾提出「《中庸》是扣僅了性來說誠」。[15]

　　「誠」作爲天道與人道之聯繫，作爲與「性」相當而爲人之稟命於天者，除了是屬於天之道外，同時也是人實踐上能參天地之化育的德，「誠」在此已相當類似於西周之「天」或老子之「道」之所爲者，[16]同時也是「性之德」的指稱，《中庸》云：

> 誠者，自成也，而道自道也。誠者物之終始，不誠無物。是故君子誠之爲貴。誠者非自成己而已也，所以成物也。成己，仁也；成物，知也。性之德也，合內外之道也，故時措之宜也。故至誠無息，……如此者，不見而章，

---

[15]吳怡（1984），第23頁。
[16]西周時之「天」與老子之「道」相同處在於其生物、成物，《中庸》所言之「誠」，就此而言，有相同的作用。

> 不動而變，無為而成。天地之道可壹言而盡也；其為物
> 不貳，則其生物不測。

從上述這一段話，「誠」是居於與「天」相當之位置，但是又避免了「天」與「人」必然有分的狀態，「誠」除了兼攝天道、人道，同時也兼攝己與物。另外，「誠」也是人實踐時所需稟持的理念，此一理念並不是在人己之外，而就是在己之內，遵循己之性；此一己之性同時也是稟於天之性。仁、知作為性之德的內容，同時也是「誠」的內容。

由《五行》與《中庸》關於天道、人道聯繫的說明中，可以發現《五行》就「心」說明「成德」的重要性，並且指出唯有達致「聖」才成德。《中庸》則是就「性」說明天道、人道之聯繫，甚至進而指出以「誠」統括天道、人道，使其不二分。《五行》與《中庸》在此之所同，在於從天道、人道之分辨中，說出與「德」相關之細目，作為天與人之間的共同德目，或者說是人稟於天之德目，但對於成德之進路，一由「心」，一由「性」或說「誠」，若說這兩條進路相類，也不為過。因為《中庸》言「性」，是包含「情」在其中，而所謂之「誠」，雖與「性」相關，但是不脫離與《大學》中「心」之「意」的聯繫。《五行》之說明除了指出「心」的重要性外，其特點在於說出天道、人道可共具之德目，已隱含指出那些德目是吾人之生時已具有，但此一具有是指人之內在具有？抑或是社會中已然具有？雖然較為傾向前者，但並未顯題化。《中庸》較《五行》更為精確之處在於：[17]「德」為人之性所具者，而且是人普遍之性所具有，

---

[17] 這一說法並不表示《五行》作於《中庸》之前，因為從德目內容的而言，

但對於此德是否已內在於人之性中，則未明說，由於爲天所命，從推論上應該是已內具，人只須依循此性而行，但又不能說已確實內具於其中，因爲仍存著「教」的問題。

(二)心性情與天之所命

論及心、性，而又與天之所命相關之文獻，在先秦儒學中，大抵不出《中庸》與《性自命出》(《性情論》)。在這兩篇文獻中，可以清楚知道人之「性」與天之命極爲相關，從《中庸》建立了「天命之謂性」，指出「性」爲天所命，事實上已將「明德」的問題顯題化爲人之「性」所有，而此一所有是與「天」相關，不需要爲王者才能有，同時也將「成德」作爲人的最終極目的。《性自命出》對於「性」的主張，所謂「性自命出，命自天降」，雖然論述方向與《中庸》不同，但也說明這一論述可能稍晚於《中庸》或與之並時。

《性自命出》論心、性、情、道的關係，基本上較《中庸》更爲詳盡，從其論述可以發現與《大學》、《五行》、《中庸》對於「心」與「性」的論述相關，但有不同之見解，如：

1.《大學》中曾言「定靜安慮得」，並以之爲知物近道之方；《性自命出》則是提出「心無正志，待物而後作，待悅而後行，待習而後定」，說明物與心的關係，心之知物，是藉由物之引發，經由心之悅而實踐，亦即其行需由「心」的領會把握才得以實踐，然後一再地反覆實踐，「心」才得以定志，此與《五行》中

顯然《中庸》只提出「仁、知」，《五行》則提出「仁義禮智聖」，且其人道之內容與《孟子》已然相同。在此僅就子思與《五行》、《中庸》相關而論。

之德之行強調「心」的作用相類。

2.《中庸》言「性←道←教」，教依循於道，道依循於性，但是對於「性、道、教」的內容，並未加以申說，容易引起誤解，以爲「性」已完備，但是其「中和」之說中，似乎又不是如此，因爲其「中節」說，隱含有不中節之可能。《性自命出》雖也提出「性、道、教」，但是在「教」中加入了「心」的作用，同時認爲「性」的內涵是「好、惡」及「善、不善」，與《中庸》之「性」是天之所命，同時爲道與教之所依循，顯然有別。

3.《中庸》論「性」雖不言「情」，但當言及「中和」時，所論旨在於「喜怒哀樂之情」與「中節之禮」，顯然其「性」與「情」有密不可分之關係，由於《中庸》未論及「情」與「性」，也未論及「性」與「中和」之間的關係是什麼，因此或可以爲其論「性」也涵括「情」於其中，其「性」之所指實爲「情」。《性自命出》則明顯將「情」與「性」有所分辨，指出「情生於性」，「情」是由「性」而生發，並直接指出「性」之中含有喜怒哀悲之氣，這些「情」之所發，是因爲物的關係而被引發出來。「情」之必然存在則是「道」之所始。換言之，「道」的被遵循，是源自於「道」並非在人之外的超越存在，而是與人之情息息相關，是相應於人之情而有所謂「道」，但是「道」並不止於人之情，而是有一價值判準即「義」。就「義」這一部分而言，與《中庸》之「中節」說相類，其「中節」說應與「禮」相關。

在《性自命出》中，「道」是兼攝「情」與「義」，指出了「道」並不是循「性」而已，而是在「性」之外，有一爲人所依歸之獨立的價值準則，稱之爲「義」。「義」之說即是「群善

之蕤」、群善的表徵。「義」並不歸屬於「性」，而是「屬性者」，是砥礪人性者，亦即「義」指出人性所應朝向之價值，「道」作爲兼攝「情」與「義」，指出了「道」是「長性者」，是讓由命、天所賦予之「性」有所增長、展現，讓原先所具有的「性」，在人與物事中的引發中，藉由「心」之定志、義之判準與「教」的作用，「生德於中」。換言之，「道」是將「性」由好惡、善不善兼具中，由於物之引發而有情，再由心之定志、義之砥礪，教以《詩》、《書》、禮樂，而有「德」。就「德」這一部分而言，與《五行》相類，認爲「德」與「心」極爲相關，若沒有「心」的領會覺悟，無所謂「德」，只是《性自命出》中加入了「教」的作用，說明「心」是需要藉由「教」導引、定向。

從上述(一) 天道與人道，(二)心性情與天之所命之探究，可以爲這些資料勾勒出一探究明德與心性情的輪廓，這一問題由《詩經・大雅・烝民》之「天生烝民……民之秉彝，好是懿德」，開啓了「德」與天、民相關，德爲天所具，天有天德，此乃自然，至孔子而有「天生德與予」之說，人之「德」乃生自於天，但是孔子並未普遍指涉所有人。另外，孔子雖也指出「性」的存在，但未論及「性」中是否有德；對於「心」則提點出它與「德」之間的聯繫，但未深論。其後，《大學》中之「明明德」，雖然從修身、正心、誠意立論，但也不摒除格物致知的重要。但對於「明德」的界定，仍然不清晰。《五行》中處理天道與人道，德與善的關係，雖然指出了善與德的聯繫，善之爲人道具「仁義禮智」，德之重要在於「聖」，但是其「天道－人道」說，無論從「天地道德－社會道德」或「道德－生德」理解之，都可發現《五行》作者對於「天道－人道」是一很特別之使用，

與一般用法有異，其「天道」之所指是與人之成德相關，並認為此德即是參天地之化育之德，因此稱之爲「天道」，「人道」則是指僅是「善」尙未成「德」之行。「天道」與「人道」其實都是就「人」而言，就人是否有「心」於「德」而言。《中庸》則提出「性」作爲「明德」之載體，明確「德」之於人在於「性」，其後提出之「誠」，則補足「心」之作用。《性自命出》則對於《中庸》之心、性、情、道、教由詳細說明，並指出「性」是可養、可砥礪、可長之性，「性」是動態的發展，而非定止的，並指出其所生非全然爲善，而是有不同之可能與傾向，需藉由心與義、道、教的作用，才能「成德」。

四、《孟子》心性說

孟子學說旨在論心性，但是其心性說是建立在兩種分辨之上，即「性、命之辨」與「性、心之辨」。茲分別說明如下：

(一)性、命之辨

關於「性」與「命」的問題，在孟子之前，「命」之意義在《論語》中有四種意義，一是指與天相關之「天命」，其次是指與人生死相關之「命」，再次是與人之富貴際遇相關之「命」，最後是作爲王或長上之令的「命」。這四種意義之「命」，在哲學探究中最常被討論的是與「性」相關之「天命」，此一「天命」是相關於「德」。因此，或謂「德命」、「義命」。

　　孔子之「五十而知天命」，此一「天命」顯然是在「天」而又與「人」相關，但是其關係究竟如何，以及「天命」之內容是什麼，皆不可得而知，從「知天命」至「耳順」乃至「從心所欲不踰矩」，除了年歲的增長外，對於如何可能，也只知與「心」有關，寬泛地說也與「教」有關，但是進路如何？「心」、「性」與「教」的關係如何？並未論述，而只是經驗的提點。

　　《中庸》與《性自命出》首次將「命」與「性」相連結，但是這一種聯繫，卻是出現不同之理解，《中庸》指出「天所命爲性」，「性」即是「天命之」，然而天之德之所命即是「性」，「道」與「教」也依循於此而立，事實上當「教」的問題一提出，已然隱含了有不依循於「道」的存在，才需要「教」。道是「率性」才稱之爲「道」，也隱含了有不率性之存在。與此相類，也可推論人之所爲可與「性」不相干，當不相關時，作爲「天」與「人」之聯繫的「性」便受到質疑。《性自命出》之「性自命出，命自天降」在此一問題上是有一較好之處理與說明，對於好惡與善不善之問題一併探究。《五行》在這一問題上雖然沒有說明，但是從其討論「人道」與「天道」之善與德的問題，可以發現《五行》也對「天生」與「教化」提出分判說，這一分判在於「形於內」與否。

　　孟子作爲唱和子思「五行」者，可以發現他對上述問題有不同之說明，此即「性、命之辨」的必需。《孟子‧盡心下》：

　　　孟子曰：「口之於味也，目之於色也，耳之於聲也，鼻
　　　之於臭也，四肢之於安佚也；性也，有命焉，君子不謂
　　　性也。仁之於父子也，義之於君臣也，禮之於賓主也，

　　知之於賢者也，聖人之於天道也；命也，有性焉，君子
　　不謂命也。」

　　在這一段論述中，可以清楚知道《孟子》將「性」與「命」
與時人之見解作一區分，將周文以至孔子之「德命」說，經《中
庸》、《性自命出》之「命性」說作一轉化，命與性有別。「命」
就《孟子》而論，有兩層含意，一是就人之所生而具有者而言，
著重於人身體官能之功能作用，一是面對人之夭壽的定限，修
身以俟之「立命」說。作爲性、命之辨的「命」是指前者，此
時之「性」是指含藏仁、義、禮、智、聖爲其內容，[18]但是「性」
與「命」也有其合，即是仁、義、禮、智、聖之性，唯其修之
於身時，則完成立命。這一種對於「性」的主張，是將「性」
限於與「德」相關，而非「生」之謂「性」，「性」雖然也是生
而有之者，但是並不是已經完成於「德」者，唯「立命」時，
才算達致於「聖」，達致於「天道」。

　　《孟子》這一立命說，基本上與《性自命出》論「性」「命」
「天」之關係時，有相近之處，相近在於《性自命出》之「性」
是「命」之所出，但是「命」不純然等於「性」，此其同，但是
《性自命出》中之「性」並不具有德的內容，則是相異之處；
若與《中庸》相較，則《孟子》「性」含藏「德」的因素，與《中
庸》同。

---

[18]「聖人」之「人」可能是衍字，這在龐樸指陳帛書〈五行〉爲思孟五行
說之時以引證論及。龐樸，《帛書五行篇研究》中之〈代序〉，（濟南：齊
魯書社，1988 年），第 19-21 頁。

（二）性、心之辨

　　《孟子》中對於「心」，直指其心具善端，其內容爲仁、義、禮、智，若與「性」相較，從上述引文《孟子・盡心》之語，可以知道「性」之內容爲仁、義、禮、智、聖，「性」是參與天道者。再者，從《孟子》之論述中，可以發現強調「盡心知性」，「存心養性」，「性」是被知、被存養者，「心」則是有所作爲的，唯其「盡」心才可企於「性」。「盡」有達致完善之義，由「知性而知天」、「養性而事天」說明了「性」與於「天」有其一脈相承性，「心」則是使其完成一脈相承之可能。這也是孟子堅持「性善」的必需，但同時他也提出人之「心」也是具有善端的，以此奠立「心」之道德性，這是孟子之獨創，將「心」之作爲一官能，以及「心」可有「志」於「德」之說，轉而成爲「心」之本然即具道德性，把「心」作爲一官能作用在於「思」，加入了道德性，並認爲心之道德可藉由心之「思」而得，此一「思」的作用不只是認知，而是與《五行》中所言之「思—形」相關。《五行》之「思—形」作用，是「心」先有仁、智、聖之思，而後才有「形於內」，而後有仁、智、聖之「德」。

　　《孟子》之「心、性」之辨，若從其所具之德目而言，心爲四，性有五，與《五行》之四行、五行似有一關聯，《五行》中之四行與五行之差別在於「心」的作用，《五行》未言及「性」，其四行或稱之爲「社會道德」，或稱之爲「生德」，唯有藉由「心」始可達致天之「德」或說天所性之德，而在《孟子》中，則是心之四善端，此其與《孟子》之別。《五行》對於「四行」與「五行」的說明，在思路上與《孟子》也有相類之處，其相類在於人始生已然存在四行、四善端，唯有在「心」的作用下才可企

於五德之行、性。

五、《管子》四篇心氣說與儒家心性情說的關係

　　《管子》四篇，目前大致為學界所認同為稷下道家之作，其中〈內業〉與〈心術下〉學界之共識為與儒家有相當的聯繫，並常將它與《孟子》之關係作一先後之討論，或以為在《孟子》之後，[19]或以為在《孟子》之前。[20]關於這一論辯，若由「氣」之觀點而論，保守之論，大抵不晚於《孟子》，甚至《管子》與保留在《春秋繁露‧循天之道》中之公孫尼子佚文，也有一聯繫。茲就《管子》四篇中關於「心」之於「道」的思維，關於意形思的思維，關於情氣、心氣的論述等三個面向說明《管子》與《五行》、《大學》及公孫尼子之資料的關係。

(一)關於「心」之於「道」的思維

　　這一部分主要是論述《管子》四篇中，尤其是〈內業〉論及「道」與「心」之關係時，事實上是關係到人之「心」面對萬物以成之「道」，如何是必需的這一思維而論。〈內業〉：

　　夫道者所以充形也，而人不能固。其往不復，其來不舍。

[19]李存山，《中國氣論探源與發微》，（北京：中國社會科學院，1990 年），第 150 頁。

[20]郭沫若，《郭沫若全集》歷史編 2，（北京：人民出版社，1982 年），第 165 頁。又白奚也支持這種主張。白奚，《稷下學研究》，（北京：三聯書店，1998 年），第 175-186 頁。

謀乎莫聞其音，卒乎乃在於心，冥冥乎不見其形，淫淫乎與我俱生。不見其形，不聞其聲，而序其成謂之道。凡道無所，善心安愛，心靜氣理，道乃可止。

《管子》中的「道」是萬物之所以成的根源，人為萬物之一，自是秉承有道在其中，但是這一「道」若不經由「人心」之虛欲、掃除不潔，[21]「道」則無法留止於人之內。此一思維與《五行》中指陳「四行」與「五行」的關係極為類似，強調「心」的作用。

《五行》之「四行」與「五行」之理解，前面曾言及《五行》作者對於「天道」與「人道」之用法，異於一般使用習慣。《五行》之「天道」是指人可以「德」企及於天之「道」，「人道」是指人仍僅停留於「人」之社會層次之道。這樣一種「天道－人道」說，若就一般使用習慣，人道反而更近於自然之存在時的狀態，「天道」則是藉由心之覺悟實踐之德，是與修身參天地之化育之德相關。若以此思維重觀其對於「天道」與「人道」之論述，可以發現《五行》作者認為人生存的事實中「善」是存在的，但唯有人心之覺悟實踐時才能臻至「德」，參天地之化育。若以此再觀《孟子》對於「心」與「性」之分辨，可以發現《五行》與《孟子》有其一脈相承之處，而且《孟子》對心、性、命三者都作了一安置，並由「性」之道德性，直指人所承自天之明德、天命。在《管子》四篇中，與之相類，心除了是修道，道之留止處外，也藉由「意」與「氣」建立了人與

---

[21]《管子·心術上》：「心處其道，九竅循理。嗜欲充益，目不見色，耳不聞聲。……虛其欲，神將入舍。掃除不潔，神乃留處。」

道的聯繫，[22]這一種聯繫，可以說是本有的，但並不表示人自然就能「固道」，而是藉由修心靜意，心靜氣理才達致重返歸於道，或說道留止於心。

(二)關於「意、形、思」的思維

　　《大學》是最早將「意」作爲一重要哲學觀念的資料，其「誠意」說，基本上是介於「心」與「物知」之間，「意」作爲心之所發，但又不離由「知」而有者。〈內業〉中對於「意」之說明，不可免的也與「心」相關，是「心中之心」，〈內業〉云：

> 心以藏心，心之中又有心焉。彼心之心，意以先言，[23]意然後形，形然後言，言然後使，使然後治。

　　從這一段論述中，可以發現《管子》將「心」與「意」連繫起來，認爲「意」是心中之心，這一種「心中之心」是讓我們得以有知、有言者，由「意」到「形、言」以至「使」、「治」的過程，依〈心術下〉之詮釋則是先有形，然後才有思，思而後有知，知而後又才是言，其原文爲：

> 心之中又有心，意以先言，意然後形，形然後思，思然後知。凡心之形，過知失生，是故內聚以爲原泉之不竭，表裏遂通。泉之不涸，四支堅固。

---

[22]郭梨華，〈《管子》中「心－氣」哲學探究〉一文，發表於 2007 年 5 月 6-7 日，「2006 道文化國際學術研討會」，中國文化大學哲學系.高雄師範大學經學研究所.高雄市文化院.三清道家道教文化基金會.北京大學哲學系.四川大學道教與宗教研究所共同舉辦。

[23]「意」原作「音」，據王念孫校改。

關於〈內業〉與〈心術下〉有關「意」之說的差異，郭沫若曾提出一修正後的見解，[24]認爲這是兩個弟子在傳抄先生之言中筆記有誤使然，今無由斷其孰是孰非，但是兩者展現不同的重點，一言意志過程，一言思辨過程。[25]郭氏此說，雖然在文本的正確性與唯一性之中沒有提供解決之道，卻爲祖本的後來發展提供了雙向發展的空間，也豐富了「意」的含意，指出「意」作爲心中所藏之心，具有兩方面的功能，一爲意念，即「志」的功能；另一爲脫離感官聞見之知的「思」的功能。這一種「意」的兩種功能，提供了心在安與治之間的聯繫，及人在知與行之間的連結。

《管子》之「意」是連貫心中之心的「思」與「志」，同時也具有關連於「道」的可能，以作爲「言」之依據。但是這樣一種「意」的作用，並不是天生已就，而是心在活動中使然，也因此「意」是需要靜之、平之的。當「意」是平靜時，此時之意氣或說氣意是處於「物不亂官，官不亂心」狀態，是氣充美於「心」的狀態，此猶如〈內業〉所言「血氣既靜，一意摶心」，同時也是「精氣之極」的狀態。

《管子》中「形－思」的作用，在《五行》中則成爲「思－形」的作用，「思－形」的哲學作用在於藉由聞見之「德」之知，由心之思，然後才形於內，則能有「該德」之行。這一「思－形」之作用，也在《中庸》之「誠則形，形則著，著則明，

---

[24] 郭沫若原先認爲〈心術下〉只是〈內業〉的一種不全的底本，因爲脫簡的緣故，不僅失掉了首尾，而且次第也亂了。李存山接受此說，並且認爲郭沫若的修正之說不可取。李存山（1990），第 171-172 頁。
[25] 郭沫若（1982），第 6 冊，第 440 頁。

一形」之作用,也在《中庸》之「誠則形,形則著,著則明,明則動,動則變,變則化。」中展現類似的哲學作用。

上述這些論述,就「意」的觀點而言,《管子》之「意」關連於「心」,且又與「形、思」相關,應是襲自《大學》之「意」說。若就「形-思」之哲學作用而言,只能說《管子》之〈內業〉、〈心術下〉與《五行》、《中庸》大致處於同一時代之作品。

(三)關於心氣與情氣的論述

這一部分之關注點在於「氣」。自古以來即有血氣觀,這是當時代的醫學觀及常識,但是將「氣」作爲「身之充」或「體之充」,應是源自道家哲學中對於「氣」的主張,關於這一點,自郭沫若以至白奚,都以此論述《孟子》之浩然之氣是襲自《管子》之氣論。

關於「氣」的論述,《管子》除了言及自然之氣外,同時也指出氣之於人心與人之身、形的關係,這些有關氣的名稱包含有:1.與身體飲食相關的血氣;2.與精神及生命原質相關的精氣、靈氣、氣淵;3.與自然、四時變化相關的有雲氣、風、陰、陽、寒等氣息,及天地之氣、霧氣、溼氣、燥氣、地氣、天氣、絕氣、義氣,及言節氣等名稱都屬之;4.與人的情緒、情感相關的則有氣情之說,包含滿、虛、哀、樂;5.關於人與人之間的相處,其氣息則有善氣、惡氣、怨氣、愛氣之說;6.相應於自然而對氣本身的描述則有邪氣、寬氣、賊氣、平氣、逆氣、坦氣、和氣。

在上述之「氣」說中,值得關注的是有關於人之情的氣,

這些氣也反應在公孫尼子之論氣說，《春秋繁露·循天之道》曾引用公孫之養氣說，曰：

> 公孫之養氣曰：「裹藏泰實則氣不通，泰虛則氣不足，熱勝則氣□，寒勝則氣□，泰勞則氣不入，泰佚則氣宛至，怒則氣高，喜則氣散，憂則氣狂，懼則氣懾，凡此十者，氣之害也，而皆生於不中和。故君子怒則反中，而自說以和；喜則反中，而收之以正；憂則反中，而舒之以意；懼則反中，而實之以精。夫中和之不可不反如此。故君子道至氣則華而上，凡氣從心，心、氣之君也，何為而氣不隨也？」

羅焌在《諸子學述》中認為公孫尼之養氣說，除了同意與孟子養氣互相發明外，也提出其「中和」之說，亦同於子思之致中和。[26]這一主張在學者說明《性自命出》時曾多加論述公孫尼之說。關於《性自命出》中論及「喜怒哀悲之氣」時，李天虹認為公孫尼子與思孟之學應該存在一定關聯，並主張公孫尼子在氣、性與心的聯繫上以及養性說，都與《性自命出》存在契合點。[27]

若再就《意林》引公孫尼子之養生說之佚文，以及「心者，眾智之要，物皆求於心」之佚文，《管子·心術上》作「心也

---

[26]羅焌，《諸子學述》，（長沙：岳麓書社，1995年），第160-162頁。又此一說乃源引自阮廷焯輯，《先秦諸子考佚》，（台北：鼎文書局，1980年），第35頁。
[27]李天虹，《郭店竹簡性自命出研究》，（武漢：湖北教育出版社，2003年），第119-120頁。

者，智之舍也」，[28]可以發現公孫尼子與當時醫學及《管子》四篇相關。帛書《五行》之〈說〉的部份，除了曾引用世子外，還提出仁氣、義氣、禮氣之說，一般認為晚於《孟子》。[29]

六、結　論

　　關於戰國心性學之系譜，基本上是就兩個方向論述，一是就「德」之所引發的「心、性」線索加以分析，另一則是就與《管子》四篇之關聯定位。對於一諸子盛興之年代，學術交流之頻繁，有時很難準確論斷年代早晚，在本文中基本上有兩個定位點，一是《孟子》，一是《管子》四篇，前者定位儒學問題的發展，後者定位儒道彼此影響下的論述。在此前提下，或可勾勒為：

《大學》－《中庸》＼

　｜《五行》　＼──《孟子》－帛書《五行》之〈說〉

　｜　　《性自命出》　／

　｜－－《管子》四篇　／

---

[28]引自阮廷焯（1980），第 40-41 頁。
[29]研究帛書《五行》學者，原本即認為《五行》作於《孟子》之後，但當竹簡《五行》出土後，則將《五行》之〈經〉提前至《孟子》之前，或不晚於《孟子》，但對於帛書《五行》之〈說〉，則仍持在《孟子》之後的主張。今從之。

　　此一圖譜中，除了表明心性問題之開展與《大學》相關外，旨在藉由儒家佚籍與《管子》四篇，說明儒道在戰國時思維、探究之相近與交融，尤其是在心、意與氣等問題的探究。

徵引書目

一、　出土文獻

國家文物局古文獻研究室編，《馬王堆漢墓帛書》（壹），北京：
　　　文物出版社，1980 年。

荊門市博物館編，《郭店楚墓竹簡》，北京：文物出版社，1998
　　　年。

馬承源主編，《上海博物館藏戰國楚竹書》（一），上海：上海古
　　　籍出版社，2001 年。

馬承源主編，《上海博物館藏戰國楚竹書》（二），上海：上海古
　　　籍出版社，2002 年。

馬承源主編，《上海博物館藏戰國楚竹書》（三），上海：上海古
　　　籍出版社，2003 年。

馬承源主編，《上海博物館藏楚竹書》（四），上海：上海古籍出
　　　版社，2004 年。

二、　古籍

〔漢〕· 司馬遷，《史記》一，北京：中華書局，1989 年。

〔漢〕嚴遵，《老子指歸》，北京：中華書局，1994。

〔魏〕王弼注，樓宇烈校釋，《王弼集校釋》，北京：中華書局，
　　　1999年。

〔唐〕尹知章注，〔清〕戴望校正，《管子· 商君書》，台北：世
　　　界書局，1990 年。

〔宋〕朱熹，《四書章句集注》，北京：中華書局，1995 年。

〔清〕‧王先謙撰，吳格點校，《詩三家義集疏》，台北：明文書局，1988 年。

〔清〕王聘珍撰，《大戴禮記解詁》，北京：中華書局，1992 年。

〔清〕王先謙，《荀子集解》，北京：中華書局，1996 年。

〔清〕‧孫星衍撰，《尚書今古文注疏》，北京：中華書局，1998 年。

〔清〕皮錫瑞，《今文尚書考證》，北京：中華書局，1998 年。

〔清〕孫希旦，《禮記集解》，北京：中華書局，1998 年。

李學勤主編，《十三經注疏‧周易正義》，北京：北京大學，1999 年。

李學勤主編，《十三經注疏‧禮記正義》，北京：北京大學，1999 年。

李學勤主編，《十三經注疏‧尚書正義》，北京：北京大學，1999 年。

三、專書

丁原植，《文子資料探索》，台北：萬卷樓，1999 年。

丁原植，《文子新論》，台北：萬卷樓，1999 年。

王國維，《觀堂集林》，第二冊，北京：中華書局，1991 年。

王卡點校，《老子道德經河上公章句》，北京：中華書局，1993 年。

王博，《老子思想的史官特色》，台北：文津書局，1993 年。

王利器，《新語校注》，北京：中華書局，1996 年

王利器著，《文子疏義》，北京：中華書局，2000 年。

丘光明，《中國古代度量衡》，北京：商務印書館，1996 年。

古棣、周英，《老子通・下部》，長春：吉林人民出版社，1991年。

白奚，《稷下學研究》，北京：三聯書店，1998年。

阮廷焯輯，《先秦諸子考佚》，台北：鼎文書局，1980年。

杜而未，《老子的月神宗教》，台北：學生書局，1988年。

李定生・徐慧君《文子校詮》，上海：復旦大學出版社》1988年。

李定生・徐慧君，《文子校釋》上海：上海古籍，2004年。

李存山，《中國氣論探源與發微》，北京：中國社會科學出版社，1990年。

李學勤，《簡帛佚籍與學術史》，台北：時報文化出版，1994年。

李學勤，《李學勤卷》。合肥：安徽教育出版社，1999年。

李澤厚，《己卯五說》，北京：中國電影出版社，1999年。

李縉雲編，《李學勤學術文化隨筆》，北京：中國青年出版社，1999年。

李零，《郭店楚簡校讀記》(增訂本)，北京：北京大學，2002年。

李天虹，《郭店楚簡性自命出研究》，武漢：湖北教育出版社，2003年。

沈文倬，《宗周禮樂文明考論》，杭州：杭州大學，1999年。

汪子嵩・范明生・陳村富・姚介厚，《希臘哲學史》(一)，北京：人民出版社・1997年。

邢文，《帛書周易研究》，北京：人民出版社，1997年。

武漢大學中國文化研究院編，《郭店楚簡國際學術研討會論文集》，武漢：湖北人民出版社，2000年。

吳怡，《中庸誠的哲學》，台北：東大圖書，1984 年。

季旭昇主編，《上海博物館藏戰國楚竹書二讀本》，台北：萬卷
　　　　樓，2003 年。

季旭昇主編，《上海博物館藏戰國楚竹書三讀本》，台北：萬卷
　　　　樓，2005 年。

胡家聰，《稷下爭鳴與黃老新學》，北京：中國社會科學出版，
　　　　1998 年。

姜廣輝主編，《中國經學思想史》第一卷，北京：中國社會科學
　　　　出版社，2003 年。

高明，《帛書老子校注》，北京：中華書局，1996 年。

孫廣德，《先秦兩漢陰陽五行說的政治思想》，台北：台灣商務
　　　　印書館，1993 年。

徐漢昌，《管子思想研究》，台北：學生書局，1990 年。

席涵靜著，《周代祝官研究》，台北：勵志出版，1978 年。

席涵靜，《周代史官研究》，台北：福記文化圖書，1982 年。

陳鼓應，《老子註譯及評介》，香港：中華書局，1990 年。

陳鼓應著，《老莊新論》，台北：五南書局，1993 年。

陳鼓應，《易傳與道家思想》，台北：台灣商務印書館，1994 年。

陳鼓應，《黃帝四經今註今譯》，台北：台灣商務印書館，1996
　　　　年。

陳奇猷，《呂氏春秋新校釋》，上海：上海古籍，2002 年。

郭沫若，《先秦天道觀之進展》，上海：商務印書館，1936 年。

郭沫若，《郭沫若全集》歷史編 2，北京：人民出版社，1982
　　　　年。

郭大順，《追尋五帝》，台北：商務印書館，2000 年。

曹峰，《上博楚簡思想研究》，台北：萬卷樓，2006年。

程樹德，《論語集釋》，北京：中華書局，1990年。

張純一注，《諸子集成‧晏子春秋校注‧內諫上》，長沙：岳麓
　　　　書社，1996年。

張恆壽，《莊子新探》，武漢：湖北人民出版，1983年。

張舜徽，《周秦道論發微》，台北：木鐸出版，1988年。

張舜徽，《漢書藝文志通釋》，武漢：湖北教育出版社，1990年。

張光直，《中國青銅時代第二集》，台北：聯經出版事業，1990。

張立文，《氣》，北京：中國人民大學出版社，1990年

馮友蘭，《中國哲學史新編》二，台北：藍燈出版社，1991年

馮時，《星漢流年－中國天文考古錄》，成都：四川教育出版，
　　　　1996年。

黃釗，《帛書老子校注析》，台北：學生書局，1991年。

黃懷信、張懋鎔、田旭東撰，《逸周書彙校集注》，上海：上海
　　　　古籍，1995年。

鄒文生‧王劍等著，《陳楚文化》，瀋陽：遼寧教育出版社，1998
　　　　年。

湯孝純，《管子讀本》，台北：三民書局，1995年。

楊寬，《中國上古史導論》，收錄於《古史辨》第七冊，台北：
　　　　藍燈文化，1987年。

楊伯峻，《列子集釋》，北京：中華書局，1991年。

董立章，《國語譯注辨析》，廣州：暨南大學出版社，1993年。

蒙文通，《老子徵文》，台北：萬卷樓，1998年。

蒙培元，《情感與理性》，北京：中國社會科學出版社，2002年。

葛志毅‧張惟明，《先秦兩漢的制度與文化》，哈爾濱：黑龍江

教育出版社，1998 年。

黎翔鳳，《管子校注》，北京：中華書局，2004 年。

鄭文光，《中國天文學源流》，台北：萬卷樓．2000 年。

劉再生，《中國古代音樂史簡述》，北京：人民音樂出版社，1995
年。

劉信芳，《荊門郭店老子解詁》，台北：藝文印書館，1999 年。

劉信芳，《簡帛五行解詁》，台北：藝文印書館，2000 年。

劉信芳，《孔子詩論述學》，合肥：安徽大學出版社，2003 年。

劉笑敢，《老子古今》，北京：中國社會科學，2006 年。

魏啓鵬，《德行校釋》，成都：巴蜀書社，1991 年。

魏啓鵬，《楚簡老子柬釋》，台北：萬卷樓，1999 年。

魏啓鵬《簡帛五行箋釋》，台北：萬卷樓，2000 年。

魏啓鵬，《馬王堆漢墓帛書黃帝書箋證》，北京：中華書局，2004
年。

譚家健·鄭君華，《先秦散文綱要》，台北：明文書局，1991 年。

羅焌，《諸子學述》，長沙：岳麓書社，1995 年。

龐樸，《帛書五行篇研究》，濟南：齊魯書社，1988 年。

龐樸，《竹帛五行篇校注及研究》，台北：萬卷樓，2000 年。

顧頡剛，《顧頡剛古史論文集》第三冊，北京：中華書局，1996
年。

四、單篇論文

丁四新，〈楚簡《恆先》章句釋義〉，www.jianbo.org。

王博，〈美國達慕思大學郭店老子國際學術討論會紀要〉，《道家
文化研究》第 17 輯，北京：三聯書店，1999 年。

江寧，〈再論老子〉。www.jianbo.org。

李學勤，〈說郭店竹簡「道」字〉，《簡帛研究》第三輯，南寧：廣西教育出版社，1998 年。

李學勤，〈楚簡恆先首句釋義〉，www.jianbo.org。

李天虹，〈《性自命出》與傳世先秦文獻「情」字解詁〉，《中國哲學史》2001 年第 3 期。

何志華，〈出土文子新證〉，《人文中國學報》第 5 期，1998 年。

邢文，〈《孟子・萬章》與楚簡《五行》〉，《中國哲學——郭店楚簡研究》，第 20 輯，瀋陽：遼寧教育出版社，1999 年。

林義正，〈論《列子・天瑞》的易道思想〉，《台大哲學論評》第 23 期。

林啓屏，〈論《民之父母》中的「五至」〉，《中國研究集刊》第 36 號，大阪：大阪大學中國哲學研究所編輯室，2004 年。

陳鼓應，〈早期儒家的道家化〉，《中州學刊》，1995 年，第 2 期。

陳鼓應，〈從郭店簡本看老子尙仁及守中思想〉，《道家文化研究》第 17 輯，北京：三聯書店，1999 年。

陳鼓應，〈《太一生水》與《性自命出》發微〉，《道家文化研究》第 17 輯，北京：三聯書店，1999 年。

陳麗桂，〈從郭店竹簡五行檢視帛書五行說文對於經文的依違情況〉，《本世紀出土思想文獻與中國古典哲學研究論文集》上冊，台北：輔仁大學出版社，1999 年。

陳麗桂，〈由表述形式與義理結構論《民之父母》與《孔子閒居》及《論禮》之優劣〉，《上博館藏戰國楚竹書研究續

編》，上海：上海書店，2004 年。

陳麗桂，〈從出土簡帛文獻看戰國楚道家的道論及其相關問題——
　　　以帛書《道原》、《太一生水》與《互先》爲核心〉。
　　　《中國文哲研究集刊》，第 29 期，2006.9。

曹峰，〈出土文獻可以改寫思想史嗎？〉，《文史哲》，2007 年第
　　　5 期。

曹峰記錄，〈古史辨派、二重證據法及其相關問題——裘錫圭訪
　　　談錄〉，《文史哲》，2007 年第 4 期。

郭梨華，〈尹文子中道名法思想的探究〉。收錄於《哲學與文化》，
　　　第 23 卷第 9 期，1996 年 9 月。

郭梨華，〈經法中形名思想探源〉，《哲學與文化》，25 卷第 1 期，
　　　1998 年 1 月。

郭梨華，〈簡帛《五行》中「形」與「思」初探〉，收錄於郭店
　　　楚簡國際研究中心編，《古墓新知》香港：國際炎黃
　　　文化出版社，2003 年。

郭梨華，〈《管子》中「心－氣」哲學探究〉一文，發表於 2007
　　　年 5 月 6-7 日，「2006 道文化國際學術研討會」，中
　　　國文化大學哲學系.高雄師範大學經學研究所.高雄
　　　市文化院.三清道家道教文化基金會.北京大學哲學
　　　系.四川大學道教與宗教研究所共同舉辦。

曾達輝，〈今本文子真僞考〉，《道家文化研究》，第 18 輯，北京：
　　　三聯書店，2000 年。

黃釗，〈竹簡老子的版本歸屬及其文獻價值〉，武漢大學中國文
　　　化研究院編，《郭店楚簡國際學術研討會論文集》武
　　　漢：湖北人民出版社，2000 年。

黃人二，〈讀郭簡老子並論其爲鄒齊魯者的版本〉，武漢大學中
　　　國文化研究院編，《郭店楚簡國際學術研討會論文
　　　集》武漢：湖北人民出版社，2000 年。

黃人二・林志鵬〈上海藏簡第三冊《恆先》試探〉，
　　　www.jianbo.org。

裘錫圭，〈是恆先還是極先？〉，發表於 2007 中國簡帛學國際論
　　　壇，主題演講，2007.11.10，地點：台大中文系。

董珊，〈《互先》初釋〉，www.jianbo.org。

廖名春，〈上博楚竹書《恆先》新釋〉，www.jianbo.org。

劉起釪，〈五行原始意義及其紛歧蛻變大要〉，收錄於艾蘭・汪
　　　濤・范毓周主編，《中國古代思維模式與陰陽五行說
　　　探源》，南京：江蘇古籍出版社，1998 年。

劉樂賢，〈《性自命出》與《淮南子・繆稱》論情〉，《中國哲學
　　　史》季刊，2000 年第 4 期。

劉樂賢，〈《性自命出》的學派性質〉，www.jianbo.org。

劉信芳〈上博藏竹書《恆先》試讀〉，www.jianbo.org。

魏啓鵬，〈文子學術探微〉，《哲學與文化》，第 23 卷第 9 期，1996
　　　年 9 月。

魏啓鵬，〈帛書黃帝五正考釋〉，《華學》第 3 輯，北京：紫禁城
　　　出版社，1998 年。

饒宗頤，〈論賈湖刻符及相關問題〉，中央研究院第三屆國際漢
　　　學會議，2000 年，6.29-7.1。

龐樸，〈孔孟之間──郭店楚簡中的儒家心性說〉，《中國哲學》
　　　第 20 輯，瀋陽：遼寧教育出版社，1999 年。

龐樸，〈《恆先》釋讀〉，2004.4.22，www.jianbo.org。

國家圖書館出版品預行編目資料

出土文獻與先秦儒道哲學 ／郭梨華著, -- 初版 --
臺北市：萬卷樓, 2008.08
面；　　公分
參考書目：面
ISBN 978－957－739－635－8 (平裝)

1.先秦哲學　2.儒家　3.道家　4.文獻分析

121　　　　　　　　　　　　97014643

出土文獻與先秦儒道哲學

著　　　者：郭梨華

發　行　人：陳滿銘

出　版　者：萬卷樓圖書股份有限公司

臺北市羅斯福路二段 41 號 6 樓之 3

電話(02)23216565・23952992

傳真(02)23944113

劃撥帳號 15624015

出版登記證：新聞局局版臺業字第 5655 號

網　　　址：http://www.wanjuan.com.tw

Ｅ－mail　：wanjuan@tpts5.seed.net.tw

承印廠商：晟齊實業有限公司

定　　　價：360 元

出版日期：2008 年 8 月初版

ISBN：978－957－739－635－8